Capability Maturity Model Integration

CMMI 이해와 공학 프로세스 모델링

최주호 · 유준 저

Capability Maturity Model Integration

충남대학교출판문화원

CMMI 이해와 공학 프로세스 모델링

발행일 2011년 8월 30일 발행인 송용호 지은이 최주호 · 유준

펴낸곳 충남대학교출판문화원 주소 대전광역시 유성구 대학로 99

전화 042-821-6045 홈페이지 www.cnupress.cnu.ac.kr E-mail cnupress@cnu.ac.kr

ISBN 978-89-7599-401-2 93560

정가 16,000원

CMMI 이해와 공학 프로세스 모델링

머리말

이 책은 제품의 개발이나 생산, 성능평가 및 어떤 조직의 업무 프로세스 개선 활동에 관한 내용을 다룬다. 우리나라는 1996년부터 본격적으로 미국의 카네기멜론 대학교 SEI (Software Engineering Institute)가 요구하는 프로세스 개선 활동을 시작하면서 CMM (Capability Maturity Model)을 접하게 되었다. CMM은 한마디로 조직의 프로세스 능력을 어떤 방향으로 발전시켜야 하는가에 대한 비전을 단계적으로 제시하는 모델을 말한다. 전 세계적으로 처음에는 S/W를 중심으로 시작한 프로세스 개선 활동이 오늘날에는 시스템 엔지니어링 분야까지 영역이 확대되어 CMMI로 발전하게 되었다. CMMI도 역시 조직의 프로세스 개선 활동을 효율적으로 지원하기 위한 모델로서, 여기서 I(Integration)는 여러가지 CMM 모델들을 하나로 통합했다는 것을 의미한다. 국내에서도 수년 전부터 방위산업체를 중심으로 제품의 개발과 생산에 CMMI 모델을 적용 및 운용하고 있으며, CMMI 모델을 적용하기 위해서는 제일 먼저 CMMI가 요구하는 지침과 사양을 조직과 업무에 내재화 시켜야 한다. 이러한 CMMI 모델을 적용한 조직과 업무는 사업 수행 능력과 성숙도 향상을 기대할 수 있게 된다.

본 서에서는 CMMI의 전반적인 내용을 이해할 수 있도록 소개하고, 특히 제품의 개발 및 생산에 사용하고 있는 공학 프로세스 모델을 시험평가 업무에 적용한 결과를 서술하여 측정 및 성능평가 업무를 수행하는 이들과 이공계 학부 과정이나 대학원에서 이 분야를 공부하는 학생에게 좋은 지침서로 활용될 수 있도록 하는데 그 일차적인 목적이 있다. 이 책자는 특히 공학 분야 프로세스 모델 영역을 시험평가 및 유사 업무에 적용 가능하도록 프로세스를 모델링한 결과와 레벨 3까지 전 프로세스 영역에 대한 직접 및 간접 산출물을 예시하였다. 따라서 CMMI를 공부하거나 조직에서 CMMI를 시작할 경우 CMMI의 이해와, 다른 어떤 책에도 없는 시험평가 분야의 SCAMPI 심사(공인 인증심사)를 위한 PIID(Practice Implementation Indicators Description) 작성 내용이 포함되어 가치있고 CMMI 레벨 달성에 획기적인 지침을 줄 수 있는 학술 및 전공 도서라 여겨진다.

본서의 제1장에서는 프로세스 모델, 비즈니스 목적, 목표 프로세스 성숙도 레벨별 조직 성숙도의 특징과 내재화의 의미를 언급하였고, 제2장에서는 CMMI의 프로세스 모델 구조와 성숙 단계별 프로세스 영역과 특정 목적(SG) 및 일반 목적(GG)을 충족시키기 위한 특정 실행(SP)과 일반 실행(GP)에 관해 다루었다.

제3장에서는 CMMI의 표현 방법과 이들의 장점과 단점의 소개와 성숙 단계별 특정 목적과 일반 목적의 프로세스 영역들에 관한 내용을 설명하였다. 제4장에서는 요구사항 관리, 요구사항 개발, 기술 솔루션, 제품 통합, 검증 및 확인 공학 프로세스 영역의 활동과 목적을 간략히 설명하였다.

제5장은 CMMI의 공학 프로세스 모델링에 관한 기본 개념과 방법, 각 프로세스 영역별 수행 활동과 산출물 및 모델링 결과를 제시하여 시험평가 및 유사 업무에 종사하는 자들에게 활용할 수 있도록 하였다.

제6장은 CMMI 기반의 프로세스 평가 방법을 소개하였고 이에 수반되는 여러 가지 내용 중 PIID 작성 방법과 동료 검토, PIID작성 예 및 프로세스 개선 활동에 널리 사용되는 용어들에 관해 설명을 하였으며, 특히 PIID 작성 예에서 레벨 3까지 18개 프로세스 영역에 대한 직접 및 간접 산출물을 제시하여 SCAMPI 심사를 준비하는 이들이나 기관에게 도움이 되도록 하였다.

끝으로 淺學非才가 감히 이 책을 펴내는데 있어 뜻하지 않은 오류가 있으리라 생각되며, 讀者諸位께서 잘못된 점을 지적해 주시면 수정 보완할 것을 약속드린다.

본서를 펴내는데 여러 가지 도움을 주신 관계자 여러분께 심심한 감사를 표하는 바이다.

2011년 8월

著 者 識

차 례

Chapter 1 프로세스 개요

Chapter 2 CMMI 구조

Chapter 3 CMMI 표현 방법

Chapter 4 CMMI 공학 프로세스

Chapter 5 CMMI 공학 프로세스 모델링

Chapter 6 CMMI 기반의 프로세스 평가 방법

부 록

chapter 1

프로세스 개요

CMMI란 "Capability Maturity Model Integration"을 줄인 말로 한 마디로 조직의 프로세스 개선 활동을 효율적으로 지원하기 위한 모델이다.

좀 더 구체적으로 설명하면 "Capability Maturity Model(CMM)"은 조직의 프로세스 능력을 어떤 방향으로 발전시켜야 하는가에 대한 비전을 단계적으로 제시 하는 모델을 말하며 "Integration"은 여러 가지 CMM 모델들을 하나로 통합했다는 것을 의미한다.

CMMI는 조직의 프로세스 개선 활동을 지원하기 위한 하나의 모델이며 시스템 엔지니어링 능력 성숙도 모델(Systems Engineering Capability Maturity Model: SE-CMM)과 소프트웨어 능력 성숙도 모델(Software Capability Maturity Model: SW-CMM), 소프트웨어 획득 능력 성숙도 모델(Software Acquisition Capability Maturity Model: SA-CMM), 통합 제품 개발팀 모델(Integrated Product Development Team Model: IPD-CMM) 등을 통합했기 때문에 조직의 많은 영역에 도움을 줄 수 있다. 그러나 CMMI의 문제점은 다양한 조직과 프로젝트에 적용할 수 있도록 하기 위한 포괄적인 개념이나 용어를 사용하고 있기 때문에 이를 적용하기 위해서는 CMMI에 대한 충분한 이해를 바탕으로 해당 조직의 구체적인 적용 방법에 대해 한 번 더 고려하여야 한다.

일반적으로 CMMI를 적용하려고 하는 이유는 1) 고객들이 CMMI를 적용하도록 요구하기 때문에, 2) 지금까지 CMM을 적용했지만 SEI(Software Engineering Institute)에서 CMM을

CMMI로 대체했기 때문에, 3) 프로세스 개선 분야에서 선도적 위치를 유지하기 위해, 4) CMMI는 다른 CMM 모델들보다 조직에 더 적합하기 때문에, 5) CMMI가 소프트웨어 엔지니어링, 시스템 엔지니어링, 소프트웨어 획득, 통합 제품 팀 개발 활동에 대한 구체적인 방법을 제시하고 있기 때문에 라고 생각한다.

본서에서 많이 사용하고 있는 용어 중 모델과 조직에 대해 간략히 설명하고자 한다. 먼저 프로세스 모델은 조직의 프로세스에서 어떤 부분이 잘못되었는지를 확인시켜주는 가이드라인에 더 가깝다고 할 수 있다. 조직이라는 용어는 프로세스 개선 활동을 수행하는 가변적인 단위를 나타낸다. 그러므로 조직이라는 용어는 전체 회사 차원에서 프로세스 개선 활동을 수행할 경우에는 회사 전체를, 사업부나 부서 차원에서 프로세스 개선 활동을 추진할 경우에는 해당 사업부나 부서를 의미한다. 특정 제품을 개발하는 프로젝트 차원에서 프로세스 개선 활동을 추진할 경우에도 해당 프로젝트를 조직이라고 할 수 있다. CMMI와 CMM은 카네기멜론대학교에 의해 미국 특허 및 상표 관리국에 특허 등록이 되어 있으며 SEI에서 CMM이나 다른 모델들을 지속적인 개발과 관리를 하고 있다.

1.1 프로세스

프로세스(process)란 하나의 문제를 해결하기 위한 일련의 작업들을 말한다. 이 작업들은 이를 수행하고자 하는 사람들이 쉽게 이해할 수 있어야 하며 이를 사용하는 모든 사람들이 일관된 행동을 할 수 있도록 명확하게 정의 되어야 한다. 이유는 일관된 방법을 사용함으로써 조직에서 발생하는 중복작업을 최소화 하기 위해서이다.

프로세스는 작업을 정의하는 것이라고 할 수 있으며 이를 수행하기 위한 구체적인 내용 및 기술(techniques) 등은 절차에서 다루는 것이 일반적이다.

프로젝트에서 요구사항 명세서를 작성하는 일은 제품 중심의 활동이다. 우리는 먼저 프로젝트의 모든 요구사항을 도출한 후 요구사항 명세서를 작성하기 위해 개별 요구사항이 전체 시스템에 관련된 내용인지 소프트웨어나 하드웨어와 관련된 내용인지, 성능이나 보안 등과 관련된 내용인지 분류해야 한다. 더 나아가 이러한 요구사항 명세서와 이후에 작성할 설계서 및 테스트 케이스 등과 연결시키고자 할 것이다. 다만 조직에서 요구사항 명세서를 작성하는 모든 사람이 조직에서 인정한 하나의 방법으로 작업하고 그 결과 거의 같은 수준의 요구사항 명세서를 개발할 수 있도록 가이드라인을 제공한다는 것이다.

의사소통에 관한 예를 들어보면 여러 프로젝트에서 해당 제품과 프로세스에 대해 검토하는 품질보증 요원들은 개별 프로젝트 팀들의 업무 수행 방법에서의 차이점뿐만 아니라 이로 인한 장점과 단점을 알 수 있을 것이다. 품질보증 요원들은 이러한 아이디어를 적극적으로 프로세스 개선 팀과 의사소통을 해야 한다. 이러한 의사소통을 통해 조직의 프로세스를 지속적으로 개선시킬 수 있을 것이다.

다음은 형상관리인데 제조회사에서 어떤 제품을 개발할 때 필요로 하는 전체 소스 코드를 찾거나 통합할 때 이미 개발된 제품에 대한 이력들이 잘 정리 되어 있으면 시간 낭비나 혹시 발생할 수 있는 문제들을 줄일 수 있게 된다.

그리고 프로젝트 계획을 수립할 때 작업 기술서(Statement of work)나 프로젝트 계획수립 프로세스를 이용하면 현재 고객과 추진하려는 프로젝트가 얼마나 되며 최초 요구사항과 프로젝트의 대략적인 규모나 난이도 및 요구되는 인원 규모 등을 파악할 수 있게 된다. 그리고 이들 데이터를 기반으로 프로젝트의 우선순위를 결정할 수 있게 되어 시간 낭비를 최소화 할 수 있게 된다.

프로세스에 초점을 맞추는 것이 유일한 대안일 수는 없지만 경영진의 관심과 충분한 자금 지원 및 지속적인 교육 등을 결합하면 우리가 가지고 있는 문제들을 좀 더 근본적으로 해결할 수 있게 된다.

1.2 모델

모델(model)은 여러 성공 사례들을 모은 것이라고 생각하면 될 것이다. 그러나 이러한 모델을 일반적으로 성공사례 등에서 제시하는 "어떻게 일을: How-to-do" 수행하는가 보다 "무선 일을: What-to-do" 수행하는가에 대한 내용 위주로 정의 되고 있다.

흔히 사용되고 있는 모델은 ISO표준과 CMM 및 6σ에 대한 모델 등이 있다. ISO (International Standards Organization)란 국제표준화 기구를 의미한다. ISO 표준은 기본적인 품질 경영시스템의 프레임워크를 제공하는 ISO 9000 계열에 대한 표준들이다. 반면에 CMM은 능력 성숙도 모델을 의미한다. 대부분의 사람들은 SW-CMM을 그냥 CMM이라고 부른다. CMM은 소프트웨어를 개발하는 조직을 관리하기 위한 모델이다. SEI에서는 CMM을 개발하기 위해 품질, 비용, 납기 측면에서 뛰어난 성과를 거두고 있는 많은 조직에서 수행하는 활동을 분석했으며 그 결과 이러한 조직들의 활동 중에서 의미 있는 것들을 316개의 핵심 활동(Key Practice)으로 정리되어 있으며 이것을 다시 그룹화 하여 18개의 핵심 프로세스 영역(Key Process Area)으로 만들었다.

CMMI와 ISO의 차이점은 ISO 표준은 제조업 분야에 초점을 맞추어 유럽에서 개발되었고 CMM은 처음에는 소프트웨어 개발활동을 관리하기 위해 미국에서 개발되었지만 점차 모든 시스템의 품질 개선을 위해 개발 및 발전 되었다.

ISO는 기본적으로 품질 이슈들에 초점을 맞춘다. 그러므로 이들 조직의 최고 경영자까지도 인터뷰에 참여하기도 한다. ISO를 적용하는데 있어 가장 중요한 부분은 적용기법에서 이행해야 하는 품질활동을 담은 품질매뉴얼을 작성하는 것이다. 반면에 CMM은 소프트웨어 영역의 프로젝트에 조금 더 초점을 맞추고 있다. 그리고 기업 전체의 품질 문제를 다루기보다는 조금 모호한 개념이지만 다수의 프로젝트를 관리하는 조직이라는 단위의 품질 문제를 다룬다고 할 수 있다. 그러므로 CMM 심사 시에는 한 두 명의 임원이 인터뷰에 참여할 수도 있지만 대부분은 프로젝트 관리자와 팀원들을 중심으로 인터뷰가 이루어진다.

CMM이나 CMMI는 성공적인 조직들로부터 수집한 우수 사례들의 집합이라고 할 수 있다. 특히 CMMI는 공식적으로 프로세스 개선 활동의 범위를 소프트웨어 영역에서 기업 전체로 확장시킨 모델이다. 그러므로 CMMI는 개선 활동의 범위를 소프트웨어 엔지니어링뿐만 아니라 시스템 엔지니어링이나 소프트웨어 획득 등과 같은 영역도 포함하고 있다.

6σ는 해당 기업에서 수행하는 프로세스의 결과들의 편차를 품질의 지표로 사용한다. 즉 이 결과들의 편차가 적으면 적을수록 품질이 좋다고 할 수 있다. 그러므로 기업에서는 프로세스 편차를 줄이려고 측정과 개선 활동을 반복한다. 이러한 개선 활동을 위해 6σ에서는 개선 목적과 목표를 명확하게 정의하는 "정의 단계", 잠재적인 원인을 도출하기 위한 "측정 단계", 측정된 데이터로부터 편차의 추세와 원인을 식별하는 "분석 단계", 식별된 원인을 기반으로 프로세스를 관리하는 "개선 단계", 개선 결과를 확인하고 지속적으로 관리하는 "관리 단계"를 정의하고 있다. 6σ는 해당 기업이 가지고 있는 가장 큰 문제점을 위주로 개선 활동을 시도하려는 것이고 CMM이나 CMMI는 기업 전체의 문화나 기반구조를 변화시키기 위해 우수 사례들을 수집하고 이를 확산시키려고 하기 때문에 이들 둘을 결합하면 CMM이나 CMMI의 3단계 이상 조직에서는 상당한 시너지 효과를 거둘 수 있을 것이다. 이 보다 먼저 해당 기업이 이를 위하여 기업문화를 개선해야 할 것이다.

1.3 비즈니스 목적과 목표

비즈니스 목적은 기업의 비즈니스 목적에 부합하는 프로세스 개선 활동을 수행하는 것을 목표라 하겠다. 조직에서 비즈니스 목적을 정의하거나 프로세스 개선 영역을 결정하고자 할 때 GQM(Goal-Question-Metric) 기법을 사용할 것을 추천한다. GQM기법은 주로 워크숍을 통해 진행하며 먼저 조직이 가지고 있는 많은 문제들을 나열한 후 조직에 미치는 영향이나 문제 해결의 시급성을 고려하여 문제들을 정리한다. 정리된 문제들에 대한 개선 목적을 명확히 한 후 그 목적들이 달성 되었는지 확인하기 위한 1개 이상의 질문을 만든다. 그 질문에 대한 답이 바로 여러분 조직에서 관리해야 하는 Metrics이 된다. 이와 관련된 프로세스 영역을 식별함으로써 프로세스 개선 노력에 집중할 수 있을 것이다. 예로 개발자가 요구사항 변경 내용을 몰라 최초 요구사항대로 코딩하는 경우가 문제점이 되고 고객이 원하는 제품을 제공해야 하는 목적과 어떤 경우에 요구사항을 충족시킨다고 할 수 있는가? 질문과 전체 요구사항 대비 설계서나 프로그램에 반영된 요구사항 비율, 테스트 커버리지, 테스트 성공률의 Metrics이 있으므로 비즈니스 목표를 정량적으로 파악할 수 있는 조직에서는 그들의 비즈니스 목표를 "고객에게 전달하는 결함의 수를 15% 감소시킴으로써 고객의 만족도를 10% 개선시키는 것"이라고 할 수 있을 것이다. 위와 같이 설정된 비즈니스 목표가 더욱 효과적이기 위해서는 Metrics이 뒷받침 되어야 한다. 이를 위해서는 조직의 문제들을 완벽히 정의할 수 있어야 하며, 이 문제들이 비즈니스 목적과 연관되어 있는지 파악할 수 있어야 한다. 현재 수준을 측정한 후 목표 수준을 결정하고 이들을 추적과 관리할 수 있는 정도로 충분히 성숙해야 한다.

프로세스 개선 활동이 현재 조직에서 가장 필요한 활동이라는 것을 제시해야 하며 대부분의 개선 모델이 체계적인 관리를 통한 기업의 경영 환경 개선에 초점을 두고 있음을 강조해야한다. 다음으로는 조직원들이 프로세스 개선 활동에 참여해야 한다. 그리고 조직원의 의견이 프로세스 개선 활동에 반영될 수 있도록 해야 한다. 프로세스 개선 활동은 조직을 진정으로 변화시키는 것이며 이를 위해 강력한 힘과 책임도 부여 되어야 한다. 프로세스 개선 영역을 결정하기 위해서는 CMMI 공식 심사 방법인 SCAMPI에 따른 공식 평가 활동을 통해 조직의 강약점을 파악하고 개선 노력을 결정해야 한다.

1.4 프로세스 성숙도 레벨별 분류

프로세스의 성숙도 레벨의 종류와 프로세스의 영역 및 조직 성숙도의 특징은 〈표 1.1〉과 같다.

〈표 1.1〉 각 레벨과 성숙도의 특징

레벨	프로세스 영역	조직 성숙도의 특징
레벨1 (Initial)		개인의 역량에 따라 프로젝트의 성공과 실패가 좌우된다. 소프트웨어 개발 프로세스는 거의 없는 상태를 의미한다.
레벨2 (Managed)	RM/PP/PMC, SAM/MA/PPQA/CM	프로젝트가 통제되는 수준의 조직이며 일정이나 비용과 같은 관리 프로세스 중심이다. 기존 성공 사례를 응용하여 반복적으로 사용하는 조직이다.
레벨3 (Defined)	RD/TS/PI/VER/VAL/OPF/OPD/DT/IPM/ASM/RSKM/DAR/OEI/IT	조직 표준 프로세스가 존재한다. 모든 프로젝트는 조직의 프로세스를 상황에 맞게 조정하여 승인 후 사용한다. 레벨 3은 프로젝트가 통제되는 조직이다.
레벨4 (Quantitatively Managed)	OPP/QPM	품질에 대한 정량적인 측정과 데이터베이스를 구축하여 각 프로젝트에서 측정된 결과를 일괄적으로 수집과 분석하여 품질평가를 위한 기준으로 삼는다.
레벨5 (Optimizing)	OID/CAR	조직적으로 최적화된 프로세스를 적용하여 다시 피드백을 받아 개선하는 상위 단계며. 지속적인 개선 활동이 정착화 되고 최적의 관리로 프로젝트가 수행되는 조직이다.

1.5 기본 개념

✔이행(Implementation)

이행이란 말 그대로 CMMI의 개별 프로세스 영역에서 정의하고 있는 활동을 조직 내에서 수행하는 것을 말한다. CMMI의 개별 프로세스 영역들은 “프로젝트 계획 수립” 프로세스 영역이나 “형상관리” 프로세스 영역과 같이 프로세스 개선 활동을 수행하는 조직이라면 반드시 프로세스들을 모델화해 놓은 것이다. 여기서 정의하고 있는 이행이란 하나의 프로세스를 수립한 후 그것에 따라 업무를 수행하는 것을 말한다.

✔내재화(Institutionalization)

내재화는 프로세스 개선에서 중요한 개념으로 일반 목적과 일반 실행을 언급할 때 내재화는 프로세스가 몸에 깊이 배어 해당 프로세스로 작업을 수행할 수 있고 프로세스를 수행하기 위한 공약과 일관성이 있다고 할 수 있다. 내재화의 정도는 수행되는 프로세스(Performed Process; GG1)와 관리되는 프로세스(Managed Process; GG2), 정의되는 프로세스(Defined Process; GG3), 정량적으로 관리되는 프로세스(Quantitatively Managed Process; GG4) 및 최적화하는 프로세스(Optimizing Process; GG5)로 일반 목적을 획득하고 목적과 관련된 프로세스의 이름으로 나타낼 수 있다. 수행되는 프로세스는 작업 산출물을 만들기 위해 필요한 일들을 수행하는 프로세스로 해당 프로세스 영역의 특별한 목적들을 만족시킨다.

✔개발

시스템 생명주기에서의 구축 단계를 의미한다. 여기에 유지 및 보수 활동에서의 구축 단계를 포함한다.

✔프로젝트

고객에게 제품을 제공하기 위해 요구되는 모든 활동과 자원을 의미한다. 이러한 프로젝트는 단지 소프트웨어 프로젝트만 의미하는 것은 아니다. 그리고 몇 개의 프로젝트들을 묶어서 하나의 프로젝트로 이야기할 수 있으며 이전 모델에서 이러한 개념으로 사용되었던 프로그램이라는 용어는 더 이상 사용하지 않는다. 프로젝트는 반드시 해당 프로젝트 관리자가 정의한 프로젝트 시작일과 종료일을 가지고 있어야 한다.

✔제품

고객에게 제공되는 서비스나 시스템 그리고 이와 함께 제공되는 유형의 결과물을 의미한다.

✔조직

앞에서 조직이란 프로세스 개선 활동을 수행하는 가변적인 단위라고 정의했는데 가변적이란 다양한 조합을 통해 여러 가지 모양을 만들 수 있는 개념을 말한다. 그러므로 조직이란 물리적인 공장이나 시설을 의미할 수도 있고 부서나 프로젝트뿐만 아니라 그곳에서 근무하는 인원들도 해당될 수 있다.

프로세스 개선 활동을 수행하는 초기 단계라면 조직을 최대한 세분화해서 프로세스 개선 범위를 줄여야 한다.

프로세스 개선 활동이 진행되면서 그 범위가 늘어나는 경향이 있기 때문에 시초에 대규모 조직을 대상으로 시작하지 않는 것이 좋다. 이미 프로세스 개선 경험이 충분한 조직이라면 조직을 구분하는데 여러 가지 기준을 활용할 수 있다. 이러한 기준에는 고객 조직, 업무 수행 방법, 부서 간의 접촉 빈도, 입출력 관계 등이 있는데 프로세스 개선 활동의 효과를 높이기 위하여 이러한 기준들을 적용하여 조직을 구분해야 한다.

연 습 문 제

1. 프로세스의 의미를 말하라.

2. 프로세스의 모델이란 무엇을 말하는가?

3. 프로세스 개선활동이 왜 필요한가?

4. CMMI를 적용하려는 이유는 무엇인가?

5. CMM과 CMMI의 차이점을 말하라.

6. 비즈니스 목적과 목표란 무엇을 말하는가?

7. ISO와 CMMI의 차이점을 말하라.

8. 6 시그마의 수행 목적을 말하라.

9. 프로세스 개선 활동은 조직과 제품에 대하여 어떻게 적용하는가?

10. 프로세스 성숙도 레벨별로 분류하고 프로세스 영역과 조직 성숙도의 특징을 쓰라.

11. 다음 용어를 설명하라.

Metrics(metric), 이행, 형상관리, 프로젝트 계획수립, 내재화, 프로젝트

CMMI 구조

2.1 모델 구조

CMMI의 모델 구조는 단계적(Staged) 표현 방법으로 성숙단계(Maturity Level)가 있고 연속적(Continuous) 표현 방법으로 능력단계(Capability Level)가 있다. 이들 단계 다음 하위 단에 프로세스 영역(Process Area)이 있으며 이들 밑에 특정 목적과 일반 목적이 있다. 특정 목적 다음 단에는 특정 실행이 있고 일반 목적은 공동 수행 항목으로 수행방침과 수행능력, 직접이행 및 이행검증으로 구성된다. 이들 공통 수행 항목 다음 단계로는 일반 실행이 존재한다.

능력단계는 각 프로세스 영역 다음에 특정 목적과 일반 목적이 있으며 특정 목적 다음에 일반 실행이 있으며 두 단계의 구조를 그림 2.1에서 볼 수 있다.

그림 2.1 프로세스 구조

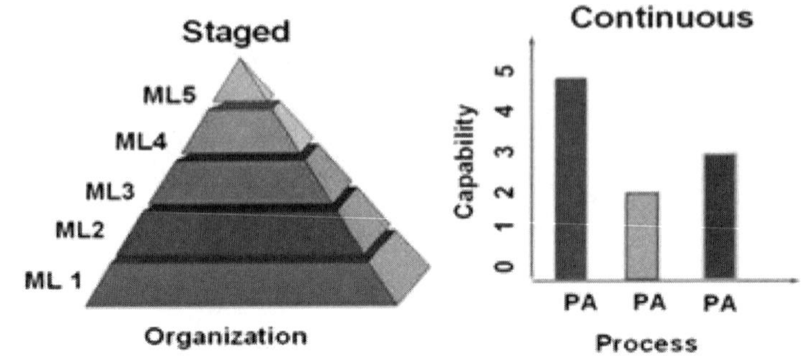

CMMI 모델은 Staged Representation(SR)과 Continuous Representation(CR) 두 가지 방법이 있으며 어느 모델을 사용하여도 무방하다. 처음으로 어떤 조직에 CMMI 모델을 적용시 두 모델중 하나를 선택할 수 있으며 기존 CMM을 사용했다면 SR 모델을 사용하는 것이 더 쉽게 전개될 수 있다. 표현의 방법은 다르지만 궁극적으로 추구하는 바는 같다. CR 모델은 프로세스 개선 시 유연하게 접근할 수 있으며 특별히 해당 조직에서 문제가 있거나 필요한 프로세스 영역에 대하여 선택적으로 개선 시 유용한 방법이다. SR 모델은 한 번에 한 단계씩 프로세스 개선을 할 수 있도록 체계적이고 구조적인 방법을 제공해 주며 어디에서부터 시작할 지 어떤 프로세스를 개선해야 할지 잘 모른다면 SR 모델을 사용하는 것이 좋다. 그림 2.1에서 SR 모델과 CR 모델의 프로세스 구조를 보여주고 있다. 일반적으로 SR 모델은 성숙도(Maturity)평가에 활용되고, CR 모델은 능력도(Capability) 평가에 널리 활용된다.

✔레벨 이해하기

어떤 조직의 경우 CMMI에서 사용되는 레벨들은 제품과 프로세스들을 개발하고 유지보수 하는데 사용하는 프로세스 영역들이며 조직이나 프로젝트의 프로세스를 개선하기 원하는 조직은 단계별로 계속 발전해 가야하는 이정표가 된다. 첫 번째 방법은 조직으로 하여금 선택된 개별적인 프로세스 영역이나 프로세스 영역들에 해당하는 프로세스들을 점진적으로 개선할 수 있게 해준다.

두 번째 방법은 성공적인 프로세스 세트를 점진적으로 구현하여 관련된 프로세스 영역들을 개선할 수 있게 해준다.

이러한 두 가지 개선 방법들은 1장에서 논의되었던 2가지 표현 방법에 해당하는 2가지 타입의 레벨들과 관련이 있다.

연속적 표현에서 우리는 능력도 레벨이라는 용어를 사용하고, 단계적 표현에서는 성숙도 레벨이라는 용어를 사용한다.

선택한 표현 방법이 무엇이든지 간에 레벨의 개념은 동일하다.

레벨들은 잘못 정의된 상태에서부터 조직의 비즈니스 목적을 이루어 내는데 필요한 개선들을 정량적인 정보를 사용해서 결정하고 관리하는 개선까지 특징짓는다.

이러한 개선 방법은 3장의 일반 목적라고 정의되어 있는 것과 유사하다.

특별한 레벨에 도달하기 위해, 조직은 능력도 레벨이나 성숙도 레벨에 상관없이 개선을 위한 목적 프로세스 영역이나 프로세스 세트들의 모든 적절한 목적들을 만족시켜야 한다. 두 가지 표현들은 비즈니스 목적들을 이루기 위한 프로세스 개선을 구현하기 위한 방법들을 제공한다. 같은 중요한 내용을 제공하고 같은 모델 구성요소를 사용한다.

✔연속적 표현과 단계적 표현의 구조

연속적 표현과 단계적 표현의 구조는 그림 2.1에 나타나 있으며 두 가지 표현들의 구조를 볼 때 즉각적으로 몇 가지 다른 점들이 눈에 띌 것이다.

단계적 표현은 성숙도 레벨과 공통 특징을 가진 반면에 연속적 표현은 그렇지 않다. 이 두 가지 표현을 비교하면서 여러분이 느낄지도 모르는 것은 그들의 유사성이다. 두 가지의 표현들은 프로세스 영역이나, 특수 목적, 특수 실행 등의 아주 많은 구성 요소들을 가지고 있다.

게다가 이러한 구성 요소들은 같은 일반적인 위아래 구조를 갖고 있고, 유사한 형상을 갖고 있다. 연속적 표현은 능력도 레벨을 측정함으로써 프로세스 영역의 능력도에 집중하고 단계적 표현은 성숙도를 측정함으로써 조직의 성숙도에 집중한다. 이러한 CMMI의 능력도와 성숙도 차원들은 조직의 개선 효과를 지도하는 것처럼 비교 평가하거나 평가 활동을 수행하는데 사용 되어 진다.

- 연속적 표현에 속해 있는 능력도 레벨은 각각의 프로세스 영역에서 조직의 프로세스 개선을 이루는데 적용한다. 이러한 레벨들은 주어진 프로세스 영역들을 점진적으로 개선하기 위한 한 방법이다. 연속적 방법은 0부터 5까지의 6개의 성숙도 레벨이 있다.
- 단계적 표현에 속해 있는 성숙도 레벨은 여러 개의 프로세스 영역을 가로질러 조직의 프로세스 개선을 이루는데 사용한다.

이러한 레벨은 다음에 수행되는 프로젝트의 일반적인 결과를 예상할 수 있는 방법이 된다. 성숙도와 능력도의 구성에서 5개 성숙도 레벨과 6개의 능력도 레벨들이 있으며 이들 중 4개의 레벨 이름이 두 가지 표현에서 같음을 주목하라.

차이점은 단계적 표현에서는 레벨 0이 없다는 것이고, 레벨 1에서 능력도 레벨은 수행하는 것인데 반해 성숙도 레벨은 초기화이다. 그러므로 2가지 표현에서의 시작점이 다르다.

연속적 표현은 개선하기 위한 특별한 프로세스 영역과 해당 프로세스 영역 내의 점진적인 개선을 선택하는 데 예를 들어 무엇을 할 것인가가 아닌 어떻게 할 것인가에 관심이 있다. 이런 의미에서 특수 목적이 수행 되었는지 또는 안 되었는지가 중요하다. 그러므로 "불완전"이라는 이름은 연속적인 표현에 주어진 시작점이다.

단계적 표현은 프로세스 영역들의 전반적인 성숙도에 관심이 있기에, 각각의 프로세스들의 수행, 미 수행 여부는 중요하지 않다.

그래서 '초기화' 라는 이름이 단계적 표현의 시작점이 된다. 능력도 레벨과 성숙도 레벨은 조직들이 그들의 프로세스를 잘 개선하기 위한 평가를 하는 방법을 제공한다. 그러나 프로세스 개선의 접근 방법은 다르다.

2.2 성숙 단계

성숙 단계는 조직에서 해당 업무를 얼마나 체계적으로 수행하고 있는지를 나타내는 지표이다. 성숙 1단계는 임기응변 등으로 업무를 수행하고 있음을 나타내고, 성숙 2단계는 조직은 기본적인 프로젝트 관리 활동을 수행하고 있음을 나타낸다. CMMI에서는 성숙 1단계부터 5까지 5단계로 되어 있다.

성숙 1단계의 조직에서는 개발 활동 자체가 정형화 되어 있지 않으며 어떤 현상에 대해 임기응변식으로 대응할 수밖에 없다. 성숙 2단계의 조직은 기본적인 프로젝트 관리 프로세스들을 갖고 있으며 이것에 따라 업무가 수행되고 있음을 나타낸다. 성숙 3단계의 조직의 특징은 해당 조직에서 따라야 하는 조직 차원의 표준 프로세스를 보유하고 있는 것이라고 할 수 있다. 이러한 조직 표준 프로세스는 해당 조직에서 프로젝트를 수행할 경우 프로젝트 특성에 따라 적절하게 조정해 사용된다.

성숙 3단계에서는 프로젝트 수행을 위해 전체 조직 차원에서의 강력한 접근 방법을 제공하고 있다고 할 수 있다. 이러한 성숙 3단계는 훨씬 구체적이고 정교한 프로세스를 제공하기 때문에 성숙 2단계와 구별된다. 성숙 4단계는 조직에서 의사 결정을 하거나 제품이나 프로세스가 개선되고 있는지 파악하기 위해 Metrics를 활용하는데 중점을 둔다. 성숙 3단계는 프로세스 성과들을 정성적으로 예측하지만 성숙 4단계에서는 정량적으로 예측 가능하다. 성숙 5단계의 조직에서는 프로세스 성과 변동 중에서 일반적인 원인에 대한 분석을 통해 이를 지속적으로 개선해야 한다.

✔성숙도 레벨 이해하기(Understanding Maturity Levels)

성숙도 레벨은 관련 특별 사례들과 조직의 전반적인 성과를 개선하는 사전 정의된 프로세스 영역을 위한 일반 사례들로 이루어져 있다. 조직의 성숙도 레벨은 주어진 규율이나 규율 세트 안에서 조직의 성과를 예상하는 방법을 제공한다. 경험은 조직들이 그들의 프로세스 개선 노력들을 한 번에 다룰 수 있는 프로세스 영역의 개수에 집중시킬 때 최선을 다한다는 것과 조직을 개선하는 것처럼 그러한 프로세스 영역들은 지속적인 정교함을 필요로 한다는 것을 보여 준다.

성숙 3단계에서는 프로젝트 수행을 위해 전체 조직 차원에서의 강력한 접근 방법을 제공하고 있다고 할 수 있다. 이러한 성숙 3단계는 훨씬 구체적이고 정의된 성숙도 레벨은 조직의 프로세스 개선을 위해 정의된 발전적인 단계이다.

각각의 성숙도 레벨은 조직의 프로세스들의 중요한 한 부분을 안정화시키고, 다음 성숙도 레벨로 나아갈 수 있게 준비 한다. 성숙도 레벨들은 각각 사전 정의된 프로세스 영역 세트와 관련이 있는 특정 목적과 일반 목적을 달성함으로 측정된다.

성숙도 레벨에는 다섯 개의 레벨들이 있고, 각각 진행 중인 프로세스 개선을 위한 기본 계층은 1부터 5까지 명명된다.

1. Initial(초기의)
2. Managed(관리되는)
3. Defined(정의되는)
4. Quantitatively Managed(정량적으로 관리되는)
5. Optimizing(최적화하는)

성숙도 레벨 2에서 5까지는 능력도 레벨 2에서 5까지와 같은 용어를 사용한다는 것을 명심하라. 이것은 성숙도 레벨들 그리고 능력도 레벨들의 개념들이 보충적이기 때문에 의도적이다. 성숙도 레벨들은 프로세스 영역들과 관련이 있는 조직의 개선을 특징짓는데 사용된다.

능력도 레벨들은 개별 프로세스 영역과 관련한 조직의 개선을 구분한다.

✔초기의(Initial)

프로세스가 ad hoc(임시적인), chaotic(혼돈 상태의) 프로세스에 대한 안정적인 환경을 제공하지 않는다. 성숙도 레벨 1에서의 프로세스들은 대개 주먹구구식이고 혼돈적이다. 조직은 대체로 프로세스를 지원하기 위한 안정된 환경을 제공하지 않는다. 이들 조직의 성공은 조직 내부의 영웅적인 사람의 능력에 의존하고 검증된 프로세스들을 사용하지 않는다.

이러한 혼돈에도 불구하고, 성숙도 레벨 1 조직들은 종종 제품과 서비스들을 만들어내지만 자주 그들의 예산들을 초과하고 그리고 그들의 일정을 만족시키지 못한다. 성숙도 레벨 1 조직들은 위기의 순간에 프로세스들을 생략하거나 그들의 성공이 반복적이지 못한 경향을 보이는 것으로 특징지어진다.

✔관리되는(Managed)

성숙도 레벨 2에서, 조직의 프로젝트들은 요구사항을 관리하고 그러한 프로세스들이 계획되고, 수행되고, 측정되고 통제된다는 것을 확실히 한다. 프로세스 훈련은 성숙도 레벨 2에 존재하는 실행들이 압박을 받고 있는 동안 자제된다는 것을 확실히 한다는 것을 반영한다. 이러한 실행들이 존재할 때, 프로젝트들은 그들의 문서화된 계획에 의해 수행되고 관리된다. 성숙도 레벨 2에서, 작업 산출물들의 상태와 서비스의 배송이 정의된 관점에서 관리된다는 것을 볼 수 있다. 관련 이해 당사자들에게 위임이 확립되고 필요 시 개정된다. 작업 산출물들은 적절하게 조절된다. 작업 산출물들과 서비스들은 그들의 명확한 프로세스 정의와 표준 그리고 절차들을 만족시킨다.

✔정의되는(Defined)

성숙도 레벨 3에서, 프로세스들은 잘 구분되고 이해되고 표준과 절차, 툴, 방법들이 정의된다. 조직의 표준 프로세스 세트는 성숙도 레벨 3을 기준으로 하여 수립되어지고 시간이 지남에 따라 개선된다. 이러한 표준 프로세스들은 조직의 일관성을 확립하는데 사용된다. 프로젝트는 조정 지침을 따라 조직의 표준 프로세스를 조정하여 프로젝트의 정의된 프로세스들을 수립한다. 성숙도 레벨 2와 3의 중요한 차이는 표준과 프로세스 정의 그리고 절차들의 범위다. 성숙도 레벨 2에서, 표준들, 프로세스 정의들, 그리고 성숙도 레벨 3에서, 하나의 프로젝트를 위한 표준들, 프로세스 정의들, 그리고 프로시저들은 특별한 프로젝트나 조직의 단위에 맞게 조직의 표준 프로세스 세트로부터 조정 된다. 또한 조정 가이드라인에 의해 더 많은 일관성 있는 차이들을 허용한다.

다른 중요한 차이점은 성숙도 레벨 3에서, 프로세스들이 성숙도 레벨 2에서 보다 더 엄격하게 전형적으로 정의 된다는 점이다. 정의된 프로세스는 분명하게 목적, 입력 값, 착수 조건, 활동들, 역할들, 측정 값, 검증 단계들, 결과물, 그리고 완료 조건들을 언급한다. 성숙도 레벨 3에서, 프로세스들은 프로세스 활동들의 상호 관계와 상세한 측정값들, 작업 산출물들, 그리고 그것의 서비스들을 이해하면서 좀 더 순차적으로 관리된다. 성숙도 레벨 3에서 조직은 성숙도 레벨 2의 프로세스 영역들을 다시 수행해야 한다는 것을 명심하라. 성숙도 레벨 2에는 존재하지 않은 성숙도 레벨 3안의 일반 실행들은 성숙도 레벨 3을 이루기 위해 수행된다.

✔정량적으로 관리되는(Quantitatively Managed)

성숙도 레벨 4에서, 조직 그리고 프로젝트들이 질과 프로세스 수행을 위하여 양적인 목적들을 수립한다. 그리고 프로세스를 관리하기 위한 조건으로 사용한다. 양적인 목적들은 고객의 필요성, 최종 수요자들, 조직, 그리고 프로세스 이행에 기반한다. 질과 프로세스 수행은 통계적인 용어로 이해되고 그리고 프로세스 순환 주기 내내 관리된다. 선택되는 부가 실행들과 프로세스 수행을 위한 상세 측정 방법들은 수집되어지고 통계적으로 분석된다.

질과 프로세스 수행 측정 방법들은 조직의 측정 저장소에 저장되어 사실 기반의 결정 수행 시 지원된다. 처리 변화의 특별한 원인들이 구분되어지고, 적합하게, 특별한 원인들의 출처들은 향후 발생을 예방하기 위하여 교정된다.

성숙도 레벨 3과 4의 중요한 차이점은 프로세스 수행이 예측 가능하다는 것이다. 성숙도 레벨 4에서, 프로세스 수행은 통계적이고 양적인 기술들을 사용하여 통제되고, 양적으로 예측 가능하다.

성숙도 레벨 3에서, 프로세스들은 전형적으로 단지 질적으로 예측 가능하다.

✔최적화하는(Optimizing)

성숙도 레벨 5에서, 조직은 프로세스 내의 변화의 공통 이유들을 양적으로 이해하는 것에 기반 하여 끊임없이 프로세스들을 개선한다.

성숙도 레벨 5는 점증적이고 혁신적인 프로세스와 기술적인 개선들을 통해 끊임없이 프로세스 수행을 개선하는데 초점을 맞추고 있다. 조직을 위한 정량적인 프로세스 개선 목적들을 수립하고, 끊임없이 사업 목적들이 바뀌는 것을 반영하기 위하여 개정하고 프로세스 개선을 관리하기 위한 척도로서 사용되어진다. 전개되는 프로세스 개선들의 효과들이 양적인 프로세스 개선 목적들에 대하여 측정되고 평가된다. 양쪽의 정의된 프로세스들과 조직의 표준 프로세스 세트들은 측정 가능한 개선 활동들의 목적들이다.

성숙도 레벨 4와 5의 중요한 차이는 적용되는 프로세스 변화의 형태이다.

성숙도 레벨 4에서, 조직은 프로세스의 변화의 특별한 원인들을 처리하는 것과 결과들의 통계적인 예측 가능성을 제공하는 것에 관여한다. 프로세스들이 예측 가능한 결과들을 산출하더라도, 결과들은 수립된 목적들을 성취하기에 불충분할 수 있다. 성숙도 레벨 5에서, 조직은 프로세스 수행을 개선하기 위한 그리고 수립된 정량적인 프로세스 개선 목적들을 성취하기 위해 프로세스 변화의 일반적인 원인들을 처리하고 변경하는 것으로 프로세스 수행의 방법을 바꾸거나, 또는 경험된 고유의 처리 변화를 줄이는 것에 관여한다.

✔성숙도 레벨을 통한 개선

조직들은 프로젝트 레벨에서 첫 번째 통제를 성취하고 가장 앞서는 레벨, 조직 전체의 끊임없는 프로세스 개선을 계속하고, 정량적이고 질적인 데이터를 사용하여 결정을 함으로써, 조직 성숙도의 점진적인 개선을 수행할 수 있다.

개선된 조직의 성숙도는 조직에 의해 수행될 수 있는 예상되는 결과들의 범위 안의 개선과 관련이 있으므로, 그것은 조직의 다음 프로젝트의 전반적인 결과들을 예언하는 하나의 수단이다.

예를 들면, 성숙도 레벨 2에서, 조직은 건전한 프로젝트 관리를 수립함으로써, 임시변통에서 훈련된 상태로 승급되어졌다. 여러분의 조직이 성숙도 레벨 안에서 프로세스 영역 세트를 위하여 일반적이고 특별한 목적들을 성취함으로써, 여러분은 여러분의 조직 성숙도를 증가시키고 프로세스 개선의 장점들을 얻는다. 각 성숙도 레벨은 다음 레벨을 위한 필요한 기초를 형성하고, 성숙도 레벨들을 건너뛰려고 노력하는 것은 대개 효과가 없다.

동시에, 여러분은 프로세스 개선 노력들이 사업 환경의 문맥 내에서 조직의 필요성과 더 높은 성숙도 레벨에서의 프로세스 영역들이 현재의 조직이나 프로젝트의 필요성을 언급할 지도 모른다는 것에 초점을 맞추어야 한다. 예를 들면, 성숙도 레벨 1에서 성숙도 레벨 2로 이전하려는 조직들은 종종 성숙도 레벨 3에 있는 OPF에 의해 언급되어지는 프로세스 그룹을 구성하도록 장려된다. 비록 프로세스 그룹이 성숙도 레벨 2 조직에서 꼭 필요한 사항은 아닐지라도, 성숙도 레벨 2를 성취하기 위한 조직적인 접근에 필요한 부분이 될 수 있다.

이 상황은 때때로 성숙도 레벨 1 프로세스 그룹을 구성함으로써 성숙도 레벨 1 조직이 성숙도 레벨 2가 될 수 있다고 묘사된다. 성숙도 레벨 1 프로세스는 개선 활동들은 좀 더 훈련되고 폭 넓은 개선이 자리 잡기 전 까지는 프로세스 그룹 스텝들의 식견과 역량에 주로 의존할 수밖에 없다.

심지어 특별한 실행들이 추천되는 성숙도 레벨로 나아갈 준비가 되어있기 전이라도 조직들은 언제라도 그들이 선택한 특별한 프로세스 개선들을 시작할 수 있다. 하지만 그런 상황들 속에서 조직들은 성공적인 내재화가 완전하지 못하기 때문에 이러한 개선들의 안정성이 큰 위험을 안고 있다는 것을 이해해야 한다. 왜냐하면 성공적인 내재화를 위한 기반이 완전하지 않기 때문이다. 적절한 기초가 안 되어 있는 프로세스들은 필요로 하는 압력을 행사하는데 실패할 수도 있다.

성숙도 레벨 3 조직의 특징인 정의된 프로세스는 성숙도 레벨 2의 관리 실행들이 부족하다면 큰 위험을 가질 수 있다. 예를 들면, 관리는 제대로 계획되지 않은 일정에 영향을 미치거나 베이스 라인 된 요구도의 변경을 통제하는데 실패 할 수 있다. 유사하게도, 많은 조직들이 조급하게 성숙도 레벨 4의 상세한 데이터 특징을 모으고, 데이터들이 해석이 안 되는 것을 발견하는데 그것은 프로세스들과 측정 정의들이 불일치하기 때문이다.

더 높은 레벨의 프로세스 영역과 관련된 프로세스들을 사용하는 다른 예들은 제품을 만드는 것이다. 확실히, 우리는 성숙도 레벨 1 조직들이 요구도 분석, 설계, 통합, 검증을 수행하도록 기대했을 것이다. 이들 활동들은 성숙도 레벨 3까지 묘사 되지 않지만, 시종일관 논리적으로 묘사 된다. 잘 통합된 성숙한 프로젝트 관리 능력을 갖고 있는 공학 프로세스들이 수행되므로 공학적인 개선들은 임시 변통적인 관리 프로세스에 의해 공학적 개선들이 손실되지는 않는다.

2.3 능력 단계

✔능력도 레벨 이해하기

연속적 표현과 관련된 모든 CMMI 모델은 설계와 내용에서 능력도 레벨을 반영한다. 하나의 능력도 레벨은 해당 프로세스 영역과 관련된 조직의 프로세스를 개선하기 위한 하나의 프로세스 영역과 관련된 특수 실행과 일반 실행들로 이루어져 있다. 특별한 능력도 레벨에서 하나의 프로세스 영역의 특수 실행과 일반 실행들을 만족하는 것처럼, 프로세스 개선의 장점들을 거두어들인다.

0부터 5까지 6가지의 능력도 레벨이 있다.

0. Incomplete(불완전)
1. Performed(수행하는)
2. Managed(관리되는)
3. Defined(정의되는)
4. Quantitatively Managed(정량적으로 관리되는)
5. Optimizing(최적화하는)

사실 능력도 레벨 2부터 5까지가 일반 목적 2에서 5까지 같은 용어를 사용하는 것은 고의적이다.

일반 목적들은 한 조직 내에서 베스트 실행들의 프로세스 내재화를 나타낸다.

능력도 레벨은 한 조직 내에서 달성된 프로세스 개선을 나타낸다.

내재화와 프로세스 개선 달성은 상호 의존적이고, 양쪽 개념들에 대해 같은 특징을 적용한다.

능력도 레벨 1에서 5까지를 완벽하게 이해하려면 프로세스 내재화 부분을 참고하라. 각각의 능력도 레벨에 대한 짧은 정의는 아래와 같다.

✔불완전한(Incomplete)

"불완전한 프로세스"는 수행되지 않았거나 부분적으로만 수행된 프로세스다.

부분적으로 수행된 프로세스를 내재화하기 위한 이유가 없으므로, 이 레벨에서는 하나 또는 그 이상의 프로세스 영역의 특정 목적들이 만족되지 않고 일반 목적도 존재하지 않는다.

✔수행하는(Performed)

능력도 레벨 1 프로세스는 "수행된 프로세스"라고 특징지어진다.

수행된 프로세스는 프로세스 영역의 특정 목적을 만족시키는 프로세스다.

이것은 작업 산출물을 생성하는데 필요한 일들을 지원하고 가능하게 해준다.

✔관리되는(Managed)

능력도 레벨 2 프로세스는 "관리되는 프로세스"라고 특징지어진다. 관리되는 프로세스는 특정 프로세스를 지원하기 위한 기본 인프라를 갖고 있는 프로세스이다. 능력도 레벨 2는 정책에 따라, 통제되는 산출물들을 만들기 위해 적당한 자원을 갖고 있는 훈련된 사람들을 고용하고, 관련 이해 당사자들을 참여시키고, 감시하고, 통제하고, 검토하고, 프로세스 정의에 대한 지지를 평가하는데 계획하고 수행한다.

✔정의되는(Defined)

능력도 레벨 3은 "정의된 프로세스" 라고 특징지어 진다. 정의된 프로세스는 조직의 조정 지침에 따라 조직의 표준 프로세스로부터 조정된 프로세스를 관리하는 프로세스로 조직의 프로세스 자산에 대한 작업 산출물과 측정 방법, 그리고 다른 프로세스 개선 정보를 제공한다.

✔정량적으로 관리되는(Quantitatively Managed)

능력도 레벨 4는 "정량적으로 관리되는 프로세스"라고 특징지어 진다. 정량적으로 관리되는 프로세스는 통계적이고 다른 정량적인 기술을 사용하여 통제되는 정의된 프로세스이다. 품질과 프로세스 수행을 위한 정량적인 목적들이 수립되어지고 프로세스를 관리하는 기준으로 사용된다. 품질과 프로세스 수행은 통계적인 용어로 이해되고 프로세스 생명주기 동안 관리된다.

✔최적화하는(Optimizing)

능력도 레벨 5는 "최적화 되는 프로세스"로 특징지어 진다. 최적화하는 프로세스는 프로세스 내의 변화 속성을 이해하는 것을 개선의 기반으로 하는 정량적으로 관리되는 프로세스다. 최적화하는 프로세스는 점진적이고 혁신적인 개선을 통해서 끊임없이 프로세스 수행 범위를 개선하는 데 초점을 맞추고 있다. 능력도 레벨 2에서 부터 5까지는 일반 목적 2에서 5까지의 같은 용어를 사용한다는 것을 기억하라. 그리고 이러한 용어의 상세 설명은 제 3장에서 나온다.

✔능력도 레벨을 통한 개선

프로세스 영역들의 능력도 레벨들은 일반 사례들의 적용이나 적합한 대안들을 통해서 성취한다. 하나의 프로세스 영역에서 능력도 레벨 1을 달성하는 것은 해당 프로세스 영역의 특정 목적을 성취하는 것과 같다고 말할 수 있다. 하나의 프로세스 영역에서 능력도 레벨 2에 도달하는 것은 수행해야 할 프로세스를 가리키는 정책이 있다고 말할 수 있다. 자원들을 제공하고, 책임들은 할당하고, 그것을 수행할 훈련, 수행하는 프로세스로부터 생성되는 산출물들을 선택하는 등 이런 것들을 수행할 계획이 있다. 다른 말로, 능력도 레벨 2 프로세스는 어떤 프로젝트나 지원 활동처럼 계획되고 감시될 수 있다. 하나의 프로세스 영역에 대해 능력도 레벨 3에 도달하는 것은 조직의 표준 프로세스나 프로세스들이 프로젝트의 필요성에 의해 조정 될 수 있는 프로세스 영역과 관련하여 존재한다고 가정한다. 조직 안의 프로세스들은 조직의 표준 프로세스에 기반 하기 때문에 지금 더 끊임없이 정의되고 적용된다.

하나의 프로세스 영역에 대한 능력도 레벨 4에 도달하는 것은 이 프로세스 영역이 정량적이고 통계적인 기술을 사용하여 조직이 관리하기 원하는 중요한 비즈니스를 수행할 수 있다고 가정한다. 이러한 분석은 시장에서 더 경쟁력을 가질 수 있도록 선택된 세부 사례들의 수행을 가능하게 해준다.

하나의 프로세스 영역에서 능력도 레벨 5에 도달하는 것은 선택한 세부 사례들을 안정화 시키고 그 프로세스 내의 변동 분의 공통 원인을 줄일 수 있다. 어떠한 프로세스라도 변화는 당연한 것이라는 것을 기억하라. 그래서 모든 프로세스들을 개선하는 것이 개념적으로 가능할 지라도 ,모든 프로세스들을 레벨 5로 개선하는 것은 비경제적일 수 있다. 다시, 여러분의 사업 목적을 충족하기 위해 도움을 줄 수 있는 프로세스들에 집중하라.

2.4 프로세스 영역

프로세스 영역은 해당 프로세스를 위해 수행되어야 하는 활동들을 모아 놓은 것으로 하나의 프로세스 영역은 반드시 〈표 2.1〉과 같이 성숙 단계 2, 3, 4, 5 중 하나에 포함 된다. 즉 요구사항 관리 프로세스 영역은 성숙 단계 2, 요구사항 개발 프로세스 영역은 성숙 단계 3, 정량적 프로젝트 관리 프로세스 영역은 성숙 단계 4를 위해 수행 되어야 하는 프로세스 영역들이다.

〈표 2.1〉 CMMI 25 PA의 수준과 분야

CMMII	프로세스 관리 분야	프로젝트 관리 분야	공학 분야	지원 분야
Level 5 (Optimizing)	OID			CAR
Level 4 (Quantitatively Managed)	OPP	OPM		
Level 3 (Defined)	OPF OPD OT	IPM, RSKM ISM, IP(IPPD)	RD, TS, PI VER,VAL	DAR, OEI
Level 2 (Managed)		PP, PMC, SAM	REQM	CM, MA, PPQA

연속적 표현은 조직이 프로세스 영역이나 조직과 사업 목적에 가장 유용한 상호 관련 있

는 프로세스 영역 세트를 선택함으로써 프로세스 개선 효과를 집중하는 것을 선택할 수 있다. 프로세스 영역들 간의 의존성 때문에 조직이 선택할 수 있는 분야에 약간의 한계들이 있을지라도, 조직은 선택에 상당한 자유가 있다. 연속적 표현 안의 프로세스 영역들은 프로세스 관리, 프로젝트 관리, 엔지니어링, 지원 등 네 가지로 분류된다. 이러한 분류는 앞 장에서 논의되었고 프로세스 영역들 간의 존재하는 관계들을 강조한다.

일단 여러분이 프로세스 영역들을 선택하면, 여러분은 얼마나 많이 그 프로세스 영역과 관련된 프로세스들을 개선할 것인지 선택해야 한다.

능력도 레벨들과 일반적인 목적들 그리고 실행들이 개별적인 프로세스 영역들의 프로세스 개선을 지원한다. 예를 들면, 조직은 하나의 프로세스 영역에서는 능력도 레벨 2와 다른 프로세스 영역에서는 능력도 레벨 4에 도달하는 것을 원할 수 있다. 조직이 능력도 레벨에 도달할 때, 이러한 같은 프로세스 영역 들 중 하나를 위한 다음 능력도 레벨을 견지하거나 견해를 넓히고 많은 프로세스 영역들을 적용한다.

이러한 선택은 전형적으로 목표 프로필을 통해 묘사된다. 목표 프로필은 이야기되거나 각각의 능력도 레벨을 목적하기 위한 모든 프로세스 영역들을 정의한다. 이 프로필은 조직의 목적과 조직이 프로세스 개선 활동하기 위해 수행하는 실행들을 지배한다.

대부분의 조직들은, 최소한 능력도 레벨 1을 목적으로 정한다. 이것은 수행되어야 하는 프로세스 영역의 모든 특별한 요구사항을 필요로 한다. 하지만, 1이상의 능력도 레벨을 목적으로 하는 조직들은 일반 목적들과 일반 실행들을 목적으로 하면서 조직 내의 선택된 프로세스들의 내재화에 집중할 것이다.

정반대로, 여러분은 단계적 표현이 여러분으로 하여금 속해 있는 성숙도 레벨의 문맥 안에서 항상 프로세스 영역을 볼 수 있도록 해준다는 것을 알게 될 것이다. 이러한 개념을 강화하기 위하여 프로세스 영역들은 성숙도 레벨들에 의하여 조직화된다.

여러분이 프로세스 영역을 사용할 때, 여러분은 전체의 프로세스 영역에서 모든 목적과 모든 실행들을 사용한다. 단계적 표현은 성숙도 레벨 1에서부터 각 성숙도 레벨에서의 프로세스 영역의 목적을 이루는 것을 포함하는 성숙도 레벨 5까지의 미리 결정된 방침을 제공한다.

단계적 표현은 성숙도 레벨, 각 성숙도 레벨을 이루기 위해 구현해야 하는 프로세스 영역을 가리킴에 의해 프로세스 영역을 그룹으로 구분 한다.

예를 들면, 성숙도 레벨 2에서는, 모든 이러한 프로세스 영역들의 목적을 이루기 전까지는 조직이 프로세스 개선을 하기 위해 사용할 프로세스 영역 세트가 있다. 일단 성숙도 레벨 2가 이런 방식으로 성취되면, 조직은 성숙도 레벨 3 등에 노력을 집중한다. 각각의 프로세스 영역에 적용하는 일반 목적들은 또한 미리 결정되어 진다.

2.5 목적과 실행 관계

모든 프로세스 영역은 해당 프로세스 영역에서 달성해야 하는 몇 가지 목적을 가지고 있다. 이러한 목적은 해당 프로세스 영역의 조직 내에서 수행되고 있음을 판단하는 기준으로 사용 되지만 조금은 추상적으로 정의되고 있다. 그러기 때문에 각각의 목적은 좀 더 구체적으로 기술된 실행들과 연결되어 있으며 이러한 실행들은 해당 목적을 충족시키기 위해 조직에서 반드시 수행되어야 하는 활동들이 된다.

✔목적

목적은 개별 프로세스 영역의 해당 프로세스 영역에서 달성해야하는 몇 가지 목적을 가지고 있다. 목적에는 특정 목적(Specific Goal: SG)과 일반 목적(Generic Goal: GG)이 있다. 일반 목적들은 모든 프로세스 영역들에 적용되는 필요 모델 요소들이다.

모든 일반 목적과 일반 실행들은 연속적 표현에서 사용된다. 여러분의 개선 노력을 위해 목적으로 하고 있는 능력도 레벨은 여러분이 선택한 프로세스 영역에 적용할 일반 목적과 일반 실행들을 결정할 것이다. 단계적 표현에서는 오직 일반 목적 2와 3만이 사용된다. 성숙도 레벨 2에 도달하기 위해 노력할 때, 레벨 2의 프로세스 영역들을 사용하고 또한 레벨 2의 일반 목적과 일반 실행들을 사용한다. 일반 목적 4와 일반 목적 5는 사용되지 않는다는 것을 명심하라. 이것은 모든 프로세스들이 정의된 프로세스 위에 올라설 수 없기 때문이다.

오직 선택된 프로세스와 부가 프로세스들이 정량적으로 관리되고 최적화된다. 이러한 프로세스들은 단계적 표현 내에서 성숙도 레벨 4와 성숙도 레벨 5로 이야기 된다.

- 특정 목적(Specific Goal: SG): 특정 프로세스 영역과 관련된 목적. 특정 프로세스를 충족시키기 위해 수행되어야 하는 활동들의 특징이 기술되어 있다.
  (예: SG2, 프로젝트 계획을 수립해야 함)
- 일반 목적(Generic Goal: GG): 모든 프로세스 영역에서 공통적으로 적용될 수 있는 목적, 일반 목적은 프로세스가 조직에 내재화되어 있는지 판단하는 데 도움을 준다.
  (예: GG2: 관리 프로세스 내재화).

✔실행

실행들은 프로세스 영역에서 정의하고 있는 목적들을 충족시키기 위해 수행되어야 하는 구체적인 활동을 말한다. 개별 실행들은 반드시 하나의 목적에 연결되어 있으며 다음 2가지 종류가 있다. 기본실행과 개선된 실행 Base Practices: SP번호에서 capability level번호가 1번 Advanced Practices: SP번호에서 capability level번호가 2번 이상 두 가지 형태의 개선 실행들이 있다. 첫 번째 형태는 기본 실행을 생성하지 않는 개선 실행이다. 두 번째 형태의 개선 실행은 기본 실행을 포함한 개선 실행이다.

연속적 모델에서, 개선 실행들은 기대 모델 요소로서 기본 실행들과 보여 준다. 만약 한 조직이 한 프로세스 영역에서 능력도 모델 3을 추구하기 위해 선택한다면, 그것은 프로세스 영역의 목적을 달성하기 위해 노력할 때, 능력도 레벨 2와 레벨 3 개선 실행들처럼 모든 기본 실행들을 사용할 것이다

- 특정 실행(Specific Practice: SP): 특정 목적을 충족시키기 위해 조직이 수행해야 하는 활동이며 특정 목적은 특정 실행의 수행 결과라고 할 수 있다. Specific practices들은 특정 목적을 이루기 위해 고려할만한 중요한 지침들로 구성된 기대 모델 요소이다. 대부분의 상세 실행들은 두 가지 표현에서 똑같다. 하나의 또는 다른 모델 표현에서 사용시 다르게 보이는 몇 가지 예외는 있다. 단계적 표현에서 모든 특정 실행들은 동등하게 보여 준다. 특정 실행들의 능력도 레벨은 인정되지 않는다. 특정 실행의 번호로 보이나

이 정보는 단계적 표현에서는 고려할 만한 관련성이 없다. 그래서 기본 실행과 개선된 실행들은 인지되는 개념들이 아니다(예: SP2.4 프로젝트 자원 계획을 수립해야 한다.).

- 일반 실행(Generic Practice : GP): 프로세스가 효율적으로 지속 될 수 있도록 해당 프로세스를 내재화하는 활동을 말한다(예: GP2.5 (AB 4) 인력 교육).

2.6 공통 수행 항목

공통 수행 항목으로 프로세스 영역 내에서 일반 실행들을 그 특성에 따라 그룹화한 것으로 단지 단계적 표현 방법에서만 사용되는 개념이다.

- 수행 방침(Commitment to perform: CO): 경영진의 참여나 문서화된 정책과 관련된 활동(예 GP2.1: 조직정책수립).
- 수행 능력(Ability to perform: AB): 프로세스 수행 계획 수립, 자원 제공, 교육 등과 관련된 활동(예 GP2.2 (AB1): 프로세스 계획 수립).
- 직접 이행(Directing Implementation: DI): 형상관리, 관련 이해 관계자의 식별 및 참여, 프로세스 모니터링 및 통제, 개선정보 수집 등과 관련된 활동(예 GP2.7: 관련 이해 관계자 식별 및 참여).
- 이행 검증(Verifying Implementation: VE): 표준 준수 여부의 객관적인 평가, 상위 관리자 검토 등과 관련된 활동(예 GP2.10: 상위 관리자 검토).

CMMI에서는 이외도 해당 실행을 수행하면서 작성해야 하는 제품이나 산출물이 있으며 특정 실행에 대해 좀 더 구체적으로 내용을 제공하는 하위 실행이 있다.

그리고 일반 또는 특정 실행에 대한 번호 체계인 라벨이 있고 SW CMM에서는 자원과 인력을 의미하지만 CMMI에서는 인력뿐만 아니라 장비, 자금, 시설 및 기술 등도 포함된다.

✔동등단계

동등단계는 연속적 표현을 사용하는 것에서 부터 단계적 표현을 사용하는 결과를 비교하는 한 방법이다. 근본적으로, 선택된 프로세스 영역과 관련된 개선 사항이 연속적 표현에서 능력도 레벨을 이용하여 측정된다면, 어떻게 성숙도 레벨을 비교할 것인가? 혹은 이것이 가능한가? 등을 확인하여야 한다.

능력도 레벨 프로파일은 프로세스 영역 목록과 각각의 달성된 능력도 레벨에 해당한다.

하나의 달성 프로파일은, 목표 프로파일과 비교 시, 각각의 선택된 프로세스 영역들을 위해 조직이 계획하고 그 프로세스를 추적하는 것을 가능하게 해준다.

성숙도 레벨 2에서 5까지의 동등성을 수행해야하는 목표 프로파일을 요약하여 보여주고 있다. 능력도 레벨 칼럼 안의 각각 빗금 친 부분은 단계적 표현에서의 성숙도 레벨과 동등한 목표 프로파일을 나타낸다.

다음 룰은 동등단계를 요약하여 보여 준다.

- 성숙도 레벨 2를 달성하기 위해서, 성숙도 레벨 2에 할당된 모든 프로세스 영역은 능력도 레벨 2나 그 이상을 달성해야 한다.
- 성숙도 레벨 3을 달성하기 위해서, 성숙도 레벨 2와 3에 할당된 모든 프로세스 영역은 능력도 레벨 3이나 그 이상을 달성해야 한다.
- 성숙도 레벨 4를 달성하기 위해서, 성숙도 레벨 2와 3 그리고 4에 할당된 모든 프로세스 영역은 능력도 레벨 3이나 그 이상을 달성해야 한다.
- 성숙도 레벨 5를 달성하기 위해서, 모든 프로세스 영역은 능력도 레벨 3이나 그 이상을 달성해야 한다.

2.7 연속적 표현 방법에서의 모델 구성 요소

연속적 표현 방법의 모델 구성 요소는 기본적으로 단계적 표현 방법과 동일하지만, 일반 실행들을 공통 수행 항목으로 구분하지 않는 점과 특정 실행들을 기본 실행과 고급 실행으로 구분하는 점이 단계적 표현 방법과 다르다.

기본 실행은 특정 실행 중에서 능력 단계 1에 해당되는 실행들이다. CMMI의 레벨로 구분해 보면 $SP_{x,y,z}$에서 z가 1인 실행들에 해당된다. 그리고 고급 실행은 특정 실행 중에서 능력 단계 2 이상에 해당되는 실행들이며 CMMI의 레벨로 구분해보면 $SP_{x,y,z}$에서 z가 2상인 실행들을 말한다. 그러므로 고급 실행들은 기본 실행과 연관된 활동일 수도 있으며 그렇지 않고 기본 실행과는 다른 활동들을 정의할 수도 있다.

✔목적과 실행

연속적 표현 방법에서도 특정 목적과 실행들을 단지 하나의 프로세스 영역과 관련이 있으며, 일반 목적과 실행들은 모든 실행 영역에서 공통적으로 사용된다. 다만, 앞에서 언급한 바와 같이 단계적 표현 방법과는 달리 특정 실행들이 기본 실행과 고급 실행으로 구분되어 있으며 일반 실행의 경우는 단계적 표현 방법에서 정의되어 있지 않은 능력 단계 1, 4, 5에 해당하는 일반 목적과 실행들이 추가되어 있는 것이 차이점 이라고 할 수 있다. 그리고 필수 요건, 권고 요건, 선택 요건들은 단계적 표현 방법과 동일하게 이해하면 될 것이다.

2.8 필수 요건, 권고 요건 및 선택 요건

필수 요건 : 일반 및 특정 목적들이 해당되며 반드시 해당 조직에서 적용해야하는 내용들이다.

권고 요건 : 일반 및 특정 실행들이 해당된다. 권고 요건인 경우에는 해당 내용이 조직의 비즈니스 목적을 충족시킬 수 없거나 조직에 적합하지 않다면 대안을 고려할 수도 있다. 이러한 대한은 반드시 해당 실행이 의도하고 있는 목적과 일치해야 하며 단순히 어떤 권고 요건이 조직에서 제도화하는 데 어려움이 있기 때문에 다른 쉬운 방법으로 대체하는 것은 불

가능하다.

선택 요건 : 하위 실행, 상세 설명, 산출물 예시 등이 해당된다. 선택 요건은 목적과 실행들을 좀 더 쉽게 이해할 수 있도록 돕기 위한 것이기 때문에 조직에서 선택적으로 적용할 수 있다. 그러나 이러한 선택 요건들은 아주 구체적인 정보를 담고 있기 때문에 조직에 맞게 조금씩 조정하여 적용한다면 굉장히 유용하게 사용될 수 있다.

* 단계적 표현 방법을 성숙 단계라 하고 연속적 표현 방법은 능력 단계라 한다. 연속적 표현 방법의 모델 구성요소는 기본적으로 단계적 표현 방법과 동일하지만 일반 실행들을 공통 수행 항목으로 구분하지 않는 점과 특정 실행들을 기본 실행과 고급 실행으로 구분하는 점이 단계적 표현 방법과 다르다. 그리고 모든 프로세스 영역에 공통적으로 적용되는 일반 목적 및 일반 실행과 하나의 프로세스 영역에만 관련된 특정 목적 및 특정 실행이 있음을 알고 있어야 한다.

연 습 문 제

1. CMMI의 모델에서 Maturity Level과 Capability Level을 설명하라.

2. CMMI의 모델에서 SR과 CR을 비교 설명하라.

3. CMMI의 25개 프로세스 영역을 간단히 설명하라.

4. 목적(Goal)과 실행(Practices)의 관계를 설명하라.

5. 프로세스 영역 내에서 단계적 표현을 할 때 실행들의 수행항목 중 수행방침(CO), 수행능력(AB), 직접이행(DI) 및 이행검증(VE)에 관해 간략히 설명하라.

6. 연속적 표현방법에서 모델의 구성 요소에 관해 설명하고 그림으로 표현하라.

7. 단계적 표현 방법에서의 모델 구성요소를 그림으로 표현하라.

8. CMMI의 구조에 관해 요약 설명하라.

9. 다음 용어를 설명하라.

필수 요건, 권고 요건, 선택 요건. 산출물, 하위 실행, 개발, 프로젝트, 제품

CMMI의 표현 방법

CMMI의 표현 방법에는 각 조직의 특성에 맞게 단계적(Staged) 표현 방법과 연속적(Continuous) 표현 방법을 선택할 수 있다.

3.1 단계적 표현 방법

단계적 표현 방법은 조직에서 프로세스 개선 활동을 수행할 때 하나의 로드맵을 제시하는데 초점을 두고 있다. 이러한 수행 로드맵은 한 조직의 프로세스 능력이 발전되는 과정을 몇 가지 성숙 단계로 정의한 후 CMMI에 정의된 프로세스 영역들을 이용해 각 성숙 단계가 갖는 특징들을 설명하고 있다.

단계적 표현 방법에서는 5개의 성숙 단계가 있으며, 하위 성숙 단계는 상위 성숙 단계의 기초를 제공하므로 상위 성숙 단계에 도달하기 위해서는 반드시 그 하위의 모든 성숙 단계들을 충족시켜야 한다. 이러한 구조는 이전의 SW CMM의 구조와 동일하기 때문에 SW CMM을 경험한 독자들은 쉽게 이해할 수 있을 것이다.

✔성숙 단계 1 : 초기의(Initial)

성숙 단계 1인 조직은 구조화된 프로세스를 갖고 있지 않다고 말 할 수 있다. 즉 개발 활동 자체가 정형화 되어 있지 않으며, 어떤 현상에 대해 임기응변식으로 대응하게 된다. 그 결과 프로젝트의 예산과 납기는 거의 지켜지지 않으며 제품의 품질 또한 보장 할 수 없다. 그러므로 성숙 단계 1에서는 아무런 활동을 요구하지 않는다.

✔성숙 단계 2 : 관리됨(Managed)

성숙 단계 2인 조직은 기본적인 프로젝트 관리 프로세스들을 갖고 있으며 또한 그것에 따라 업무가 수행되고 있음을 나타낸다고 말 할 수 있다. 성숙 단계 2에서 요구하는 활동을 내재화하기 위해 다음 활동을 수행해야 한다. 성숙 단계2는 기본적인 관리 활동들로부터 출발하여 점차적으로 더 구체적인 특정 영역에 초점을 맞추고자 하는 것이다.

- 조직에서 정의한 정책을 준수해야 한다.
- 문서화된 프로세스와 계획에 따라 업무를 수행해야 한다.
- 프로세스를 수행하기 위해 적절한 자금과 자원을 지원해야 한다.
- 프로세스를 수행하기 위한 책임과 권한을 적절하게 부여하고 이를 유지해야 한다.
- 조직원에게 필요한 교육을 실시해야 한다.
- 작업 산출물들을 형상 관리해야 한다.
- 프로세스 수행 여부를 모니터링하고 필요한 경우 시정 조치해야 한다.
- 프로세스, 작업 산출물, 서비스 등을 객관적으로 검토하고 부적합 사항은 해결해야 한다.
- 적절한 위치의 관리자와 함께 프로세스의 활동, 상태, 결과에 대해 검토하고 필요한 경우 시정 조치해야 한다.
- 관련 이해 관련자들을 식별하고 이들과 함께 해당 작업을 수행해야 한다.

✔성숙 단계 3 : 정의됨(Defined)

성숙 단계 3인 조직의 특징은 해당 조직에서 따라야 하는 조직 차원의 표준 프로세스를 보유하고 있는 것이라고 할 수 있다. 이러한 조직 표준 프로세스는 해당 조직에서 프로젝트를 수행할 경우 프로젝트 특성에 따라 적절하게 조정해 사용하며 다음 형식에 따라 개발하는 것이 일반적이다.

· 프로세스의 목적
· 입력물
· 착수기준
· 작업 방법
· 책임과 역할
· 측정 항목
· 검증 방법
· 출력물
· 완료기준

성숙 단계 3에서 요구하는 활동들을 내재화하기 위해서는 다음과 같은 활동들을 수행해야 한다.

· 성숙 단계 2에서의 내재화 활동을 충족해야 한다.
· 조직 표준 프로세스를 정의해야 한다.
· 조직 표준 프로세스에 따라 각종 계획서를 작성해야 한다.
· 작성된 계획서에 따라 해당 프로세스를 수행해야 한다.
· 프로세스 수행 결과, 즉 출력물, 측정치, 개선정보 등을 수집해야 한다.
· 수행 결과를 바탕으로 조직 프로세스 자산을 지속적으로 개선하고 이를 다른 프로젝트에서 활용해야 한다.

성숙 단계 3은 성숙 단계 2보다 더 구체적으로 정교한 프로세스를 제공하고 프로젝트 수행을 위해 전체 조직 차원에서의 강력한 접근 방법을 제공하고 있다고 할 수 있다. 성숙 단계 3의 조직은 구체적이고 정교한 프로세스를 이용해 측정치를 수집 가능하며 프로세스들 간의 관계를 정확하게 이해할 수 있게 되어 조직에서 수행하는 프로세스를 능동적으로 관리할 수 있게 된다.

✔성숙 단계 4 : 정량적으로 관리됨(Quantitatively Managed)

성숙 단계 4인 조직은 프로세스들을 통계적이고 정량적으로 관리한다. 이것은 제품이나 서비스의 품질, 프로세스의 성과 등을 통계적으로 이해할 수 있음을 의미하며, 이것을 바탕으로 조직의 프로세스들이 정량적으로 관리된다. 성숙 단계 4에서 요구하는 활동들을 내재화하기 위해서는 다음의 활동들을 수행해야 한다.

- 성숙 단계 2, 3에서의 내재화 활동을 충족해야 한다.
- 품질과 프로세스 성과에 대한 정량적인 목적을 수집하고 이를 유지해야 한다.
- 프로세스 성과가 안정적이고 예측 가능하여 유지되어야 한다.
- 통계 기법들을 이용하여 프로세스의 목적 달성 여부를 확인해야 한다.

성숙 단계 3의 조직에서는 프로세스의 성과들을 정성적으로 예측할 수 있는 반면 성숙 단계 4에서는 정량적으로 예측할 수 있는 차이가 있다. 특히 성숙 단계 4에서는 성과 변동 중에서 이상 원인을 찾아 이에 대한 적절한 시정 조치를 취하는 활동도 포함된다.

✔성숙 단계 5 : 최적화(Optimizing)

성숙 단계 5인 조직에서는 프로세스 성과 변동 중에서 일반적인 원인에 대한 분석을 통해 이를 지속적으로 개선해야 한다. 성숙 단계 5에서 요구하는 활동들을 내재화하기 위해서는 다음의 활동들을 수행해야 한다.

- 성숙 단계 2, 3, 4에서의 내재화 활동을 충족해야 한다.
- 프로세스 개선 활동에 대한 정량적인 목적을 수립하고 이를 유지해야 한다.
- 결함이나 프로세스 성과의 일반적인 원인을 식별하고 이를 예방해야 한다.
- 지속적인 프로세스 개선을 위해 점진적인 개선 방법뿐만 아니라 혁신적인 개선 방법도 함께 고려해야 한다.

그러므로 성숙 단계 5인 조직에서는 모든 조직원들의 건설적인 사고 및 행동으로 인해 결함은 감소되고 제품은 납기 내에 고객에게 제공되는 아주 이상적인 조직의 상태를 말한다.

단계적 표현 방법에서의 성숙 단계들은 조직에서 수행하는 프로세스들의 발전 방향을 제시하고 있다. 그리고 개별 성숙 단계에 포함된 프로세스 영역들은 해당 성숙 단계의 특징을 충족시키기 위해 요구되는 활동들을 모아놓은 것이라고 할 수 있다. 성숙 단계 2는 관리됨이고 성숙 단계 3은 다음의 프로세스 영역들이 포함되어 있다.

· 요구사항 개발(RD)
· 기술 솔루션(TS)
· 제품 통합(PI)
· 검증(VER)
· 확인(VAL)
· 조직 프로세스 중점관리(OPD)
· 조직 프로세스 정의(OPF)
· 조직 교육 관리(OT)
· 통합 프로세스 관리(IPM)
· 위험 관리(RSKM)
· 통합 제품 팀 관리(IT)
· 통합 공급업체 관리(SAM)
· 의사결정 분석 및 해결(DAR)
· 조직 통합 환경(OEI)

성숙 단계 3을 목적으로 하는 조직에서는 성숙 단계 3에 포함된 이러한 프로세스 영역들의 모든 목적들을 충족시켜야 하며, 더불어 성숙 단계 2에 정의된 모든 목적들도 충족시켜야 한다. 앞에서 성숙 단계를 조직의 프로세스들이 가지는 일반적인 발전 방향이라고 정의했는데 상위 성숙 단계는 하위 성숙 단계보다는 좀 더 발전된 특징들을 갖고 있으며 하위 성숙 단계는 상위 성숙 단계를 달성하기 위한 기초를 제공한다. 성숙 단계 4나 5에서도 마찬가지로 해당 단계의 목적뿐만 아니라 하위 성숙 단계의 목적들도 충족시켜야 한다.

3.2 연속적 표현 방법

연속적 표현 방법은 제공하는 정보 측면에서는 단계적 표현 방법과 동일하지만 프로세스 영역들을 단계적 표현 방법과는 다르게 그룹화 되어 있다. 즉 단계적 표현 방법에서는 프로세스 영역들을 성숙 단계로 그룹화 했지만 연속적 표현 방법에서는 프로세스 관리, 프로젝트 관리, 엔지니어링 및 지원의 4가지 영역으로 그룹화 하였다. 이러한 이유는 연속적 표현 방법이 개별 프로세스 영역 내에서의 프로세스 개선 활동에 초점을 두고 개별 프로세스 영역별로 능력 단계를 부여할 수 있도록 했기 때문이다. 6개의 능력 단계를 정의하여 해당 프로세스 영역 활동의 발전 방향을 제시하고 있다.

능력 단계 0 : 불완전함
능력 단계 1 : 수행됨
능력 단계 2 : 관리됨
능력 단계 3 : 정의됨
능력 단계 4 : 정량적으로 관리됨
능력 단계 5 : 최적화

능력 단계 0 : 불완전함(Incomplete)이란 능력 단계 1에서 요구하는 대부분의 활동이 수행되지 않음을 의미한다. 능력 단계 0은 단계적 표현 방식의 성숙 단계 1과 동일한 수준임을 알 수 있다.

능력 단계 1 : 수행됨(Performed)이란 연속적 표현 방법에서 정의된 기본 실행들이 수행되고 있음을 의미한다. 비록 기본 실행들의 수행이 안정적이지 못해 품질이나 비용, 납기 측면에서 기대되는 목적을 충족시키지는 못하지만 기본적인 활동들이 수행되고 있음을 나타낸다. 즉 조직에서 어떤 활동을 수행하고 있지만 해당 활동이 진정으로 당신에게 도움이 되는 것인지 확신할 수 없는 상태를 말한다. 그러므로 능력 단계 1은 프로세스 개선 활동에 있어 걸음마 단계라고 할 수 있다.

능력 단계 2 : 관리됨(Managed)이란 주어진 목적을 달성하기 위해 하나의 프로세스가 개별 프로젝트나 팀 별로 계획하고, 수행되며, 추적되고, 통제되고 있음을 의미한다. 능력 단계 2의 조직에서는 자신들의 프로세스를 적극적으로 관리하고 있으며 이는 개별 프로세스가 지향하는 목적뿐만 아니라 전체적인 품질, 비용, 납기 측면에서의 목적도 함께 달성하고 있다는 것을 의미한다. 그리고 능력 단계 2에서부터 기본적인 Metrics들을 수집해야하며 수집된 Metrics들을 이용해 관리 활동을 수행해야 한다. CMMI에서는 능력 단계 4에서만 Metrics를 수집하고 활용하기를 요구하는 것이 아니다. 성숙 및 능력 단계 모두 Metrics를 수집하고 활용하기를 요구하고 있음을 잘 알아야 한다.

능력 단계 3 : 정의됨(Defined)이란 조직 표준 프로세스를 조정 가이드에 따라 조정하여 개별 조직이나 프로젝트에 적합한 프로세스를 개발하고 이에 따라 해당 조직의 활동들을 관리한다는 것을 의미한다. 그리고 개별 조직이나 프로젝트의 프로세스를 개발할 때 조정 가이드의 내용에 위배되는 경우에는 반드시 그 내용을 기록하고 검토하여 승인해야 한다. 조직에서 조직 표준 프로세스를 구축할 경우에 특수한 상황에서 해당 업무를 조직 표준 프로세스와 다르게 수행하는 개별 조직이나 개별 프로세스가 있음을 고려해야 한다. 이러한 경우에 그 내용을 문서화하고 그 결과를 측정하고 추적해야 한다. 그리고 조직원들은 해당 내용에 대해 반드시 교육을 받아야 한다.

능력 단계 4 : 정량적으로 관리됨(Quantitatively Managed)이란 조직에서 정의한 프로세스가 통계적 기법이나 다른 정량적인 방법에 의해 관리되고 있음을 의미한다. 그러므로 제품 및 서비스 품질이나 프로세스 성과 ,조직의 비즈니스 목적들을 통계적으로 이해할 수 있어야 한다. 능력 단계 4에서의 개념은 그동안 제조업체를 중심으로 전개되어 왔던 통계적 프로세스 관리 개념과 유사하다고 할 수 있다.

여기에서 주의해야 할 점은 너무 복잡하게 Metrics를 활용하지 말아야 한다는 것이다. 우리가 관심 있어 하는 관련된 의미 있는 Metrics를 개발하여 관리한다면 이러한 문제는 자연

스럽게 해결할 수 있게 된다.

한 가지 예로 자사 제품에 대한 하자 사항을 하루에 5회 이상 받는다면 매일 걸려오는 전화 횟수와 그 내용을 기록하고 그런 문제를 일으키는 원인이 무엇인지 분석하고자 할 것이다. 그리고 그러한 문제를 수정하기 위해 새로운 프로세스를 적용하고 그 결과를 모니터링하기를 원할 것이다. 그리고 한 달에 걸려온 전화 횟수가 정해놓은 관리 범위 내에 있는지 확인하고 그렇지 못할 경우에 다시 분석 작업을 수행할 것이다. 이러한 활동이야말로 프로세스가 정량적으로 관리된다고 말할 수 있는 것이다.

능력 단계 5 : 최적화(Optimizing)란 하나의 프로세스를 반복 수행한 결과가 가지는 변동의 일반적인 원인에 대해 분석하고 이를 개선하면서 변동의 범위를 지속적으로 줄여 나가는 것을 의미한다. 능력 단계 5에서는 점진적 개선 방법과 혁신적 개선 방법의 2가지 활동을 통해 조직의 프로세스 성과를 지속적으로 개선하는데 중점을 둔다. 이러한 개선 활동은 조직 표준 프로세스뿐만 아니라, 개별 조직이나 프로세스에서 정의된 프로세스에 대해서도 수행되어야 한다.

이를 위해 능력 단계 4에서 수립된 프로세스 성과 베이스라인이나 프로세스 성과 모델을 기초로 하여 조직 전체에서 수행한 프로세스 성과의 우연적인 원인을 식별하고 이를 지속적으로 해결해나가야 한다. 이러한 우발적인 원인을 식별하고 해결하는 활동에는 문제를 유발한 프로세스의 해당 부분을 수정하고 그 내용을 교육하는 것도 포함된다. 따라서 이러한 문제가 하나의 프로젝트 문제인지 조직 전체에서 발생한 것인지 파악할 필요가 있다.

3.3 단계적 및 연속적 표현 방법의 비교

단계적 표현 방법은 SW CMM과 동일한 구조를 가지고 있기 때문에 대부분이 조직에서 단계적 표현 방법을 이용해 프로세스 개선 활동을 추진하려고 한다. 그뿐만 아니라 대부분의 공급 업체 선정 시에도 단계적 표현 방법을 이용해 계약자를 선정하고 있다. 반면에 연속적 표현 방법은 CMMI를 조직에서 직접 조정할 수 있도록 했기 때문에 조직에서 문제가 자주 발생하는 영역에 대해 프로세스 개선 노력을 집중할 수 있다. 예를 들어 전문적인 품질보증 활동이나 테스트 활동만을 수행하는 조직이라면 직접 코딩을 하지도 않을 것이며 고객에게 소프트웨어를 제공하지도 않을 것이다.

CMMI의 2가지 방법 중에서 어느 것을 이용할지를 결정하고자 할 때 고려해야 하는 문제가 있다. 일반적으로 연속적 표현 방법이 단계적 표현 방법보다 프로세스 개선 활동에 대한 좀 더 많은 이해를 요구하기 때문이다. 프로세스 개선 활동에 경험이 없는 조직에서는 초기에 어디서부터 시작해야 할지 모르는 경우가 많다. 이러한 경우에 쉽게 적용할 수 있는 것이 단계적 표현 방법이다. 단계적 표현 방법은 처음 프로세스 개선 활동을 수행하는 조직이 고민하지 않아도 성숙 단계 2에서 정의한 7개의 프로세스 영역에 대해 개선 활동을 시작하라고 친절하게 설명하고 있다. 그 다음은 성숙 단계 3, 또 그 다음은 성숙 단계 4를 충족시킬 수 있도록 개선 활동을 수행하라고 방향을 제시하고 있다. 그러므로 해당 조직에서는 각 성숙 단계에 포함되어 있는 프로세스 영역들의 우선순위 정도만 결정하면 될 것이다. 결론적으로 말해 그동안 조직에서 프로세스 개선 프로그램을 수행하면서 기초로 삼았던 모델을 고려하여 조직이 습득한 프로세스 개선 경험을 최대한 살릴 수 있는 표현 방법을 선택해야 한다. 만약 해당 조직이 단계적 표현 방법에 익숙하다면 단계적 표현 방법을, 연속적 표현 방법에 더 익숙하다면 연속적 표현 방법을 사용하는 편이 낫다. 사실 CMMI에서 정의한 2가지 표현 방법은 단지 구조가 다를 뿐이지 기본적으로 같은 내용을 담고 있다. 그렇기 때문에 하나의 표현 방법을 선택했다고 해서 다시는 다른 표현 방법을 적용할 수 없는 것이 아니다.

3.4 성숙 단계 2 프로세스 영역

성숙 단계 2에서는 해당 업무를 수행하기 전에 프로젝트에서 프로세스를 정의한다. 어떤 경우에는 전체 조직 차원에서 미리 정의해 놓는 경우도 있다. 다음은 성숙 단계 2에 포함된 7개의 특정 목적 프로세스 영역은 다음과 같으며 주요 프로젝트 관리 효율성을 증대시키기 위한 활동이라고 할 수 있다.

1. 요구사항 관리(REQM)
2. 프로젝트 계획 수립(PP)
3. 프로젝트 모니터링 및 통제(PMC)
4. 공급업체 계약 관리(SAM)
5. 측정 및 분석(MA)
6. 프로세스 및 제품 품질 보증(PPQA)
7. 형상 관리(CM)

각각의 프로세스 영역에는 해당 프로세스 영역에만 적용되는 특정 목적과 CMMI에서 정의하고 있는 모든 프로세스 영역에 공통적으로 적용되는 일반 목적을 가지고 있다. 다음 내용은 성숙 단계 2를 달성하기 위해 요구되는 일반 목적이다. 일반 목적들은 개별 프로세스 영역에서 수행되는 활동들을 조직에서 내재화하기 위한 활동들이며 내재화란 하나의 프로세스를 작성한 사람이 조직을 떠난 이후에도 해당 프로세스가 조직에서 안정적으로 실행되는 상태를 말한다.

GG 2 : 관리 프로세스 내재화

- GP2.1(CO1) : 조직정책 수립
- GP2.2(AB1) : 프로세스 계획 수립
- GP2.3(AB2) : 자원 제공
- GP2.4(AB3) : 책임 배분
- GP2.5(AB4) : 인력 교육
- GP2.6(DI1) : 형상 관리
- GP2.7(DI2) : 관련 이해 관계자 식별 및 참여
- GP2.8(DI3) : 프로세스 모니터링 및 통제
- GP2.9(VE1) : 표준 준수 여부의 객관적 평가

GP2.10(VE2) : 상위 관리자 검토

✔요구사항 관리(REQM)

"요구사항 관리" 프로세스 영역의 목적은 프로젝트의 제품 및 컴포넌트에 대한 요구사항을 관리하고 이러한 요구사항과 프로젝트 계획, 작업 산출물 간의 일관성을 확보하기 위한 것이다. 이 프로세스 영역에서의 특정 목적과 특정 실행은 다음과 같다.

SG 1 : 요구사항을 관리해야 한다.

SP1.1 : 요구사항에 대한 이해를 확보해야 한다.

SP1.2 : 요구사항에 대한 협의가 이루어져야 한다.

SP1.3 : 요구사항의 변경을 관리해야 한다.

SP1.4 : 요구사항의 추적성을 확보해야 한다.

SP1.5 : 요구사항과 직접 산출물 간의 불일치 사항을 식별해야 한다.

성숙 단계 2에 정의된 "요구사항 관리" 프로세스 영역에서는 이미 도출되어 있는 요구사항을 관리하기 위한 모든 활동을 말한다. 여기서 이미 도출되어 있는 요구사항이란 고객으로부터 도출하여 문서화한 요구사항을 말하며 이미 프로젝트에 반영되어 작업 중이거나 작업 준비 중인 요구사항이라고 할 수 있다. 그리고 이 프로세스 영역에서의 요구사항은 프로젝트의 범위 설정과 관련된 요구사항들을 말한다. 성숙 단계 3에서의 "요구사항 개발" 프로세스 영역에서는 요구사항을 식별하고 식별된 요구사항을 좀 더 세분화하거나 테스트 가능한 수준까지 분해하는 것에 중점을 둔다. 그러므로 "요구사항 개발" 프로세스 영역에는 고객으로부터 도출하여 정의한 요구사항이 적절한 용어를 사용해 정확하게 쓰였다는 것을 보장하는 활동을 포함하고 있다.

이 프로세스 영역에서 주의해야 할 점은 요구사항 추적 성을 확보해야 한다는 실행이 추가된 사실이다. 추적성은 양방향 추적성을 의미한다. 요구사항부터 시작하여 최종 제품이 만들어 지는 순서뿐만 아니라 그 역으로도 추적성을 확보하는 것을 말한다. 대부분의 조직에서는 이러한 요구사항의 추적성을 확보하지 않고는 요구사항 변경을 적절하게 관리할 수

없음을 알게 되었으며, 이러한 이유로 이 프로세스가 성숙 단계 2에 추가된 것이라고 할 수 있다.

요구사항 관리 프로세스 영역의 GP2.3의 상세 설명에서는 "요구사항 추적 도구"가 언급되어 있으며 GP2.9에서는 요구사항 추적표가 정의되어 있다.

추적성은 발견된 문제를 수정하거나 변경 요구사항이 들어왔을 경우 해당 프로젝트에서 수정해야하는 범위를 빨리 파악하고 구체적으로 어디를 어떻게 수정해야 하는가를 파악할 수 있느냐 하는 것이다. SP1.5에서 정의하고 있는 불일치 사항을 식별하는 정도로 추적 성을 확보하면 될 것이며, 이러한 불일치 사항에 대해 적절한 시정 조치를 취하는 것은 "프로젝트 모니터링 및 통제 프로세스 영역에서 다룰 것이다.

"요구사항 관리" 프로세스 영역에는 시스템의 모든 컴포넌트들에 대한 요구사항을 이해하고 이 요구사항에 대해 고객, 경영층, 개발자가 합의하고 변경을 관리하고, 추적 성을 유지하고, 불일치 사항을 식별하는 활동이 포함된다. 그뿐만 아니라 "요구사항 관리" 프로세스 영역은 "프로젝트 계획 수립" "프로젝트 모니터링 및 통제" "기술 솔루션" 등과 같은 프로세스 영역에 직접적인 입력 물을 제공하고 있으며, 또한 모든 개발 활동의 기초를 제공하기 때문에 거의 대부분의 프로세스 영역에서 조금씩 언급하고 있다.

"요구사항 관리" 프로세스 영역에서의 요구사항이란 단지 소프트웨어뿐만 아니라 전체 시스템에 대한 모든 요구사항이라는 사실도 명심해야 한다.

✔프로젝트 계획 수립(PP)

"프로젝트 계획 수립" 프로세스 영역의 목적은 프로젝트에서 수행되어야 하는 활동을 정의하는 계획서를 작성하고 유지하기 위한 것이다. 이 프로세스 영역에서의 특정 목적과 특정 실행은 다음과 같다.

SG 1 : 견적을 수행해야 한다.

SP1.1 : 프로젝트 범위를 견적해야 한다.(WBS 작성 의미임)

SP1.2 : 작업 산출물 및 필요한 활동을 견적해야 한다.

SP1.3 : 프로젝트에서 사용할 개발 생명주기를 정의해야 한다.

SP1.4 : 프로젝트 투입인력 및 비용을 견적해야 한다.

SG 2 : 프로젝트 계획을 수립해야 한다.

SP2.1 : 예산 및 일정을 수립해야 한다.

SP2.2 : 프로젝트 위험요소를 식별해야 한다.

SP2.3 : 데이터 관리 계획을 수립해야 한다.

SP2.4 : 프로젝트 자원 계획을 수립해야 한다.

SP2.5 : 필요 지식 및 기술 확보 계획을 수립해야 한다.

SP2.6 : 관련 이해 관계자들의 참여 계획을 수립해야 한다.

SP2.7 : 프로젝트 계획서를 작성해야 한다.

SG 3 : 프로젝트 계획에 대한 합의가 이루어져야 한다.

SP3.1 : 예산 및 일정을 수립해야 한다.

SP3.2 : 프로젝트 위험요소를 식별해야 한다.

SP3.3 : 데이터 관리 계획을 수립해야 한다.

프로젝트 계획을 수립한다는 것은 계획을 수립하고 유지한다는 의미이다. 이것은 계획을 정의하고 계획서를 문서화하며, 활용하고, 계획서를 기초하여 모니터링하고 수행결과를 측정한다는 의미를 갖는다. SP1.1의 경우 프로젝트 범위를 견적한다는 의미는 실제로는 WBS(Work Breakdown Structure)를 작성해야 한다는 의미를 담고 있다. 이러한 WBS는 SW CMM에서 직접적으로 요구하는 활동은 아니지만 그동안 프로세스 개선 활동을 수행한 대부분의 조직에서는 이미 WBS를 작성하고 있을 것이기 때문에 큰 문제는 되지 않는다.

SP2.3에서 데이터 관리 계획을 요구하고 있다. 데이터 관리 계획에는 프로젝트에서 제공받거나 작성한 모든 문서나 자료를 관리하는 방법이 정의되어 있어야 한다. 예를 들면 개인정보 보호 여부, 문서 보안 요건, 보안 절차, 자료 작성 및 수집 일정, 문서 템플릿, 문서 배포 절차 등이 포함되어 있다.

"프로젝트 계획 수립" 프로세스 영역에는 프로젝트 범위 견적, 작업 산출물 및 필요한 활동 견적, 일정 수립, 프로젝트 위험요소 식별, 데이터 관리 계획 수립, 프로젝트 자원 계획 수립, 필요 지식, 기술 확보 계획 수립, 관련 이해 관계자들의 참여 계획 수립, 프로젝트 계획서 작성, 프로젝트에 영향을 주는 다른 계획들의 검토, 작업 및 자원수준 조정, 계획에 대해 합의하는 활동 등이 포함된다. 이 프로세스 영역도 "요구사항 관리" 프로세스 영역과 마찬가지로 소프트웨어뿐만 아니라 전체 시스템에 대한 계획 수립으로 그 범위가 확대되었다.

✔프로젝트 모니터링 및 통제(PMC)

"프로젝트 모니터링 및 통제" 프로세스 영역의 목적은 프로젝트 진행 상황에 대한 이해를 제공하고 실제 진행 상황이 프로젝트 계획과 상당한 차이를 보일 경우 적절한 시정 조치를 수행하기 위한 것이다. 이 프로세스 영역에서의 특정 목적과 특정 실행은 다음과 같다.

SG 1 : 프로젝트 계획 수립 파라미터들을 모니터링 해야 한다.

SP1.1 : 프로젝트 계획 수립 파라미터들을 모니터링 해야 한다.

SP1.2 : 프로젝트에서 합의된 사항들을 모니터링 해야 한다.

SP1.3 : 프로젝트 위험 요소를 모니터링 해야 한다.

SP1.4 : 데이터 관리 활동을 모니터링 해야 한다.

SP1.5 : 관련 이해 관계자의 프로젝트 참여를 모니터링 해야 한다.

SP1.6 : 프로젝트 진척 사항을 검토해야 한다.

SP1.7 : 주요 단계별 검토 활동을 수행해야 한다.

SG 2 : 시정 조치가 완료될 때까지 시정 조치 활동을 관리해야 한다.

SP2.1 : 이슈 사항을 분석해야 한다.

SP2.2 : 시정 조치 활동을 수행해야 한다.

SP2.3 : 시정 조치 활동을 관리해야 한다.

SP2.4 : 프로젝트 자원 계획을 수립해야 한다.

SP2.5 : 필요 지식 및 기술 확보 계획을 수립해야 한다.

SP2.6 : 관련 이해 관계자들의 참여 계획을 수립해야 한다.

SP2.7 : 프로젝트 계획서를 작성해야 한다.

SP1.1에서는 "프로젝트 계획 수립 파라미터들을 모니터링 해야 한다"고 되어 있다. 여기서의 파라미터란 프로젝트의 진척 도나 성과를 나타낼 수 있는 비용, 크기, 투입 인력 등을 통틀어 일컫는 말이다. 그러므로 프로젝트의 다양한 파라미터에 대해 실제 측정치를 계획서의 내용과 비교하면서 모니터링 해야 한다.

그리고 SP1.6과 SP1.7에서 언급된 프로젝트 진척 도에 대한 검토 활동은 정확하게는 정기적으로 이루어지는 것을 의미한다. 때로는 정기적 검토 활동뿐만 아니라 일회성 적인 검토 활동도 병행할 것을 권고한다. 왜냐하면 일회성의 검토 활동은 프로젝트에 나쁜 영향을 미치는 일이 발생했을 경우 굉장히 효과적이기 때문이다. 프로젝트에서 정기적인 검토 활동이나 회의가 충분한지 판단하기를 원한다면 이러한 검토활동을 통해 제기된 이슈사항의 수와 조치사항의 수를 측정하면 간단히 해결할 수 있을 것이다. 제기된 이슈사항의 수가 점점 더 증가하고 있다면 정기 회의를 좀 더 자주 할 필요가 있으며 그렇지 않다면 현재 상태를 유지하면 될 것이다.

대부분의 프로젝트에서는 프로젝트 추진 위원회를 운영하고 있을 것이다. 대부분의 추진 위원회는 "계획대로 진행되는지"에 대한 진행 상황을 알기 원할 것이다 그러므로 이들이 알 필요가 있는 정보를 보고하는 것이 무엇보다 중요하다는 것을 명심해야 한다. 또한 프로젝트에서 얼마나 많은 회의가 필요한지를 결정하기 위해서는 프로젝트의 규모, 복잡성, 가시성 등을 고려해야 한다. 프로젝트가 3~4명의 개발자가 투입되어 6개월 정도 수행하는 프로젝트라면 정기적인 회의가 불필요할 것이다. 아마 매일 비공식적인 회의들이 열릴 것이며 반면에 수십 명이 1년 이상 진행되는 프로젝트라면 공식적인 회의가 정규적으로 개최되어야 할 것이며 회의에서 나온 이슈 사항들은 반드시 관리되어야 한다.

"프로젝트 모니터링 및 통제" 프로세스 영역에는 프로젝트 계획서에 정의된 파라미터들을 모니터링하고 프로젝트 팀원들의 가용성과 이해관계자들의 참여를 모니터링하고 위험요소를 모니터링하여 업데이트하며, 데이터를 관리하고, 프로젝트 진척 도를 모니터링하고, 프로젝트 이슈사항들을 제기하고, 분석 및 해결하는 활동 등이 포함된다.

✔공급업체 계약 관리(SAM)

"공급업체 계약 관리" 프로세스 영역의 목적은 공식적인 계약 관리에 있는 공급업체들로부터 제품의 획득을 관리하기 위한 것이다. 이 프로세스 영역에서의 특정 목적과 특정 실행은 다음과 같다.

SG 1 : 공급업체와 계약을 체결해야 한다.

- SP1.1 : 제품 획득 유형을 결정해야 한다.
- SP1.2 : 공급업체를 선정해야 한다.
- SP1.3 : 공급업체와의 계약을 체결해야 한다.

SG 2 : 공급업체와의 계약 내용을 준수해야 한다.

- SP2.1 : 상용 소프트웨어 제품 내용을 검토해야 한다.
- SP2.2 : 공급업체와의 계약 내용을 수행해야 한다.
- SP2.3 : 공급업체의 제품을 승인해야 한다.
- SP2.4 : 제품에 대한 인계인수가 이루어져야 한다.

SP1.2에서는 "공급업체를 선정해야한다"라고 되어 있지만 세부 내용은 "요구사항 및 공급업체 선정 기준을 충족시킬 수 있는 능력을 보유한 공급업체를 평가에 의해 선정해야한다"이다. 그리고 SP1.3도 "공급업체와의 계약을 체결해야 한다."이지만 세부내용은 "공급업체와의 공식적인 계약을 수립하고, 유지해야 한다."이므로 그 뜻을 잘 이해해야 할 것이다.

만약 해당 조직이나 프로젝트에서 외부 공급업체와 작업을 수행하지 않는다면 이 프로세스 영역을 프로세스 영역을 프로세스 개선 활동이나 심사 활동에서 제외할 수 있을 것이다. CMMI에서는 "공급업체"의 의미는 SW CMM에서의 "협력업체"의 의미를 확장한 개념이며 이러한 사실을 고려하면 거의 대부분의 조직이나 프로젝트에서 이 프로세스 영역을 포함시켜야 할 것이다.

"공급업체 계약 관리" 프로젝트 영역에는 프로젝트에서 원하는 획득 유형을 결정하고 획득하고자 하는 제품 혹은 제품 컴포넌트의 형태를 결정하고 적절한 공급업체를 선정하고 필요한 경우 상용 소프트웨어 제품 구입을 결정하며 선정된 공급업체와 계약을 체결하고 공급업체에 의해 개발된 제품을 인수하고 적용하는 활동 등이 포함된다.

✔측정 및 분석(MA)

"측정 및 분석" 프로세스 영역의 목적은 필요한 정보를 관리하기 위해 요구되는 측정능력을 향상시키고 유지하기 위한 것이다. 이 프로세스 영역에서의 특정 목적과 특정 실행은 다음과 같다.

SG 1 : 측정 및 분석 활동을 수립해야 한다.

SP1.1 : 측정 목적을 수립해야 한다.

SP1.2 : 측정 항목을 선정해야 한다.

SP1.3 : 측정 데이터 수립 및 관리 절차를 수립해야 한다.

SP1.4 : 분석 절차를 수립해야 한다.

SG 2 : 측정 결과를 제공해야 한다.

SP2.1 : 측정 데이터를 수집해야 한다.

SP2.2 : 측정 데이터를 분석해야 한다.

SP2.3 : 측정 데이터 및 분석 결과를 저장해야 한다.

SP2.4 : 측정 결과를 공유해야 한다.

이 프로세스 영역에서는 해당 조직에서 측정 프로세스를 수립하고자 할 때 무었을 해야 하는지를 설명하고 있다. 프로세스는 측정되어야 하며 대부분의 작업 산출물들은 의미 있는 Metrics를 제공하고 있기 때문에 이 프로세스 영역은 해당 조직 내에서 광범위하게 적용되어져야 한다.

측정 및 분석 활동은 SW CMM에서는 공통 수행 항목으로 정의했지만 CMM에서는 하나의 프로세스 영역으로 그 의미를 확대했다. 그 이유는 측정 및 분석 활동이 프로세스 개선 활동을 성공적으로 수행하는 데 꼭 필요한 활동을 모니터링 하고 의사결정을 하기 위해 측정치들을 활용하는 것이 많은 도움을 주고 있다고 이야기한다.

"측정 및 분석" 프로세스 영역이 프로세스 개선 활동에 있어 성공의 열쇠라는 데 동의하지만 성숙 단계 2인 조직에서 수행하기에는 너무 힘든 경향이 있다고 생각한다. 그뿐 아니라 이 프로세스 영역에서는 비즈니스 목적에 부합하는 측정 활동을 수행해야 한다고 정의하고 있지만 이것은 성숙 단계가 낮은 조직에서는 너무 힘든 것일 수 있다. 그러므로 성숙 단계가 낮은 대부분의 조직에서는 그들이 측정하지 않아도 충분히 알 수 있는 아주 기본적인 측정치 몇 개만을 먼저 수집한 후 점차 측정치를 늘려가는 것이 바람직하다.

일반 실행 GP2.8의 "프로세스 모니터링 및 통제"에서 측정과 관련된 약간의 활동을 요구하고 있지만 이것은 측정 항목 등을 선정하고 활용해야 한다고 이야기하는 것이 아니라 단지 예시로써 제시할 뿐이다. 만약 "측정 및 분석" 프로세스 영역이 없다면 CMMI를 충분히 이해하지 못한 조직이나 심사 팀에서는 이러한 측정활동을 간과할 수도 있을 것이다.

그리고 CMMI에서 측정 활동을 하나의 프로세스 영역으로 강조한 또 하나의 이유는 대부분의 조직에서 측정치를 수집하는 활동은 어느 정도 이루어지고 있지만 수집된 측정치를 잘 활용하지 못하기 때문이다.

"측정 및 분석" 프로세스 영역에서는 측정 목적을 수립하고, 측정 항목 및 측정 절차를 정의하고 측정 데이터들을 수집, 분석하고, 측정 데이터 및 분석 결과를 저장하고, 그리고 이러한 정보를 공유하는 활동 등이 포함된다.

측정에 대한 기본적인 접근 방법은 다음과 같다.

· 측정하기 위한 프로세스 수립
· 측정 항목 선정
· 데이터 수집 시기 결정
· 데이터 수집 방법 결정
· 데이터의 기록 및 저장
· 일관성 있고 정확한 데이터 분석

· 결과의 시각화

· 차트의 검토

· 시정 조치

✔프로세스 및 제품 품질보증(PPQA)

"프로세스 및 제품 품질보증" 프로세스 영역의 목적은 관리자 및 팀원에게 프로세스와 관련 작업 산출물에 대한 객관적인 시각을 제공하기 위한 것이다. 이 프로세스 영역에서의 특정 목적과 특정 실행은 다음과 같다.

SG 1 : 프로세스 및 작업 산출물에 대해 객관적으로 평가해야 한다.

SP1.1 : 프로세스를 객관적으로 평가해야 한다.

SP1.2 : 작업 산출물 및 서비스를 객관적으로 평가해야 한다.

SG 2 : 객관적인 시각을 제공해야 한다.

SP2.1 : 부적합 사항에 대해 공유하고 이의 해결을 보장해야 한다.

SP2.2 : 기록을 유지해야 한다.

이 프로세스 영역에서는 "객관적으로 평가해야 한다." 라는 표현이 있다. 이것은 검토자의 주관이나 편견을 최소화하고, 평가기준에 근거하여 활동이나 작업 산출물을 검토하는 것을 의미한다. 이러한 객관적인 평가 활동에는 프로젝트의 작업 산출물이 요구사항을 충족하고 있는지를 독립적으로 조사하는 "감사" 활동도 포함될 수 있다.

이러한 내용은 이 프로세스 영역의 일반 실행 GP2.4에서는 독립성과 객관성을 강조하고 있다. 이 중에서 독립성은 검토 대상 산출물에 대하여 발견된 부적합 사항이 적절히 보고된다면 "독립성"을 충족하고 있다고 설명하고 있다.

CMMI에서는 프로세스 및 제품 양쪽에 대한 품질보증 활동 및 검토 활동을 강조하고 있다. 대부분의 조직에서는 제품이나 프로세스 중에서 어느 하나에 대해서만 중점적으로 품질보증 활동을 수행하는 경향이 있다. 그러므로 CMMI에서는 프로세스 영역의 이름을 "프로세스 및 제품 품질보증"이라고 함으로써 조직에서 프로세스와 제품 둘 모두에 품질보증 활동을 수행하도록 요구하고 있다.

SP2.1에서는 "부적합 사항에 대해 공유하고, 이의 해결을 보장해야한다"고 되어 있지만 세부 내용은 부적합 사항들을 추적하는 활동까지도 포함하고 있다.

프로세스 감사 활동에 대해서는 프로젝트의 절차에 따라 활동을 수행하고 있는지 어디에서 문제가 발생했는지 개선이 필요한 곳은 어디인지를 간단히 검토하는 정도로 이해하면 될 것이다. 반면에 제품에 대한 감사 활동은 제품 표준과 체크리스트를 활용해 진행하는 것이 바람직하며 어떤 경우에는 동료 검토 활동이나 기술 검토 활동으로 대신하는 경우도 있다.

"프로세스 및 제품 품질보증" 프로세스 영역에는 프로세스 및 제품을 객관적으로 평가하기 위한 전략과 절차를 제공하고 이러한 역할을 객관적으로 수행할 수 있는 인원을 지정하고 품질 이슈 및 부적합 사항을 공유하고 품질보증 활동이 수행되었다는 근거와 품질보증 활동 결과를 담고 있는 보고서를 작성하는 활동 등이 포함된다.

✔형상 관리(CM)

"형상 관리" 프로세스 영역의 목적은 형상 항목 식별, 형상 통제, 형상 상태 보고 및 형상 감사를 통해 작업 산출물의 완전성을 보장하고 유지하기 위한 것이다. 이 프로세스 영역에서의 특정 목적과 특정 실행은 다음과 같다.

SG 1 : 베이스라인을 설정해야 한다.

SP1.1 : 형상 항목을 식별해야 한다.

SP1.2 : 형상 관리 시스템을 구축해야 한다.

SP1.3 : 베이스라인을 생성하고 릴리즈 해야 한다.

SG 2 : 변경을 추적하고 통제해야 한다.

SP2.1 : 변경 요청을 추적해야 한다.

SP2.2 : 형상 항목을 통제해야 한다.

SG 3 : 완전성을 확보해야 한다.

SP3.1 : 형상 관리 기록을 유지해야 한다.

SP3.2 : 형상 감사를 수행해야 한다.

형상 관리 활동은 형상 항목을 정의하는 것에서부터 시작한다. 형상 항목(Configuration Item)은 하나의 시스템을 개발하는 경우 한 사람만 작업하는 것이 아니라면 이 시스템을 몇 개로 나누어서 개발하게 된다. 이렇게 나누어진 부분들은 하나의 기능일 수도 있고 소스파일이나 호출 함수일 수도 있으며 그의 보고서나 어떤 산출물일 수도 있다. 이것이 바로 형상 항목이다. 일반적으로 형상 항목들은 프로젝트 초기에는 몇 개의 큰 형상 항목으로 시작해서 프로젝트가 진행됨에 따라 이들을 계속해서 분해하면서 더 세분화된 형상 항목을 만들어 나간다. 그 결과 형상 항목들은 최종 제품을 구성하는 하나의 요소가 될 것이다. 이러한 형상 항목은 반드시 서로 구별되는 하나의 식별자를 가져야하며 이러한 식별자는 변경을 추적하거나 투입 인력을 선정하거나 개별 기능들을 감사하는데 도움을 주기 위한 것이다.

그뿐만 아니라 형상 관리 활동에는 베이스라인을 수립하는 활동도 포함된다. 베이스라인을 수립한다는 의미는 그동안 프로젝트에서 수행한 작업 결과들에 대해 테두리를 쳐놓는 것과 같다고 할 수 있다. 이러한 테두리는 테두리 내에 포함된 작업 결과들을 무분별한 변경으로부터 보호하거나 앞으로 프로젝트에서 작업을 수행하기 위해 공식적인 기초로 삼아야 할 것이라고 승인하는 역할을 한다고 할 수 있다. 그러므로 베이스라인 내에 포함된 형상 항목들을 변경할 필요가 있을 경우에는 반드시 변경에 따르는 영향, 비용, 일정, 기술적 가능성 등을 분석하는 공식 검토 활동을 거쳐야 한다. 베이스라인의 기본적인 것은 1) 요구사항이 승인된 이후, 2) 설계 단계가 완료된 후, 3) 테스트 활동이 종료된 후, 4) 고객에게 제품이 인도된 후, 5) 유지/보수 활동에 들어가지 전에 설정될 것이다.

형상 관리 라이브러리와 그 안에서 관리되고 있는 형상 항목들의 내용을 검증하는 것도 중요한 형상 관리 활동이다. 대부분의 조직에서는 형상 관리 라이브러리를 관리하고 형상 항목들의 변경을 통제하기 위해 형상 관리 도구를 사용하고 있다. 형상 항목의 변경이 있을 시는 나머지 형상 항목이나 전체 시스템에 미치는 영향까지 검토하고 분석하는 활동을 수행해야 한다. 이러한 활동을 형상 감사(확인)라 하는데 형상 확인에는 물리적 확인과 기능적 확인이 있다. 물리적 형상 확인은 형상 항목의 존재여부와 형상 변경 여부를 확인하는 것이고 기능적 확인은 형상 항목의 내용들이 요구사항을 충족하는지를 검증하는 활동을 말한다.

✔CMMI와 SW CMM의 중요한 변화

CMMI는 소프트웨어 엔지니어링뿐만 아니라 시스템 엔지니어링 및 공급업체 아웃소싱 등과 같은 많은 개념을 포함하고 있다. 그리고 CMMI와 SW CMM의 중요한 차이는 CMMI 내의 프로세스 영역이나 실행들의 중복성에서 찾을 수 있다. 예로 CMMI의 성숙 단계 2에 포함되어 있는 측정 및 분석 프로세스 영역과 프로세스 및 제품 품질보증 프로세스 영역은 거의 모든 성숙 단계의 프로세스 영역에서 반드시 수행되어야 하는 활동들이다. 실행에서는 "GP2.2 프로세스 계획 수립"은 "프로젝트 계획 수립" 프로세스 영역에서도 언급되는 내용이며 "GP2.5 인력 교육"은 성숙 단계 3의 "조직 교육 관리" 프로세스 영역에서도 언급되어 있다. 또한 "GP2.8 프로세스 모니터링 및 통제"는 "프로젝트 모니터링 및 통제 프로세스 영역"과 "GP2.6 형상 관리"는 "형상 관리" 프로세스 영역, "GP2.9 표준 준수 여부의 객관적 평가"는 "프로세스 및 제품 품질보증" 프로세스 영역과 각각 중복됨을 일 수 있다.

3.5 성숙 단계 3 프로세스 영역

성숙 단계 3을 달성하기를 원하는 조직은 성숙 단계 2와 3에 포함된 모든 프로세스 영역의 목적들을 충족시켜야 한다. 성숙 단계 3에서 조직의 프로세스들을 정의하라고 되어 있다. 프로세스를 작성할 때는 기본적으로 다음과 같은 항목들을 포함해야 한다. 그런데 입력물이나 착수 기준 또는 출력물이나 완료 기준 등을 하나의 항목으로 묶어서 작성할 수도 있다. 중요한 것은 해당 프로세스의 수행 방법을 명확하게 전달할 수 있어야 한다.

- 목적 : 해당 프로세스의 목적
- 입력물 : 이전 프로세스의 작업 산출물, 계획서, 품의서 등과 같이 해당 프로세스를 수행할 때 필요한 자료.
- 착수기준 : 해당 프로세스를 수행하기 위해 사전에 갖춰야 할 요구조건이나 해당 프로세스를 수행하게 만드는 사건인 이전 단계의 완료기준
- 작업 방법 : 제공된 입력물을 이용하여 사전에 계획된 출력물을 만들기 위해 수행하는 업무 절차/방법을 기술
- 책임과 역할 : 해당 업무를 수행하기 위한 개인 또는 그룹의 역할/책임을 기술
- 측정 항목 : 해당 프로세스를 수행하는 동안 수집해야 하는 측정치
- 검증 방법 : 해당 프로세스가 제대로 수행되고 있는지를 확인하기 위한 방법으로 관리자 검토, 품질보증 검토, 고객 검토, 동료 검토 등이 해당 된다.
- 출력물 : 해당 프로세스를 수행하면서 작성한 작업 산출물
- 완료기준 : 해당 프로세스가 완료되었음을 확인할 수 있는 기준

성숙 단계 3은 비즈니스를 수행하는 방법을 조직차원에서 개발한다는 점이 성숙 단계 2보다 다르다고 할 수 있다. 즉 개별 프로젝트를 수행하면서 얻은 경험이나 사례들을 조직차원에서 통합하여 프로세스로 정의하고 있다는 뜻이다. 성숙 단계 3이 성숙 단계 2와 구별되는 또 하나의 중요한 요소는 프로세스 적용에서의 유연성이라고 할 수 있다. 즉 성숙 단계 2의 조직에서는 하나의 프로세스에 따라 프로젝트의 활동을 계획하고 실행하여 이 활동이 프로세스를 준수하고 있음을 보장하기 위해 모니터링 하고 검토한다. 반면에 성숙 단계 3의 조직에서는 개별 프로젝트에서 수행했던 프로세스 등을 기반으로 조직의 통합된 프로세스를 정의하여 통합된 프로세스를 다시 개별 프로젝트에 적용할 경우 적절한 조정을 허용 한다는 것이다. 즉 해당 조직의 프로세스 개선 노력을 조직 차원에서는 조직 표준 프로세스의 개선에 그리고 프로젝트 차원에서는 조정된 프로젝트 프로세스의 개선에 초점을 두고 있음을 알 수 있다. 다음은 성숙 단계 3에 포함된 14개의 프로세스 영역들이다.

1. 요구사항 개발(RD)
2. 기술 솔루션(TS)
3. 제품 통합(PI)
4. 검증(VER)
5. 확인(VAL)
6. 조직 프로세스 중점 관리(OPF)
7. 조직 프로세스 정의(OPD)
8. 조직 교육 관리(OT)
9. 통합 프로젝트 관리(IPM)
10. 위험 관리(RSKM)
11. 통합 제품팀 관리(IP)
12. 통합 공급업체 관리(ISM)
13. 의사결정 분석 및 해결(DAR)
14. 조직 통합 환경(OEI)

성숙 단계 3에 포함된 프로세스 영역들이 SW CMM에 비해 엔지니어링 프로세스 영역이 세분화되고 통합 제품 및 프로세스 개발 개념이 포함되어 있다. 프로젝트에 참여하는 모든 사람들로부터 의견이나 아이디어를 듣는 것보다 각 분야별 대표자들을 중심으로 하나의 통합 제품 팀을 만드는 편이 작업을 수행하는데 훨씬 더 효과적일 수 있다. 이러한 통합 제품 팀에서는 제품과 세부 기능들에 대한 비전을 각각 개발하여 공유하고, 개발 단계에서 모든 분야의 입력물을 검토하고 확인하는 역할을 수행해야 한다.

✔성숙 단계 3을 위한 일반 목적과 일반 실행

GG 3 : 정의 프로세스 내재화

GP2.1(CO1): 조직정책 수립

GP3.1(AB1): 정의 프로세스 수립

GP2.2(AB2): 프로세스 계획

GP2.3(AB3): 자원 제공

GP2.4(AB4): 책임 배분

GP2.5(AB5): 인력 교육

GP2.6(DI1): 형상 관리

GP2.7(DI2): 관련 이해 관계자 식별 및 참여

GP2.8(DI3): 프로세스 모니터링 및 통제

GP3.2(DI4): 개선 정보 수집

GP2.9(VE1): 표준 준수 여부의 객관적 평가

GP2.10(VE2): 상위 관리자 검토

성숙 단계 3의 일반 목적과 일반 실행에 나타나 있는 것처럼 성숙 단계 3을 달성하기 위해서는 성숙 단계 3의 모든 목적과 성숙 단계 2의 모든 목적들이 충족되어야 한다. 그렇기 때문에 위의 일반 실행에도 성숙 단계 2에서의 일반 실행과 성숙 단계 3에서 추가된 2개의 실행, 즉 "GP3.1(AB1) 정의 프로세스 수립", "GP3.2(D14) 개선정보 수집"이 함께 기술되어 있는 것이다. 성숙 단계 3에 포함된 개별 프로세스 영역들은 다음과 같다.

✔요구사항 개발(RD)

"요구사항 개발" 프로세스 영역의 목적은 고객의 기대사항과 제품 및 컴포넌트들에 대한 요구사항을 도출하고 분석하기 위한 것이다. 이 프로세스 영역에서의 특정 목적과 특정 실행은 다음과 같다.

SG 1 : 고객 요구사항을 개발해야 한다.

SP1.1 : 고객 요구사항을 도출해야 한다.

SP1.2 : 고객 요구사항을 개발해야 한다.

SG 2 : 제품 요구사항을 개발해야 한다.

SP2.1 : 제품 및 컴포넌트들에 대한 요구사항을 정의해야 한다.

SP2.2 : 개별 컴포넌트에 요구사항을 할당해야 한다.

SP2.3 : 인터페이스 요구사항을 식별해야 한다.

SG 3 : 요구사항을 분석하고 검증해야 한다.

SP3.1 : 운영 개념 및 운영 시나리오를 수립해야 한다.

SP3.2 : 요구 기능을 정의해야 한다.

SP3.3 : 요구사항을 분석해야 한다.

SP3.4 : 이해 관계자의 균형을 위해 요구사항을 분석해야 한다.

SP3.5 : 종합적 방법에 의거 요구사항을 검증해야 한다.

SP1.1에서는 "고객 요구를 도출해야한다"라고 정의되어 있지만 세부내용에서 고객 요구뿐만 아니라 프로젝트 전체 기간 동안에 모든 이해 관계자의 요구, 기대사항, 제약요소 및 인터페이스 등을 도출하는 것을 의미하고 있으며, 또한 하위 실행에는 고객이 불명확하게 요구했던 사항까지도 포함해야 한다고 정의하고 있다.

요구사항 개발 활동은 제일 먼저 요구사항을 정의하고 문서화하는 것에서부터 시작한다. 성숙 단계 2에서의 "요구사항 관리" 프로세스 영역은 요구사항 개발 활동을 통해 정의된 요구사항의 변경과 관리에 대한 내용이라고 생각하면 될 것이다.

CMMI에서 "제품"이나 "제품 컴포넌트"라는 용어를 사용하고 있다. 제품은 최종 제품을 의미하고 "제품 컴포넌트는 제품을 구성하고 있는 모듈, 칩, 소프트웨어 및 스피커 등이 해당된다.

이 프로세스 영역에서 운영 개념이나 운영 시나리오 등과 같은 용어가 사용되고 있다. 이 용어는 형상 항목과 함께 미 국방성의 시스템 개발과 관련한 중요한 개념으로 시스템 요구분석 단계에서 작성되는 운영 개념 기술서(OCD)를 떠올리면 쉽게 이해할 수 있을 것이다. 우리는 이전 제품의 개선 방안이나 프로젝트에서 개발하고자 하는 제품의 최종 모습 등을 정리한 것으로 이해하면 될 것이다. CMMI에서는 이러한 운영 개념이나 운영 시나리오를 이용하여 프로젝트 계획을 수립하거나 요구사항을 도출하기도 하기 때문에 운영 개념에 대한 이해가 충분히 가지고 있어야 한다.

"SP1.1 고객 요구를 도출해야한다"의 실행과 "SP3.5 종합적 방법에 의해 요구사항을 검증해야한다"의 실행이 연속적 표현 방법에서는 SP1.1뿐만 아니라 "SP1.1.1 이해관계자의 요구를 수집해야한다"라는 실행이 그리고 "SP3.5.1 요구사항을 검증해야한다"라는 실행이 추가되어 있다. 이러한 차이는 내용상으로는 차이가 없다고 생각하면 될 것이다.

요구사항 개발 프로세스 영역에는 프로젝트 전체 기간 동안에 모든 이해관계자의 요구사항을 도출하고 도출한 요구사항을 세분화하거나 구체화하고 개별 컴포넌트에 요구사항을 할당하고, 인터페이스 요구사항을 식별하고, 운영 시나리오를 적절하게 정의해 문서화하고. 요구사항들이 실제로 우선순위를 협상하고, 프로젝트 위험을 고려하여 요구사항들을 검증하는 활동 등이 포함하고 있다.

✔기술 솔루션(TS)

"기술 솔루션" 프로세스 영역의 목적은 요구사항에 대한 솔루션을 설계 개발을 구현하기 위한 것이다. 여기서의 솔루션이란 제품, 제품 컴포넌트 그리고 제품의 생명주기 프로세스까지 포함하고 있다. 이 프로세스 영역에서의 특정 목적과 특정 실행은 다음과 같다.

SG 1 : 제품 컴포넌트에 대한 솔루션을 선정해야 한다.

SP1.1 : 구체적인 후보 솔루션 및 솔루션 선정 기준을 개발해야 한다.

SP1.2 : 운영 개념 및 운영 시나리오를 구체화해야 한다.

SP1.3 : 제품 컴포넌트에 대한 솔루션을 선정해야 한다.

SG 2 : 설계 작업을 수행해야 한다.

SP2.1 : 제품 혹은 제품 컴포넌트들에 대한 설계 작업을 수행해야 한다.

SP2.2 : 기술 데이터 패키지를 정의해야 한다.

SP2.3 : 기준에 근거하여 인터페이스를 설계해야 한다.

SP2.4 : 자체개발, 구매, 재사용에 대한 분석 작업을 수행해야 한다.

SG 3 : 제품 설계를 구현해야 한다.

SP3.1 : 설계를 구현해야 한다.

SP3.2 : 제품 지원 문서를 개발해야 한다.

이 프로세스 영역은 시스템엔지니어링 활동과 관련하여 CMMI에서 새롭게 추가된 프로세스 영역으로써 복잡한 제품을 개발하는 경우에 유용하게 사용될 수 있다. 복잡한 시스템을 개발하기 위해서는 훨씬 더 많은 그룹이나 인원들의 참여가 필요하기 때문이다. "기술 데이터 패키지"란 제품 아키텍처, 요구사항, 컴포넌트, 개발 프로세스, 주요 제품 특징, 물리적인 제품 특성 및 제약사항, 인터페이스 요구사항, 컴포넌트에 대한 요구사항, 제조 과정에서의 요구사항, 검증 기준, 사용 조건 및 사용법, 의사결정 근거 등을 포함하는 개념으로써 개발해야 하는 제품이나 제품 컴포넌트에 대해 개발자들의 명확하게 이해할 수 있도록 설명해 놓은 것이라고 할 수 있다. 그렇기 때문에 "기술 데이터 패키지"는 해당 제품을 구매할 경우에 하나의 검증 기준으로도 활용할 수 있으며 해당 제품을 프로젝트에서 직접 개발하는 경우라면 관련된 그룹의 역할을 조정하는 데에도 활용될 수 있을 것이다.

"기술 솔루션" 프로세스 영역에서 언급하고 있는 프로세스 개선 활동에서 언급하고 있는 개선 대상으로서의 프로세스를 의미하는 것이 아니라. 해당 프로젝트의 설계 단계에서 사용되는 "데이터 모델링"이나 "프로세스 모델링"과 같은 개발 프로세스에 좀 더 초점을 맞추고 있다고 생각하면 된다.

SP1.1은 연속적 표현 방법에서는 SP1.1-1과 SP1.1-2의 2개의 실행으로 정의되어 있지만 "요구사항 개발" 프로세스 영역에서와 마찬가지로 거의 유사한 내용을 담고 있다고 생각하면 된다.

그리고 SP3.1과 SP3.2에서는 선정된 솔루션의 최종 제품에 대한 동료 검토 활동을 요구하고 있다. 이 프로세스 영역에서뿐만 아니라 "조직 프로세스 정의" 프로세스 영역에서도 조직 표준 프로세스나 조정 가이드라인 등을 동료 검토하라고 정의하고 있기 때문에 CMMI의 모든 프로세스 영역에서 만들어지는 산출물에 대해 동료 검토 활동을 실시할 것을 권한다.

"기술 솔루션" 프로세스 영역에는 여러 개의 대안들에 대한 분석 활동을 통해 요구사항을 충족시킬 수 있는 솔루션을 선정하고 구체적인 인터페이스를 설계해야한다.

✔제품 통합(PI)

"제품 통합" 프로세스 영역의 목적은 제품 컴포넌트들을 통합하고 통합된 제품이 제대로 기능하는 것을 보장하고 이를 고객에게 인도하기 위한 것이다. 이 프로세스 영역에서의 특정 목적과 특정 실행은 다음과 같다.

SG 1 : 제품 통합을 준비해야 한다.

SP1.1 : 통합 순서를 결정해야 한다.

SP1.2 : 제품 통합 환경을 구축해야 한다.

SP1.3 : 제품 통합 절차 및 기준을 수립해야 한다.

SG 2 : 인터페이스 호환성을 확보해야 한다.

SP2.1 : 인터페이스 기술서의 완전성을 검토해야 한다.

SP2.2 : 인터페이스를 관리해야 한다.

SG 3 : 제품 컴포넌트들을 통합하고 제품을 인도해야 한다.

SP3.1 : 제품 컴포넌트들의 통합 준비성을 확인해야 한다.

SP3.2 : 제품 컴포넌트를 통합해야 한다.

SP3.3 : 통합된 제품 컴포넌트를 평가해야 한다.

SP3.4 : 제품, 제품 컴포넌트를 패키지화하여 인도해야 한다.

SP3.1에서는 "제품 컴포넌트들의 통합 준비성을 확인해야한다"라고 되어 있지만 전체 실행의 내용은 "통합 전에 통합 대상인 제품 컴포넌트가 적절히 식별되어야 하며, 명세서에 기술되어 있는 내용에 따라 기능 및 인터페이스가 준비되었는지를 확인해야한다"이다. "제품 통합" 프로세스 영역에서는 전체 시스템을 한꺼번에 고객에게 시연하는 것보다 하나 혹은 몇 개 모듈들을 묶어서 여러 번 시연할 것을 요구한다.

그뿐만 아니라 수행 중인 프로젝트가 별도 개념을 적용하여 전체 시스템 중 일정 부분을 먼저 개발하고 그 후에 나머지 기능을 단계적으로 추가하는 프로젝트라면 CMMI에서는 각 빌드별로 구축, 테스트, 시연, 인도 활동을 반복하기를 요구한다.

이 프로세스 영역에서 통합된 모듈에 대한 테스트 활동을 언급하고 있다. 그러나 여기에서 언급한 통합 테스트 개념은 단순히 소프트웨어 모듈에 대한 것이 아니라 하드웨어까지 포함된 개념이기 때문에 SW CMM에서의 통합 테스트와는 약간의 차이가 있다.

제품 통합 프로세스 영역은 산출물이나 제품의 릴리즈 관리 활동에 치중하는 "형상 관리", "공급업체 계약 관리", "기술 솔루션" 프로세스 영역들보다는 "검증"이나 "확인" 프로세스 영역과 내용이 조금 중복되어 있다고 이해하면 될 것이다.

"제품 통합" 프로세스 영역에는 최종 제품을 통합하는 방법을 수립하고, 통합 환경을 제공하고 제품 통합을 위한 절차나 기준을 문서화하고 제품을 인도하는 활동 등이 포함된다.

✔검증(VER)

"검증" 프로세스 영역의 목적은 선정된 작업 산출물이 정해진 요구사항에 부합하는 것을 보장하기 위한 것이다. 검증 활동은 프로젝트 요구사항들이 엔지니어링 과정 동안 충족되고 있음을 보증하는 것이며 올바른 방법으로 제품을 만들고 있음을 보증하는 것이다. 이 프로세스 영역에서의 특정 목적과 특정 실행은 다음과 같다.

SG 1 : 검증을 준비해야 한다.

SP1.1 : 검증 대상 작업 산출물을 선정해야 한다.

SP1.2 : 검증 환경을 구축해야 한다.

SP1.3 : 검증 절차 및 기준을 수립해야 한다.

SG 2 : 동료 검토를 수행해야 한다.

SP2.1 : 동료 검토를 준비해야 한다.

SP2.2 : 동료 검토를 수행해야 한다.

SP2.3 : 동료 검토 데이터를 분석해야 한다.

SG 3 : 선정된 작업 산출물을 검증해야 한다.

SP3.1 : 검증 활동을 수행해야 한다.

SP3.2 : 검증 결과를 분석하고 시정 조치사항을 식별해야 한다.

검증 활동과 확인 활동에 대한 여러분의 이해를 돕기 위해 다시 한 번 더 설명하면 "당신은 제품을 체계적으로 만들었습니까?"라는 질문은 검증 활동과 관련된 것이며 "당신은 올바른 제품을 만들었습니까?"라는 질문은 확인 활동과 관련된 것이라고 할 수 있다. 그렇기 때문에 이 프로세스 영역에서는 동료 검토 활동을 중요하게 다루고 있다.

검증 활동을 위해서는 테스트 장비나 시뮬레이터 등을 사용할 수 있으며, 이러한 장비들은 확인 활동에서도 사용할 수 있다. 그러나 검증과 확인 활동에서 비록 같은 장비나 시뮬레이터를 사용하더라도 동일한 목적으로 사용할 수는 없다. 그 이유는 동일한 활동을 이름만 다르게 붙였기 때문이다.

그리고 이 프로세스 영역에서는 테스트와 관련된 단어들을 많이 사용하고 있지만, 해당 단어들은 테스트 활동에서 원래 의미하는 내용과는 다르게 사용되고 있다는 것을 명심해야 한다. 또한 소프트웨어 개발 단계에서의 테스트 활용, 즉 단위 테스트, 통합 테스트, 시스템 테스트, 사용자 승인 테스트 등은 검증 활동에 포함되지 않는다는 것도 기억해야 한다.

"검증" 프로세스 영역에는 검증 대상 작업 산출물을 선정하고, 검증 환경을 수립하고 검증 절차 및 기준을 수립하고, 동료 검토 활동을 수행하고 제품을 검증하고 시정 조치를 취하는 활동 등이 포함된다.

✔확인(VAL)

"확인" 프로세스 영역의 목적은 제품 또는 제품 컴포넌트가 의도한 환경에서 원하는 기능이 수행되는지를 증명하기 위한 것이다. 확인 활동은 최종 제품이 고객이 의도한 내용대로 구현되었음과 올바른 제품을 만들고 있다는 것을 보증하는 활동이다. 이 프로세스 영역에서의 특정 목적과 특정 실행은 다음과 같다.

SG 1 : 확인 활동을 준비해야 한다.

SP1.1 : 확인 대상 제품을 선정해야 한다.

SP1.2 : 확인 환경을 구축해야 한다.

SP1.3 : 확인 절차 및 기준을 수립해야 한다.

SG 2 : 제품 혹은 제품 컴포넌트를 확인해야 한다.

SP2.1 : 확인 활동을 수행해야 한다.

SP2.2 : 확인 결과를 분석해야 한다.

"확인" 프로세스 영역은 동료 검토 실행을 제외하면 "검증" 프로세스 영역과 거의 같은 형식으로 정의되어 있다. 다만 각각의 실행에서 "검증"이라는 단어 대신 "확인"이라는 단어를 사용하고 있을 뿐이다.

확인 활동을 수행하기 위해서는 해당 제품이 실제로 사용될 환경과 최대한 비슷한 환경을 구축해야 한다. 확인 프로세스 영역은 "당신은 올바른 제품을 만들었습니까?"에 대한 답변이 해당된다. 확인 대상 작업 산출물을 선정하고 확인 활동을 수행하기 위한 환경을 수립하고, 확인 절차 및 기준을 수립하고 확인 프로세스를 수행함으로써 발생하는 결과 및 이슈를 분석하고 시정 조치를 취하는 활동 등이 포함된다.

✔조직 프로세스 중점관리(OPF)

"조직 프로세스 중점관리" 프로세스 영역의 목적은 조직 프로세스의 프로세스 자산의 강점과 약점에 대한 이해를 기반으로 조직의 프로세스 개선 활동을 계획하고 이행하기 위한 것이다. 이 프로세스 영역에서의 특정 목적과 특정 실행은 다음과 같다.

SG 1 : 프로세스 개선 기회를 결정해야 한다.

SP1.1 : 조직 프로세스에 대한 요구를 수립해야 한다.

SP1.2 : 조직 프로세스를 심사해야 한다.

SP1.3 : 조직 프로세스 개선 기회를 식별해야 한다.

SG 2 : 프로세스 개선 활동을 계획하고 이행해야 한다.

SP2.1 : 프로세스 실행 계획을 수립해야 한다.

SP2.2 : 프로세스 실행 계획을 이행해야 한다.

SP2.3 : 조직 프로세스 자산을 적용해야 한다.

SP2.4 : 조직 프로세스 자산에 프로세스 관련 경험을 통합해야 한다.

이 프로세스 영역에서는 프로세스의 시범 적용 활동이나 프로세스 개선 제안에 대한 내용들을 다루고 있다. 그리고 프로세스 개선 활동이 무엇인지 누가 프로세스 개선 활동을 수행해야 하는지에 대한 내용들도 함께 소개하고 있다.

여기에서 정의하고 있는 "프로세스 개선" 팀은 조직의 프로세스 개선 활동을 계획하고, 이를 주도적으로 이행하는 책임을 가지는 그룹이라고 할 수 있다. 이 그룹은 프로세스 개선 활동을 시작할 때 수행하는 초기 심사, 즉 조직의 현재 수준을 파악하기 위해 CMMI의 요건을 기초로 조직의 현상을 심사하는 비교적 간단한 심사 활동에 참여하기도 한다.

그리고 기본적으로 조직에서의 프로세스 개선 활동을 어떻게 시작하고, 진단하고, 평가하고, 이행하고, 전파하는지에 대한 방법에 대해서도 설명하고 있다. 프로세스 개선 팀은 조직에서 하나만 만들 것을 권고 하는데 왜냐하면 프로세스 개선 팀은 조직에서 통합된 프로세스를 정의하고 전체 조직이 하나의 프로세스를 이행할 수 있도록 지원하기 위한 것이기 때문이다. 개선 팀의 인원은 전담요원으로 10명 이내로 구성하는 것이 좋다.

"조직 프로세스 중점관리" 프로세스 영역에서는 프로세스가 무엇이고 왜 중요한지에 대해 이해하고, 현재 조직의 프로세스를 평가하고, 개선 영역을 식별하고, 개선 계획을 수립하여 실행하고, 개선 결과를 내재화하는 활동 등이 포함된다.

✔표준 프로세스 관리(OPD)

"조직 프로세스 정의" 프로세스 영역의 목적은 사용 가능한 조직의 프로세스 자산을 정립하고 유지하기 위한 것이다. 이 프로세스 영역에서의 특정 목적과 특정 실행은 다음과 같다.

SG 1 : 조직 프로세스 자산을 정립해야 한다.

SP1.1 : 표준 프로세스를 수립해야 한다.

SP1.2 : 생명주기 모델을 정의해야 한다.

SP1.3 : 조정 주기 및 가이드라인을 수립해야 한다.

SP1.4 : 조직의 측정 데이터베이스를 구축해야 한다.

SP1.5 : 조직의 프로세스 자산 라이브러리를 구축해야 한다.

이 프로세스 영역에서는 조직 차원에서의 프로세스를 정의하고 문서화하는 내용을 설명하고 있다. 이 프로세스 영역에서 언급하는 "프로세스 자산 라이브러리"를 PAL(Process Asset Library)이라고 한다. 이 프로세스 영역에서 언급된 "측정 데이터베이스는" 측정 및 분석프로세스 영역에서 이야기하고 있는 "데이터 인벤토리"를 조직 차원으로 확장한 개념이라고 생각하면 될 것이다. "데이터 인벤토리"는 해당 프로젝트의 측정 데이터나 분석 결과들을 모아놓은 것이지만 "측정 데이터베이스"는 조직에서 수행하는 모든 프로젝트에서 수집할 필요가 있는 측정 데이터들을 모아놓은 것이다. 이러한 자료는 해당 조직에서 수행하는 프로젝트들의 경향을 분석하고 예측하기 위해 사용될 것이다.

"측정 데이터베이스"의 활용은 조직에서 수행한 어떤 프로젝트의 테스트 단계에서 결함이 발견되었다면 프로젝트에서 요구사항 단계를 수행하지 않았기 때문이라면, 이 원인이 진짜 테스트 결과에 영향을 주었는지를 확인해보아야 한다. 이런 경우 "측정 데이터베이스"를 활용하여 요수사항 단계와 테스트 단계의 상관관계를 분석해볼 수 있을 것이다. 반면에 프로젝트로부터 수집된 데이터를 분석한 결과, 모든 프로젝트에서 공통의 문제점을 발견했지만 오직 하나의 프로젝트에서는 그러한 문제점이 발생하지 않았다면, 문제점이 발생지 않은 하나의 프로젝트에서 왜 문제점이 발생하지 않았는가에 대해 심도 있게 분석할 수도 있다.

조직 표준 프로세스를 조정하는 활동도 이 프로세스 영역에서 언급하고 있다. CMMI에서는 조직 표준 프로세스를 프로젝트에서 조정하고자 할 때 조정 가이드라인에 따라 조정하라고 이야기하고 있다. 그러나 여러분 조직에서 수행하는 대부분의 프로젝트들이 조직 표준 프로세스를 조정하고 있다면 이러한 경우 조직에서 정의한 표준 프로세스가 프로젝트의 상황을 반영하지 못하기 때문에 조직 표준 프로세스를 다시 정의할 필요가 있을 것이다.

"조직 프로세스 정의" 프로세스 영역에는 조직 표준 프로세스를 수집하고, 조정 기준과 가이드라인을 문서화하고, 측정 데이터베이스를 수립하고 유지하는 활동 등이 포함된다.

✔조직 교육 관리(OT)

"조직 교육 관리" 프로세스 영역의 목적은 조직 구성원이 각자의 역할을 효율적이고 효과적으로 수행할 수 있도록 기술과 지식을 개발하기 위한 것이다. 이 프로세스 영역에서의 특정 목적과 특정 실행은 다음과 같다.

SG 1 : 조직 교육 역량을 확립해야 한다.

SP1.1 : 전략적 교육 니즈를 수립해야 한다.

SP1.2 : 조직에서 담당해야 하는 교육을 결정해야 한다.

SP1.3 : 조직 교육 계획을 수립해야 한다.

SP1.4 : 조직 교육 역량을 수립해야 한다.

SG 2 : 필요한 교육을 제공해야 한다.

SP2.1 : 교육을 제공해야 한다.

SP2.2 : 교육 기록을 유지해야 한다.

SP2.3 : 교육의 효과성을 평가해야 한다.

이 프로세스 영역에서는 조직의 비즈니스 계획, 프로세스 개선 계획, 조직원의 역량 분석 결과, 조직의 비전뿐만 아니라 조직 표준 프로세스 등을 기초로 하여 전략적인 교육 계획을 수립하는 것을 정의하고 있다. 그러나 조직 규모가 작은 조직에서는 일반적으로 교육계획을 수립하는 데 전략적으로 접근하기보다는 전술적으로 접근하는 경향이 있다. CMMI에서는 조직의 규모가 작더라도 전술적인 교육계획뿐만 아니라 전략적인 교육계획도 함께 수립할 것을 요구하고 있다. 그리고 교육의 효과성에 대해서도 평가하기를 요구한다. 이러한 평가는 단지 교육 실시 후 설문서를 받는 활동만 의미하는 것이 아니라, 교육 내용이 현업에서 얼마나 활용되고 있는지를 분석하는 활동까지도 포함한다.

이 프로세스 영역에서는 조직의 핵심 역량이나 요구 자격증 등과 같은 내용을 정의할 수는 있지만 그것은 지식관리 활동에서 활용하는 것과는 다르게 사용됨을 기억해야 한다. 지식관리에 대해 관심이 있는 사람이면 People CMM을 참조하면 많은 도움을 받을 수 있을 것이다.

"조직 교육 관리" 프로세스 영역에서는 조직의 전략적 교육 니즈를 식별하고 그러한 니즈들을 충족시키는 방법을 결정하고 ,교육을 실시하고, 교육의 효과성을 추적하는 활동 등이 포함된다.

✔통합 프로젝트 관리(IPM)

"통합 프로젝트 관리" 프로세스 영역의 목적은 조직 표준 프로세스를 조정하여 정의한 프로세스에 따라 프로젝트를 관리하기 위한 것이다. 여기서 정의하고 있는 SG 3과 SG 4를 CMMI-SE/SW/IPPD 모델과 CMMI-SE/SW/IPPD/SS 모델에만 포함된 내용으로 프로젝트의 비전을 공유하는 활동과 통합 제품 구조를 수립하는 활동에 대한 내용들이다. 이 프로세스 영역에서의 특정 목적과 특정 실행은 다음과 같다.

SG 1 : 정의된 프로젝트 프로세스를 사용해야 한다.

SP1.1 : 정의된 프로젝트 프로세스를 수립해야 한다.

SP1.2 : 조직 프로세스 자산을 이용하여 프로젝트 활동 계획을 수립해야 한다.

SP1.3 : 계획을 통합해야 한다.

SP1.4 : 통합 계획에 근거해 프로젝트를 관리해야 한다.

SP1.5 : 프로세스 자산에 반영해야 한다.

SG 2 : 이해 관계자와 조정 및 협력해야 한다.

SP2.1 : 이해 관계자의 참여를 관리해야 한다.

SP2.2 : 주요 의존성을 관리해야 한다.

SP2.3 : 조정 이슈 사항을 관리해야 한다.

SG 3 : 프로젝트 비전을 공유해야 한다.

SP3.1 : 프로젝트 비전을 위해 근거를 식별해야 한다.

SP3.2 : 프로젝트 비전을 수립해야 한다.

SG 4 : 통합 제품 팀을 조직해야 한다.

SP4.1 : 프로젝트의 통합 제품 팀 구조를 결정해야 한다.

SP4.2 : 통합 제품 팀에 요구사항을 할당해야 한다.

SP4.3 : 통합 제품 팀을 구축해야 한다.

이 프로세스 영역의 SG3과 SG4는 통합 제품 및 프로세스 개발 시 적용해야 하는 내용이다. 그러므로 조직에서 "통합 프로젝트 관리" 프로세스 영역과 관련된 정책을 개발할 경우에는 통합제품 및 프로세스 개발 활동을 포함하는 프로젝트와 그렇지 않은 프로젝트를 구분하여 개발해야 한다.

통합 프로젝트 관리란 성숙 단계 2에서 정의한 "프로젝트 계획 수립" 프로세스 영역과 "프로젝트 모니터링 및 통제 프로세스 영역의 활동들을 발전시킨 형태이다. 그렇기 때문에 이 프로세스 영역에서는 성숙 단계 2에서 요구하는 프로젝트 계획 수립 및 모니터링 활동보다 훨씬 높은 정확도와 정밀도를 요구한다. 그러므로 이러한 통합 프로젝트 관리 활동은 프로젝트의 계획 수립 활동에 많은 도움을 줄 것이다.

그리고 조직 표준 프로세스를 프로젝트의 특성을 고려해 조정하는 활동도 여기에서 언급하고 있다. "통합 프로젝트 관리" 프로세스 영역과 "조직 프로세스 정의" 프로세스 영역의 차이점은 "조직 프로세스 정의" 프로세스 영역이 조직 표준 프로세스 조정 가이드라인, 절차 등을 개발하는 문서들을 프로젝트에서 활용하는 활동이라고 할 수 있다.

이전 CMMI에서는 조직 표준 프로세스를 활용해 프로젝트 프로세스를 정의하는 활동을 비공식적으로 정의했지만 현재에는 SG1에서 하나의 목적으로 공식화했다는 사실을 명심해야 한다.

통합 제품 및 프로세스 개발 활동은 통합 제품 팀을 통해 프로젝트에서 달성하고자 하는 비전을 개발하고 공유하는 활동이다. 그러므로 SP3.1에서는 "프로젝트 비전을 위한 근거를 식별해야한다"고 되어 있지만, 세부 내용은 프로젝트 비전에 반영되어야 하는 기대사항, 제약사항, 인터페이스, 운영조건 등을 식별하는 활동까지도 포함하고 있다.

"통합 프로젝트 관리" 프로세스 영역에서는 조직 표준 프로세스를 조정하여 프로젝트 프로세스를 정의하고, 프로젝트에서 수립한 모든 계획들을 통합하고, 통합된 계획에 따라 프로젝트를 관리하고, 프로젝트의 측정치, 문서, 개선점들을 프로젝트 혹은 조직 차원의 저장소로 통합하고, 이해관계자들의 참여를 보증하고, 이들의 주요 의존 관계나 이슈를 관리해야 한다. 그리고 통합 제품 및 프로세스 개발에서는 프로젝트 비전과 공유된 통합 제품 팀 비전을 정의하고 통합 제품 팀을 조직하고 팀원들이 제품을 개발하는 데 필요한 모든 문서와 정보를 가지고 있다는 것을 보증해야 한다.

✔위험 관리(RSKM)

"위험 관리" 프로세스 영역의 목적은 위험이 발생하기 전에 잠재적인 문제를 식별하여 제품 또는 프로젝트 생명주기 전반에 걸쳐 목적 달성이 용이 하도록 위험 완화 활동을 계획하고 실행하기 위한 것이다. 이 프로세스 영역에서의 특정 목적과 특정 실행은 다음과 같다.

SG 1 : 위험 관리 활동을 준비해야 한다.

SP1.1 : 위험의 원인 및 분류 유형을 결정해야 한다.

SP1.2 : 위험 기준을 정의해야 한다.

SP1.3 : 위험 관리 전략을 수립해야 한다.

SG 2 : 위험을 식별하고 분석해야 한다.

SP2.1 : 위험을 식별해야 한다.

SP2.2 : 위험을 평가하고 분류한 후 우선 순위를 결정해야 한다.

SG 3 : 위험을 완화해야 한다.

SP3.1 : 위험 완화 계획을 개발해야 한다.

SP3.2 : 위험 완화 계획을 실행해야 한다.

위험을 식별하고 관리하는 활동은 CMMI의 거의 모든 프로세스 영역에서 조금씩 다루고 있다. "프로젝트 계획 수립" 영역과 "프로젝트 모니터링 및 통제" 프로세스 영역에서는 위험을 식별하는 활동뿐만 아니라 프로젝트에서 위험을 다루는 전략에 다해 언급하고 있으며, 프로젝트 위험을 평가하는 위험 영향을 분석하는 활동 등도 포함하고 있다 "기술 솔루션" 프로세스 영역에도 후보 솔루션을 선정하는 활동이나 솔루션의 획득 방법을 결정하는 활동에서 위험에 대한 이야기하고 있으며 "의사결정 분석 및 해결" 프로세스 영역에서도 의사를 결정하고 대안을 평가하는 활동에서의 위험을 줄이는 방법으로 이용되는 평가 프로세스를 언급하고 있다.

그러나 이 프로세스 영역에서는 위험 기준을 정의하고, 위험을 관리하기 위한 전략을 수립하고, 위험 완화 계획을 준비하고, 체계적인 위험 평가 활동을 수행하는 등 다른 프로세스 영역에서의 위험 관리 활동보다 훨씬 더 적극적인 위험 관리 활동에 대해 다루고 있다.

위험 관리 프로세스 영역에서는 가장 중요하게 다루어야 할 위험을 식별하기 위해 정기적인 검토 활동을 수행할 것을 요구한다. 이러한 정기적인 검토 활동을 통해 프로젝트에서 발생 가능한 모든 위험에 대해 한번쯤 고민해 볼 것이다.

그리고 해당 조직의 솔루션과 관련된 위험이나 프로젝트에서 자주 발생하는 위험들을 조직 차원에서 정리해 놓은 것이 있다면 조직의 프로젝트 관리자가 이미 알려진 위험들을 피하는 데 도움을 줄 수 있기 때문이다.

"위험 관리 프로세스" 영역에는 위험을 식별하고 위험 관리 전략을 수립하고 위험을 분석하며 위험 완화 계획을 개발하여 실행하는 활동 등이 포함된다.

✔통합 제품 팀 관리(IT)

"통합 제품 팀 관리" 프로세스 영역의 목적은 작업 산출물을 개발하기 위한 통합 제품 팀을 구성하고 이를 유지하기 위한 것이다. 이 프로세스 영역은 CMMI-SE/SW/IPPD 모델과 CMMI-SE/SW/IPPD/SS 모델에만 포함된 프로세스 영역이다. 이 프로세스 영역에서의 특정 목적과 특정 실행은 다음과 같다.

SG 1 : 팀 구성을 결정해야 한다.

- SP1.1 : 팀 작업을 식별해야 한다.
- SP1.2 : 필요 지식 및 기술을 식별해야 한다.
- SP1.3 : 적당한 팀원을 배치해야 한다.

SG 2 : 팀 운영을 관리해야 한다.

- SP2.1 : 공유 비전을 수립해야 한다.
- SP2.2 : 팀 강령을 수립해야 한다.
- SP2.3 : 역할 및 책임을 정의해야 한다.
- SP2.4 : 운영 절차를 수립해야 한다.
- SP2.5 : 관련 팀 간 협력해야 한다.

이 프로세스 영역에서의 "통합 제품 팀"이란 프로젝트의 특정 목적을 달성하기 위해 프로젝트 내에 구성된 특별한 팀을 말하며, 통합 제품 팀에서 수립한 공유 비전은 전체 프로젝트 목적과 모순되지 않아야 한다. 이 팀은 프로젝트 관리자나 심지어는 다른 통합 제품 팀에 의해서도 만들어질 수 있으며 주어진 목적을 달성할 수 있는 전문 지식이나 기술을 가지고 있는 관련 이해 관계자들로서 구성된다. 어떤 경우에는 고객이나 마케팅 인원들도 포함될 수 있다. 이들은 프로젝트 팀과는 전혀 다른 환경에서 근무하고 있기 때문에 새로운 지식이나 기술을 프로젝트 팀에 제공할 수 있을 것이다. 그리고 통합 제품 팀원들은 통합 제품 팀 멤버로서의 역할을 수행하면서 동시에 팀원들이 원래 소속된 팀과의 의사소통 채널을 유지해야 한다.

통합 제품 팀에서 공유 비전을 수립하는 활동은 굉장히 힘들고 중요한 일이기 때문에 통합 제품 팀원들이 자부심을 가질 수 있도록 그리고 프로젝트 팀은 수립된 공유 비전을 충실히 따를 수 있도록 해야 한다. 통합 제품 팀에서는 공유 비전뿐만 아니라 계획서나 절차 등을 개발해 사용하기도 한다. 이러한 것을 작성할 때에는 반드시 통합 제품 팀 전체가 참여해야 한다. "통합 제품 팀 관리" 프로세스 영역에서는 통합 제품 팀 작업을 식별하고 필요 지식이나 기술을 식별하고 공유 비전을 수립하고 팀의 역할과 책임을 정의하고 운영 절차를 수립하며 관련 팀과 협력하는 활동 등이 포함된다.

✔통합 공급 업체 관리(ISM)

"통합 공급업체 관리" 프로세스 영역의 목적은 프로젝트 요구사항을 충족시킬 수 있는 제품의 공급업체를 식별하고 이들과 협력 관계를 유지하는 동안 선정된 공급업체를 관리하기 위한 것이다. 이 프로세스 영역은 CMMI-SE/SW/IPPD/SS 모델에만 포함된 프로세스 영역이다. 이 프로세스 영역에서의 특정 목적과 특정 실행은 다음과 같다.

SG 1 : 제품 공급업체를 분석하고 선정해야 한다.

SP1.1 : 잠재 제품 공급업체를 분석해야 한다.

SP1.2 : 제품 공급업체를 평가하고 결정해야 한다.

SG 2 : 공급업체와 작업을 조정해야 한다.

SP2.1 : 선정된 공급업체의 프로세스를 모니터링 해야 한다.

SP2.2 : 선정된 공급업체의 작업 산출물을 평가해야 한다.

SP2.3 : 공급업체와의 계약 혹은 관계를 갱신해야 한다.

이 프로세스 영역은 성숙 단계 2에 포함된 "공급업체 계약 관리" 프로세스 영역의 발전된 내용이다. 그러므로 이 프로세스 영역에서는 공급업체들을 식별하고 평가하는 활동을 수행할 때 성숙 단계 2보다 훨씬 더 적극적이라고 할 수 있다. 그리고 프로젝트 팀은 공급업체와 더더욱 협력적인 관계를 유지해야 하고 더 구체적인 프로세스를 정의해야 하며, 공급업체와의 관계 개선을 위한 활동이 더 적극적으로 참여해야 한다.

또한 이 프로세스 영역에서의 정보들은 "의사결정 분석 및 해결" 프로세스 영역에서 사용될 수 있다.

"통합 공급업체 관리" 프로세스 영역에는 잠재적인 공급업체를 식별하고 공급업체를 평가하고, 공급업체를 선정하고 공급업체의 프로세스를 모니터링 하고, 공급업체의 작업 산출물을 평가하며 필요한 경우 공급업체와의 계약을 갱신하는 활동 등이 포함된다.

✔조직 통합 환경(OEI)

"통합 환경" 프로세스 영역의 목적은 통합 제품 및 프로세스 개발을 위한 기반 구조와 이를 위한 인력을 제공하고 관리하기 위한 것이다. 이 프로세스 영역은 CMMI-SE/SW/IPPD 모델과 CMMI-SE/SW/IPPD/SS 모델에만 포함된 프로세스 영역이다. 이 프로세스 영역에서의 특정 목적과 특정 실행은 다음과 같다.

SG 1 : 통합 제품 및 프로세스 개발을 위한 기반 구조를 제공해야 한다.

SP1.1 : 조직의 공유 비전을 수립해야 한다.

SP1.2 : 통합 작업 환경을 수립해야 한다.

SP1.3 : 통합 개발을 위해 요구되는 기술을 식별해야 한다.

SG 2 : 통합 개발을 위한 인력 관리를 수행해야 한다.

SP2.1 : 리더십 절차를 수립해야 한다.

SP2.2 : 통합 작업을 위한 인센티브 방안을 수립해야 한다.

SP2.3 : 통합 제품 팀과 기존 팀과의 조율 절차를 수립해야 한다.

이 프로세스 영역에서는 프로젝트 내의 통합 제품 팀들을 위한 기반구조를 구축하는 활동에 대해 언급하고 있으며, 이러한 활동은 통합 제품 팀에서의 원활한 협조 및 일관성을 증진시킨다. 이를 위해 통합 제품 팀에서는 제일 먼저 고유 비전을 수립해야 하며 수립된 비전에 대해 팀원들의 충분한 합의를 얻어야 한다. 이것은 낮은 성숙 단계의 조직에서는 굉장히 힘든 활동이다. 그리고 조직에서 팀이 아닌 개인 위주의 보상 정책을 실시하고 있다면 더욱 힘들어질 것이다. 이 프로세스 영역에서는 다음과 같은 사항에 초점을 두고 있다.

· 의사소통
· 보상 체계
· 팀의 물리적 위치
· 적절한 시설

팀 구축 활동도 이 프로세스 영역에서 다루고 있다. 팀 구축 시 의사결정 책임을 팀과 상위 관리자 사이에 적절히 나누어 정의해야 한다. 그리고 프로젝트 활동과 프로세스 개선 활동 등과 같은 나머지 활동들 사이의 균형을 유지해야 한다. 조직 차원에서 수행되는 이러한 활동들이 조직의 계획에 따라 수행되고 있다면 해당 프로젝트에서는 프로젝트의 계획에 반영해야 하며 필요한 경우에는 조직의 계획을 조정할 수도 있을 것이다.

"조직 통합 환경" 프로세스 영역에서는 팀의 공유 비전을 수립하고 개인에게 권한을 부여하고 통합 개발을 위해 요구되는 기술들을 식별하고 리더십 절차를 수립하고 인센티브 방안을 수립하고 통합 제품 팀과 기준 팀과의 조율 절차를 수립하는 활동 등이 포함된다.

✔의사 결정 분석 및 해결(DAR)

"의사 결정 분석 및 해결" 프로세스 영역의 목적은 수립된 기준을 근거로 식별된 대안을 평가하기 위한 공식적인 평가 프로세스를 사용하여 적절한 의사 결정을 하기 위한 것이다. 이 프로세스 영역에서의 특정 목적과 특정 실행은 다음과 같다.

SG 1 : 가능한 대안을 평가해야 한다.

SP1.1 : 의사 결정을 위한 가이드라인을 수립해야 한다.

SP1.2 : 평가 기준을 수립해야 한다.

SP1.3 : 대안들을 식별해야 한다.

SP1.4 : 평가 대안을 선택해야 한다.

SP1.5 : 대안을 평가해야 한다.

SP1.6 : 해결안을 선택해야 한다.

이 프로세스 영역이 필요한 이유는 의사결정을 수행해야 하는 관리자나 시스템 분석가에게 의사결정 절차나 가이드라인을 제공하기 위해서이다. 이러한 절차나 가이드라인이 어떤 이슈들이 의사결정 절차를 거쳐야 하고 어떤 이슈들은 거치지 않아도 되는지를 정의해 놓아야 한다. 그렇지 않으면 공식적인 의사결정 절차를 밟지 않아도 되는 이슈들에 대해서까지도 많은 사항들을 고려해야 하기 때문에 오히려 의사결정이 어려워지거나 지연될 수 있다.

이 프로세스 영역은 조직에서 공급업체를 선정할 경우 유용하게 사용할 수 있을 것이다. 그리고 이 프로세스 영역에서 언급하고 있는 가능한 대안들을 선택하거나 프로젝트에서 플랫폼, 아키텍처, 또는 새로운 기술을 선정하는 활동들을 "기술 솔루션" 프로세스 영역과 다소 겹치는 경향이 있지만 적용에는 큰 문제는 없는 것으로 생각된다.

"의사결정 분석 및 해결" 프로세스 영역에서는 어떤 이슈들에 대해 의사결정 절차를 따르도록 할 것인지를 결정하고, 평가기준을 수립하고 평가 방법을 선택하고 해결안을 선택하는 활동 등이 포함된다.

성숙 단계 3은 성숙 단계 2에서의 프로젝트 경험 및 성공사례를 수집하여 조직 차원에서 통합하는 것을 말한다.

"통합 프로젝트 관리" 프로세스 영역은 성숙 단계 2에서의 "프로젝트 계획 수립" 프로세스 영역과 역시 "프로젝트 모니터링 및 통제" 프로세스 영역의 발전된 형태이며 "위험 관리" 프로세스 영역도 역시 "프로젝트 모니터링 및 통제" 프로세스 영역의 발전된 형태라고 할 수 있다. 또한 "통합 공급업체 관리" 프로세스 영역도 성숙 단계 2에서 정의한 "공급업체 계약 관리" 프로세스 영역의 발전된 형태라는 것을 기억해야 한다.

성숙 단계 3에는 14개의 프로세스 영역이 포함되어 있으며 다음과 같이 4가지 영역으로 그룹화 되어 있다.

· 엔지니어링 영역 : REQM, RD, TS, PI, VER, VAL

· 프로세스 관리 영역 : OPD, OPF, OT

· 프로젝트 관리 영역 : IPM, RSKM, SAM, IP

· 지원 영역 : DAR, OEI

그리고 성숙 단계 3의 일반 실행인 GP3.1 정의 프로세스 수립은 "조직 프로세스 정의" 프로세스 영역과 중복되며 GP3.2 개선 정보 수집은 "조직 프로세스 중점관리" 프로세스 영역과 중복되어 있다.

성숙 단계 3에서 가장 주의해야 할 점은 성숙 단계 2보다 훨씬 구체적으로 프로세스를 정의 한다는 것이다. 프로세스는 조직에서 일관되게 적용될 수 있도록 구체적으로 만들어져야 하며 업무 절차서는 프로세스보다도 더 구체적으로 해당 프로세스 수행 방법에 대해 정의해야 한다.

어떤 조직에서는 성숙 단계 3이 되기 전에는 조직 차원의 프로세스를 작성할 필요가 없다고 생각하는 경우도 있지만 이는 CMMI를 잘못 이해하고 있는 것이다. CMMI의 성숙 단계 2에서도 조직의 수준에 맞게 프로세스를 작성할 것을 권한다. GP2.2 프로세스 계획 수립과 "GP2.3 자원 제공"을 잘 살펴보면 성숙 단계 2를 달성하기 위해서도 프로세스가 정의되어야 한다는 것을 알 수 있을 것이다.

3.6 성숙 단계 4 프로세스 영역

성숙 단계 4에서는 정량적인 관리 활동에 초점을 맞추고 있다. 그렇기 때문에 성숙 단계 4인 조직에서 수행하는 모든 프로젝트들을 구체적인 숫자에 의해 관리되며 해당 조직에서의 의사결정도 마찬 가지로 숫자에 의해 결정된다고 할 수 있다. 성숙 단계 3인 조직은 프로세스가 정성적으로 예측 가능한 반면 성숙 단계 4인 조직의 프로세스는 정량적으로 예측 가능하다고 할 수 있다.

성숙 단계 4에 도달하기를 원하는 조직은 성숙 단계 4의 모든 목적뿐만 아니라 성숙 단계 2와 3에 포함된 모든 프로세스 영역의 목적들도 함께 충족시켜야 한다.

그리고 성숙 단계 4와 5의 조직의 차이점은 성숙 단계 4인 조직에서는 수집된 데이터를 분석할 때 정상적인 데이터 범위에서 이상 원인을 찾아내어 이를 바로잡는 데 초점을 두는 반면 성숙 단계 5에서는 우연적인 원인에 초점을 맞추는 것이라고 할 수 있다. 위에서 언급한 "이상원인"이나 "우연적원인"은 6σ나 통계학에서 사용되는 용어이다.

해당 조직이 성숙 단계 4를 충족하는지를 판단할 때 해당 조직이 올바른 데이터를 수집하고 있으며 데이터 수집 방법이 적절한가? 수집된 데이터가 정확한가? 그리고 수집된 데이터가 섞여 있지는 않은가? 등에 만족해야 한다.

해당 조직은 수년에 걸쳐 수행했던 많은 프로젝트들에서 사용한 여러 생명주기 모델이나 이들 프로젝트에서 개발했던 제품 유형별로 데이터가 수집되어야 한다. 이러한 데이터는 보통 성숙 단계 2에서부터 수집되기 시작하지만 프로젝트에서 수행되는 프로세스들이 안정적이지 못하기 때문에 만족할 만한 자료라고 볼 수 없을 것이다. 그러므로 성숙 단계 3을 거치면서 성숙 단계 3보다 훨씬 더 많은 데이터를 수년간 수집하여야 한다.

특히 성숙 단계 3에 도달한 조직에서 발생되는 문제들 중 하나는 이들 조직에서 수집한 데이터의 일관성이 결여되어 있다는 것이다. 그 이유는 단지 CMMI에서 요구하는 자료들을 기계적으로만 수집하기 때문이다. 수집되는 자료가 일관성이 있는지 얼마나 정확하게 수집되었는지에 또는 수집된 자료가 얼마나 불일치성을 가지는지에 대하여 관심을 가져야 한다.

따라서 수집된 자료가 정리되어 있지 않기 때문에 의사결정이나 프로젝트의 성과를 비교하는 데에도 활용할 수 없는 것이다.

성숙 단계 4에서는 안정적이고 표준화되고 통계적으로 정확한 데이터를 위한 기초 자료를 수집해야 한다. 우리는 성숙 단계 3에서 전체 조직에서 일관된 프로세스의 적용에 대해 엄격하게 심사를 받았다.

성숙 단계 4인 조직의 관리자와 개발자들은 자신들의 활동을 모니터링 하기 위해 통계적이고 정량적인 기술을 이용해 조직의 데이터를 분석할 수 있어야 하며 잠재적인 문제점이나 주의가 필요한 영역 등을 식별할 수 있어야 한다.

이러한 CMMI의 요구는 단순히 수집된 데이터들을 유지하라고 정의하고 있는 SW CMM보다 훨씬 더 이행하기가 힘들다고 할 수 있다.

성숙 단계 4는 프로세스가 안정적이고 예측 가능하게 하는 것이라면 성숙 단계 5는 조직의 활동을 전체 관점에서 향상시키기 위해 안정적인 프로세스를 지속적으로 개선하는 것이라 할 수 있다.

조직이 성숙 단계 4가 되기 위해 이러한 측정 활동을 수행하는 가장 큰 이유는 측정 관련 활동이 프로젝트를 관리하기 위한 혁신적인 접근 방법이기 때문이다.

성숙 단계 4는 "조직 프로세스 성과 관리"와 "정량적 프로젝트 관리"영역을 갖는다. 그리고 성숙 단계 4의 일반 목적은 성숙 단계 3과 동일하다. 성숙 단계 3과 4의 구분은 위에서 언급한 2개의 프로세스 영역에 의하여 구분된다.

GG 3 : 정의 프로세스 내재화

GP2.1(CO1): 조직정책 수립

GP3.1(AB1): 정의 프로세스 수립

GP2.2(AB2): 프로세스 계획

GP2.3(AB3): 자원 제공

GP2.4(AB4): 책임 배분

GP2.5(AB5): 인력 교육

GP2.6(DI1): 형상 관리

GP2.7(DI2): 관련 이해 관계자 식별 및 참여

GP2.8(DI3): 프로세스 모니터링 및 통제

GP3.2(DI4): 개선 정보 수집

GP2.9(VE1): 표준 준수 여부의 객관적 평가

GP2.10(VE2): 상위 관리자 검토

성숙 단계 4에 포함된 개별 프로세스 영역들의 특정 목적과 특정 실행에 대해 알아본다.

✔조직 프로세스 성과 관리(OPP)

"조직 프로세스 성과 관리" 프로세스 영역의 목적은 조직 표준 프로세스들의 수행 결과를 바탕으로 품질 및 프로세스 성과 목적을 수립하고, 정량적인 프로젝트 관리를 위한 프로세스 성과 베이스라인과 프로세스 성과 모델 등을 제공하기 위한 것이다. 이 프로세스 영역에서의 특정 목적과 특정 실행은 다음과 같다.

SG 1 : 프로세스 성과 베이스라인 및 모델을 수립해야 한다.

SP1.1 : 프로세스를 선정해야 한다.

SP1.2 : 프로세스 성과 측정치를 결정해야 한다.

SP1.3 : 품질 및 프로세스 성과 목적을 수립해야 한다.

SP1.4 : 프로세스 성과 베이스라인을 수립해야 한다.

SP1.5 : 프로세스 성과 모델을 수립해야 한다.

"조직 프로세스 성과 관리" 프로세스 영역은 제품과 프로세스의 2가지 측면에서의 측정 활동을 모두 포함하고 있다. 이러한 측정 데이터는 제품이나 프로세스의 품질 수준을 정량적으로 나타내기 위해 사용된다.

이 프로세스 영역에서는 프로세스 성과 베이스라인과 프로세스 성과 모델에 대한 특정 목적을 새로 추가하였다. "프로세스 성과 베이스라인"은 결함 등과 같은 프로세스의 속성과 해당 프로세스 산출물과의 관계를 설명한다. 그러므로 프로세스 성과 모델을 이용하면 프로젝트 후반부에나 측정이 가능한 성과에 대해 프로젝트 초기에 수집된 프로세스 속성을 기반으로 예측할 수 있게 해준다. 성숙 단계 4를 준비하기 위해 사전에 측정 활동을 시작해야 한다. 측정활동은 성숙 단계 4 이전에 반드시 필요한 활동이며, 성숙 단계 2에서 "측정 분석" 프로세스 단계가 존재하는 이유이기도 하다.

수집된 데이터의 관리 차원에서 살펴보면 성숙 단계 2에서는 수집된 데이터가 프로젝트의 데이터베이스에 저장되고 성숙 단계 3에서는 프로젝트의 데이터베이스가 조직 차원의 데이터베이스로 확대되어 데이터들의 정확성과 일관성에 대해 검토하기 시작한다. 반면에 성숙 단계 4에서는 수집된 데이터를 이용하여 통계적 관리 활동을 수행한다. 이러한 통계적 관리 활동의 대상을 결정하는 방법은 전적으로 해당 조직에서 어떤 문제점들이 발생하고 있는가 하는 것에 달려 있다. 조직의 문제점에 기초한 통계적 관리란 조직 내 모든 프로세스에 대해 정량적인 관리를 수행해야 한다는 뜻이 아니라 해당 조직에서 가장 문제가 많이 발생하는 프로세스에 대해 우선적으로 정량적인 관리 활동을 수행해야 한다는 것을 의미한다.

이 프로세스 영역에서 가장 많이 언급되는 측정치들은 프로젝트 규모, 투입인력, 비용, 일정 및 결함 등이 있으며 이러한 측정치들은 제품 도메인이나, 개발형태, 고객 유형에 따라 구분해 활용하기도 한다.

그리고 이 프로세스 영역에서 사용될 수 있는 성과와 관련된 측정치로는 일정 지연율이나 투입 인력 초 과률, 계획되지 않은 작업의 수 등이 있을 수 있으며 품질 관련 측정치로는 재작업 시간이나 결함 수 등이 가능하나 또한 프로세스 관련 측정치로는 개발 단계별 생산성이나 프로세스별 생산성 등이 가능하다.

이 프로세스 영역에서 프로세스 성과를 이야기할 때 제품 측정치와 품질 측정치를 함께 사용하고 있는데 같은 의미로 보아도 무관하다고 본다.

이 프로세스 영역에서의 프로세스 측정치로는 투입인력, 개발기간, 결함제거 등을 언급하고 있으며, 제품 측정치로는 신뢰성이나 결함 밀도 등을 언급하고 있다.

그리고 이 프로세스 영역에서의 측정 활동은 프로젝트 차원뿐만 아니라 조직 차원에서의 활동도 포함하고 있다. 측정할 프로세스를 선정하거나 적절한 측정항목을 선정하는 활동 등이 조직의 사업 목적이 변경됨에 따라 함께 수정되어야 한다. 품질 및 프로세스 목적"들도 조직 차원에서 이상 원인을 계속해서 개선함에 따라 지속적으로 조정되어야 한다.

어떤 결함을 줄이기 위해서는 수집된 결함의 수나 결함 유형, 복잡도 등을 고려해 적절히 분석해야 한다. 그렇지 않으면 많은 시간을 투입해 데이터를 수집했지만 불필요한 자료가 되어 의사결정에 활용되지 못하는 경우가 있을 것이다.

그러므로 조직의 환경을 고려해 어떤 자료를 수집하는 것이 적절한지 결정해야 하며 어떤 기준으로 분석해야 의미를 가질 수 있는지 결정해야 한다. 이러한 점이 성숙 단계 4의 프로세스를 이행하기가 힘든 이유인지 모른다.

일반적으로 측정치들은 최종 제품을 기준으로 개발 단계의 역으로 분석되는 경우가 많다. 그리고 측정 항목을 결정할 때는 다양한 조직의 요구를 고려해야 한다.

"조직 프로세스 성과 관리" 프로세스 영역에는 측정 대상 프로세스들을 결정하고 프로세스 성과 측정치와 품질 및 프로세스 성과 목적을 수립하고 프로세스 성과 베이스라인 및 모델을 수립하는 활동 등이 포함된다.

✔정량적 프로젝트 관리(QPM)

"정량적 프로젝트 관리" 프로세스 영역의 목적은 정의된 프로젝트 프로세스를 정량적으로 관리하여 프로젝트의 품질 및 프로세스 성과 목적을 달성하기 위한 것이다. 이 프로세스 영역에서의 특정 목적과 특정 실행은 다음과 같다.

SG 1 : 프로젝트를 정량적으로 관리해야 한다.

- SP1.1 : 프로젝트 목적을 수립해야 한다.
- SP1.2 : 정의된 프로세스를 수립해야 한다.
- SP1.3 : 통계적으로 관리되어야 할 하부 프로세스를 선정해야 한다.
- SP1.4 : 프로젝트 성과를 관리해야 한다.

SG 2 : 하부 프로세스 성과를 통계적으로 관리해야 한다.

- SP2.1 : 측정치 및 분석기법을 선정해야 한다.
- SP2.2 : 변동을 이해하기 위한 통계 방법을 적용해야 한다.
- SP2.3 : 선정된 하부 프로세스의 성과를 모니터링 해야 한다.
- SP2.4 : 통계 관리 데이터를 기록해야 한다.

이 프로세스 영역에서는 프로젝트를 정량적으로 관리하기 위해 무선 활동을 수행해야 하는지에 대해 설명하고자 한다. 프로젝트 관리자는 최소한 일주일에 한 번 정도는 프로젝트 측정치들을 검토하고 수집된 측정치들이 어떻게 활용되고 있는지를 확인해야 하며 그 결과를 경영진에게 보고해야 한다. 그리고 측정 활동을 담당한 부서는 프로젝트에서 측정치들이 원활하게 수집되도록 지원해야 한다. 가능하면 데이터 수집에 자동화 도구를 사용하면 지속적으로 데이터 수집활동을 할 수 있게 된다. 자동화 도구는 먼저 요구사항을 개발한 후에 정의한 요구사항을 충족시킬 수 있는 자동화 도구를 구입한다. 아니면 요구사항을 충족시킬 수 있는 자동화 도구를 직접 개발하여 사용할 수 있다.

측정치들을 저장할 수 있는 저장소는 조직 차원에서 여러 차원에서 여러 개를 가지거나 하나의 저장소에 여러 개의 층을 만들어 사용할 수도 있다. 이러한 저장소에는 데이터의 분석 활동을 위해 여러 해 동안 해당 조직에서 수집한 측정치들을 "정규화"하여 저장해야 한다.

자료 수집에서 중요한 것은 조직에서 얼마나 많은 측정 항목에 대해 측정치를 얼마나 수집했는가 하는 것이다. 해당 조직에서 발생하는 주요한 문제들에 대해 충분히 그 원인을 분석할 수 있고 대안을 제시할 수 있는 수준이면 가능하다. 그리고 수집한 측정치들이 어느 정도 안정성과 지속성을 확보하느냐에 달려 있다.

"정량적 프로젝트 관리" 프로세스 영역에는 프로젝트 목적을 정량적으로 수립하고 프로젝트의 정의된 프로세스를 수립하기 위해 지속적인 데이터를 활용하고 통계적으로 관리되어야 할 하부 프로세스를 선정하고, 선정된 하부 프로세스의 성과를 모니터링하고, 통계 관리 데이터를 기록하는 활동 등이 포함된다.

성숙 단계 4에서 정의하고 있는 내용들이 해당 조직에 많은 도움을 줄 수 있어야하며 경영진도 알고 싶어 하는 내용이 되면 조직에도 많은 도움이나 이익을 줄 수 있을 것이라 본다.

성숙 단계 4를 준비할 때는 가능한 한 간단하게 시작하는 것이 좋다. 왜냐하면 성숙 단계 4에서 요구하는 사항들을 제대로 이행하기란 매우 힘든 작업이기 때문이다. 이러한 측정 활동 등이 때로는 조직에 도움이 된다는 것을 증명하기가 어려울 수도 있다는 것을 알아야 한다.

3.7 성숙 단계 5 프로세스 영역

성숙 단계 5에서는 프로세스 성과에 대한 우연적인 원인을 식별하고 이들에 대한 적절한 시정 조치 활동을 수행하여 조직 표준 프로세스의 전반적인 품질을 지속적으로 향상시키는 데 집중한다고 할 수 있다. 성숙 단계 5에는 "조직혁신 및 적용 관리"와 "원인 분석 및 해결" 프로세스 영역에 있다. 성숙 단계 5의 일반 목적은 성숙 단계 3에서의 일반 목적과 동일하다. 성숙 단계 3과 5의 구분은 2개의 프로세스 영역에 의하여 구분된다.

GG 3 : 정의 프로세스 내재화

- GP2.1(CO1) : 조직정책 수립
- GP3.1(AB1) : 정의 프로세스 수립
- GP2.2(AB2) : 프로세스 계획
- GP2.3(AB3) : 자원 제공
- GP2.4(AB4) : 책임 배분
- GP2.5(AB5) : 인력 교육
- GP2.6(DI1) : 형상 관리
- GP2.7(DI2) : 관련 이해 관계자 식별 및 참여
- GP2.8(DI3) : 프로세스 모니터링 및 통제
- GP3.2(DI4) : 개선 정보 수집
- GP2.9(VE1) : 표준 준수 여부의 객관적 평가
- GP2.10(VE2) : 상위 관리자 검토

성숙 단계 5를 달성하기 위해서는 성숙 단계 2와 3, 그리고 4의 모든 목적과 성숙 단계 5의 모든 목적들을 충족시켜야만 한다. 성숙 단계 5에 포함된 개별 프로세스 영역들의 특정 목적과 특정 실행에 대해 알아본다.

✔조직 혁신 및 적용 관리(OID)

"조직 혁신 및 적용 관리" 프로세스 영역의 목적은 조직에서 사용하고 있는 프로세스와 기술을 개선하기 위한 점진적이거나 혁신적인 개선 사항들을 선정하고 적용하기 위한 것이다. 이러한 개선 사항들은 조직의 비즈니스 목적으로부터 추출한 품질 및 프로세스 성과 목적을 지원한다. 이 프로세스 영역에서의 특정 목적과 특정 실행은 다음과 같다.

SG 1 : 개선 사항을 선정해야 한다.

SP1.1 : 개선 제안을 수집하고 분석해야 한다.

SP1.2 : 혁신적인 개선 사항을 식별하고 분석해야 한다.

SP1.3 : 개선 사항들을 시험 적용해야 한다.

SP1.4 : 적용하기 위한 개선 사항을 선정해야 한다.

SG 2 : 개선 사항을 적용해야 한다.

SP2.1 : 적용 계획을 수립해야 한다.

SP2.2 : 적용 활동을 관리해야 한다.

SP2.3 : 개선 효과를 측정해야 한다.

이 프로세스 영역은 프로세스 개선 프로세스를 위한 개선 방안 및 기술에 대한 개선 제안을 포함하고 있다. 해당 "조직 프로세스 중점관리" 프로세스 영역에서도 프로세스 개선 제안이라는 용어로 사용되는데 이 프로세스 영역에서 사용된 프로세스 개선 제안이 "조직 프로세스 중점관리" 프로세스 영역에서 사용된 프로세스 개선 제안과 다른 점을 설명한다. 이 프로세스 영역에서의 프로세스 개선 제안은 개선 제안에 대한 정량적인 분석 활동에 초점을 맞추고 있다. 그러므로 해당 조직에서는 어떤 부분을, 언제, 어떻게 개선해야 하는지를 결정하기 위해 그동안 수집된 데이터베이스에서 관련 Metrics들을 검토해야 한다.

그뿐만 아니라 이러한 개선 활동을 수행하기 위한 비용과 그 효과 분석도 함께 이루어져야 한다. 그러나 "조직 프로세스 중점 관리" 프로세스 영역에서의 프로세스 개선 제안은 정량적인 분석 작업을 통해 도출된 것이라기보다는 해당 프로세스를 수행한 담당자의 경험이나 직관에 의해 개선 제안이 이루어지는 것이 보통이다. 제품에 대한 개선 활동은 하나의 개발 프로젝트와 마찬가지이며 이러한 개발 프로젝트를 수행하는 방법을 정의한 프로세스를 개선하는 것이 이 프로세스 영역의 범위에 해당된다고 할 수 있다. 그러므로 조직에서 제공하는 제품에 포함되는 데이터베이스 관리 시스템이나 알고리즘 등은 당연히 이 프로세스 범위에 포함되지 않는다.

이 프로세스 영역에서는 다음의 프로세스 개선 제안 활동을 수행할 것을 권한다.

· 개선안 제안
· 개선안 검토 및 분석(효과 가치에 대한 분석 포함)
· 개선안 시범 적용
· 시범 적용 결과 측정
· 개선안 적용 계획 수립
· 개선안 확산 적용
· 전체 개선 효과 파악

"조직 혁신 및 적용" 프로세스 영역에는 다양한 계층의 조직원들로부터 개선 제안을 수집하고 개선사항을 식별하고, 시범 적용하고, 개선사항을 확대 적용하기 위한계획을 수립하고 이를 관리하는 활동 등이 포함된다.

✔원인 분석 및 해결(CAR)

"원인 분석 및 해결" 프로세스 영역의 목적은 결함 및 기타 문제들의 원인을 식별하고, 재발 방지를 위한 시정 조치 활동을 수행하기 위한 것이며 이 프로세스 영역에서의 특정 목적과 특정 실행은 다음과 같다.

SG 1 : 결함 원인을 결정해야 한다.
  SP1.1 : 분석 대상 결함 데이터를 선정해야 한다.
  SP1.2 : 원인 분석을 수행해야 한다.

SG 2 : 결함 원인을 처리해야 한다.
  SP2.1 : 제안된 활동을 수행해야 한다.
  SP2.2 : 변경된 효과를 평가해야 한다.
  SP2.3 : 데이터를 기록해야 한다.

이 프로세스 영역에서는 제품을 개발하기 위해 사용된 프로세스상의 결함들을 줄이기 위한 개선 제안이나 개선 계획 등을 다루고 있다. SW CMM의 "결함 예방" 프로세스 영역에서는 프로젝트 진행과 동시에 이러한 결함 예방 활동을 위한 착수회의를 수행하라고 정의하고 있지만 CMMI에서는 이제 더 이상 이러한 착수회의를 요구하지 않는다. 다만 SW CMM에서의 결함 예방을 위한 공식적인 착수회의 등과 같은 활동을 하나의 사례로서 해당 조직에 적용할 수 있을 것이다.

이 프로세스 영역에서는 프로세스상의 결함에 대해 조사하고 그 근본 원인을 결정해야 한다.

근본 원인을 찾기 위한 가장 간단한 방법은 왜 그러한 결함들이 발생하는지에 대한 이유를 찾으면 된다. 이러한 이유가 사라지면 결함도 사라지게 될 것이다. 프로세스상의 결함 원인을 해소할 수 있는 구조적 방법은 다음과 같다.

· 조직의 프로세스 상의 결함을 조사 다.
· 분석하기 위한 데이터를 선정한다.
· 근본 원인을 분석한다.
· 문제 해결을 위한 개선안을 수립한다.
· 개선 안을 이행한다.
· 이행 효과를 분석한다.

성숙 단계 5의 궁극적인 목적은 프로세스를 개선하는 것이며 그 중심에 조직 표준 프로세스가 존재함을 기억해야 한다.

프로세스 개선 활동은 조직 표준 프로세스를 통해 훨씬 더 합리적 이면서 효율적으로 조직에 접목될 수 있을 것이다. 성숙 단계 5는 프로세스의 우연적인 원인을 찾아내고 이를 개선하는 활동이다. 수집된 측정치들은 우연적인 원인을 밝혀내기 위해 사용될 뿐만 아니라 개선 활동의 효과 분석 시에도 활용 된다. 이러한 효과 분석 활동을 통해 해당 조직에서 수행했던 개선 활동이 어느 정도 가치를 제공 했는지 확인할 수 있다.

3.8 PA간 연관성

프로세스 영역 간의 상호 영향을 이해하는 것은 프로세스 개선의 조직적인 관점을 보는 데 도움을 준다. 프로세스 간의 관계는 2가지로 표현될 수 있다.

첫째 : 하나의 프로세스 영역에서 다른 프로세스 영역으로의 정보와 작용이 어떻게 흘러가는 것을 보여 주는 개별 프로세스의 상호 작용

둘째 : PA 그룹 간의 상호작용

- Fundamental PA와 Progressive PA로 대별되며, Progressive PA는 Fundamental PA들이 구현된 이후에 구현되어야 하는 PA들이다.

성공적인 프로세스 개선은 조직의 비즈니스 목적으로부터 출발해야 한다.

CMMI의 프로세스 영역은 크게 다음 4가지로 분류된다.

- · Process Management(프로세스 관리)
- · Project Management(프로젝트 관리)
- · Engineering(공학)
- · Support(지원)

프로세스 영역간의 상호작용을 이야기 위해 이런 방식으로 프로세스 영역을 구분하지만 프로세스 영역은 종종 상호작용하고, 정의된 그룹에 상관없이 다른 영역에 작용하기도 한다.

✔프로세스 관리(Process Management)

프로세스 관리 프로세스 영역은 프로세스를 정의하고 계획과 전개, 적용, 감시, 조정, 평가, 측정 및 개선하기 위한 프로젝트 간의 활동을 포함한다.

CMMI의 프로세스 관리 프로세스 영역은 아래와 같이 5개의 프로세스 영역으로 구분된다.

· Organizational Process Focus(조직 프로세스 중점)
· Organizational Process Definition(조직 프로세스 정의)
· Organizational Training(조직 훈련)
· Organizational Process Performance(조직 프로세스 성과)
· Organizational Innovation and Deployment(조직 혁신 및 이행)

✔Fundamental Process Management Process Areas

기본 프로세스 관리 영역은 조직적으로 베스트 실행들, 조직 프로세스 자산과 조직 간의 배우는 것을 문서화하고 공유할 수 있게 해준다.

조직 프로세스 중점(Organizational Process Focus : OPF)은 조직의 현재 프로세스와 프로세스 자산들의 강점과 약점을 파악하고, 그에 기반 하여 조직의 프로세스 개선 계획과 구현을 추진하는 활동을 수행한다.

조직 프로세스 정의(Organizational Process Definition : OPD)는 조직의 프로세스 필요와 목적에 기반 하여 조직의 표준 프로세스와 기타 자산들을 확립하고 관리한다.

조직 교육(Organizational Training: OT)은 조직의 전략적 훈련과 프로젝트와 지원 그룹에 걸쳐 공통적으로 필요한 전술적 훈련 항목들을 식별하며, 조직의 표준 프로세스를 수행하는데 있어 필요한 기술들을 개발한다.

✔Progressive Process Management Process Areas

조직의 품질과 프로세스 성능에 대해 정량적인 목적을 가질 수 있도록 한다.

조직 프로세스 성과(Organizational Process Performance : OPP)는 조직의 비즈니스 목적으로부터 품질과 프로세스 성능에 대한 정량적 목적을 도출한다.

조직은 공통의 측정기준과 프로세스 성능 베이스라인, 프로세스 성능 모델을 프로젝트 및 지원그룹들에 제공한다.

조직 혁신 및 이행(Organizational Innovation and Deployment : OID)은 품질과 프로세스 성능 목적을 달성하기 위해 조직의 능력을 향상시킬 수 있도록 제안된 점진적이고 혁신적인 개선방안들을 선택하고 전개하는 작업을 수행한다.

✔프로젝트 관리(Project Management)

프로젝트 관리 프로세스 영역은 프로젝트를 계획하고 감시하고 통제하는 것과 관련된 프로젝트 관리활동들을 다룬다.

CMMI의 프로젝트 관리 프로세스 영역은 다음과 같다.

· Project Planning(프로젝트 계획)

· Project Monitoring and Control(프로젝트 감시 및 통제)

· Supplier Agreement Management(공급자 계약 관리)

· Integrated Project Management(SP3,4는 IPPD 영역에 해당)

· Risk Management(위험관리)

· Integrated Teaming(통합 팀)

· Integrated Supplier Management(통합 공급자 관리)

· Quantitative Project Management(정량적 프로젝트 관리)

✔Fundamental Project Management Process Areas

기본 프로젝트 관리 프로세스 영역은 프로젝트 계획 수립 및 유지, 서약 이행 및 운영, 계획대로 프로세스가 잘되고 있는 지 감시하며, 시정 조치 활동과 외주관리 등과 관련된 활동들을 다루고 있다.

아래 그림은 기본 프로젝트 관리 프로세스 영역들 간의 상호작용에 대한 개관적인 관점을 제공해준다.

Project Planning(PP)는 프로젝트 계획을 개발하고 이해 당사자를 적절하게 포함하고, 계획에 대한 이행 방침을 확보하고 유지한다.

IPPD에서 사용될 때는 이해 당사자들은 제품과 프로세스 개발에 대한 전문 기술뿐만 아니라 제품과 프로세스 개발의 사업적 관련성도 포함된다.

프로젝트 계획은 무엇을 만들 것인가에 대한 제품과 프로젝트를 정의하는 요구사항으로부터 시작한다. 프로젝트 계획은 다양한 프로젝트 관리와 프로젝트에 의해 수행되는 공학적 활동들을 포함한다.

프로젝트는 다양한 관련 이해 당사자로부터 프로젝트에 영향을 끼치는 다른 계획들을 검토하고 관련 이해 당사자들의 프로젝트에 대한 공헌도를 가지고 승인한다.

이러한 계획은 형상관리, 검증, 그리고 측정 및 분석 등을 포함한다.

Project Monitoring and Control(PMC)는 프로젝트 활동들을 감시하고, 계획에 비해 현저한 이상이 발견한 경우 교정활동을 수행한다.

Supplier Agreement Management(SAM)는 프로젝트의 요구에 의하여, 협력업체가 생산한 제품을 획득하는 절차를 수행한다. 협력업체가 납품해야 할 제품 컴포넌트가 식별되면, 협력업체를 관리하는데 사용되어질 계약서를 작성/유지한다.

협력업체의 진척상황과 성능을 감시하며 납품 물에 대한 검수 테스트를 수행한다.

✔Progressive Project Management Process Areas

진보된 프로젝트 관리 프로세스 영역은 조직의 표준 프로세스 자산으로부터 조정되고 정의된 프로세스를 수립하고, 위험을 관리하고, 프로젝트 활동을 위한 통합 팀을 구성 및 유지, 정량적으로 프로젝트의 정의된 프로세스를 관리하는 등의 활동을 수행한다.

각각의 진보된 프로젝트 관리 프로세스 영역은 프로젝트 계획, 모니터링 및 통제 능력에 좌우된다. 기본 프로젝트 관리 프로세스 영역이 이런 능력을 제공한다.

- Integrated Project Management(IPM) : 조직의 표준 프로세스 자산으로부터 조정된 프로젝트의 정의된 프로세스를 수립하고, 유지 보수하는 프로세스를 말한다. 프로젝트는 프로젝트 정의 프로세스를 이용하여 관리되며, 프로젝트는 조직의 프로세스 자산을 사용하고 제공한다.
- Risk Management(RSKM) : PP와 PMC에서 위험을 식별하고 관리하긴 하지만, RSKM(위험관리)에서는 위험 인자의 식별과 위험 평가, 위험 완화를 포함한 활동 등으로 지속적이고 선견지명 적(forward-looking)인 위험 관리를 수행한다.
- Quantitative Project Management(QPM) : 프로세스 성능과 제품의 품질을 관리하기 위

하여 정량적이고 통계적인 기법을 사용한다. 프로젝트의 품질과 프로세스 성능 목적은 조직의 목적으로부터 도출된다.

• Integrated Teaming(IT) : 작업 산출물의 개발을 위해서 통합 팀을 유지하고 각각의 통합 팀에 정보를 제공하며 팀을 유지한다. 팀을 유지하기 위해서는 통합 팀에 비전을 공유해야 하는데, 이 비전은 IPM과 OEI를 통해 획득된 프로젝트와 조직적 차원의 비전과 부합해야 한다.

• Integrated Supplier Management(ISM) : 협동적인 프로젝트 공급 관리를 유지하는 동안 선택된 공급자들을 관리 상호 협조적인 관계를 유지하면서 프로젝트의 요구사항을 만족하는 항목들을 식별하고, 선택된 협력업체의 작업 산출물과 프로세스를 감시하는 활동을 수행한다. ISM은 협력업체를 선정하는 동안 SAM과 밀접하게 연계된다.

✔Engineering

엔지니어링 프로세스 영역은 개발과 엔지니어링 Disciplines 간의 공유되는 유지보수 활동을 다룬다.

엔지니어링 프로세스 영역은 또한 소프트웨어 공학과 시스템 공학을 하나의 제품 개발 프로세스로 통합하고, 제품 기반 프로세스 개선 전략을 지원한다.

CMMI의 엔지니어링 프로세스 영역은 아래와 같다.

· Requirements Development(요구사항 개발)
· Requirements Management(요구사항 관리)
· Technical Solution(기술 솔루션)
· Product Integration(제품통합)
· Verification(검증)
· Validation(확인)

• Requirement Development(RD) : 고객, 제품 그리고 제품 구성 요소의 요구사항을 분석하고 개발한다.

고객의 요구를 식별하고 이를 제품 요구사항으로 변환한다. 제품 요구사항은 각각의 제품 컴포넌트 요구사항으로 할당된다. 뿐만 아니라 RD는 TS에 제품 아키텍처, 제품 컴포넌트 설계, 제품 컴포넌트 자체로 변환될 수 있는 요구사항을 제공한다.

- Requirement Management(REQM) : 주어진 요구사항을 관리한다.

  요구사항의 변경요청을 획득하고 제어하며, 관련 계획과 데이터들이 최신 상태를 유지하도록 보장한다. 고객의 요구사항에 대하여 제품과 제품 컴포넌트까지의 추적성(traceability)을 제공한다.

- Technical Solution(TS) : PI와 SAM에서 사용될 제품 컴포넌트에 대한 기술적 데이터 패키지들을 개발한다.

  여러 대안 해결책들은 수립된 척도(criteria)에 기반 하여 최적의 디자인인지 여부가 판단된다. TS에서는 대안들을 평가하는 작업만을 수행하며, 특정 대안을 선정하는 작업은 DAR 에서 수행한다.

- Verification(VER) : 선택된 작업 산출물들이 명시된 요구사항(specified requirements)을 만족하는지의 여부를 검토 한다

- Validation(VAL) : 제품이 고객의 요구(customer's needs)를 만족하는지의 여부를 검토한다. Validation은 실제 고객의 운영환경(operational environment) 혹은 가상의 운영환경에서 실시되기도 한다.

- Product Integration(PI) : 제품을 통합하는 프로세스에서 Verification과 Validation 모두를 수행한다. 통합 전에 제품 컴포넌트의 인터페이스가 인터페이스 요구사항과 일치하는지를 검증하는 것이 Verification이고, 운영환경 하에서 제품을 통합할 때 Validation이 적용된다.

Support 제품 개발 및 유지보수를 지원하는 활동을 다룬다. 다른 프로세스들이 제대로 수행될 수 있도록 하는 프로세스들이다. 일반적으로 지원 프로세스 영역은 프로젝트를 목적으로 하며, 조직에 대해 좀 더 일반적인 프로세스들이다. 예를 들어 PPQA는 프로세스의 객관적 평가와 모든 프로세스 영역에서 정의되는 작업 산출물을 제공하기 위한 모든 프로세스 영역에 사용될 수 있다. 모든 PA들에서 사용할 수 있는 기능들을 제공하며, 몇몇 일반

실행(generic practice) 들을 구현하는 것을 도와준다.

CMMI의 지원 프로세스 영역은 다음과 같다.

· Configuration Management(형상관리)

· Process and Product Quality Assurance(프로세스 및 제품 품질보증)

· Measurement and Analysis(측정 및 분석)

· Organizational Environment for Integration(통합을 위한 조직 환경)

· Decision Analysis and Resolution(결정분석 및 해결)

· Causal Analysis and Resolution(원인분석 및 해결)

✔Fundamental Support Process Area

모든 PA들에서 사용할 수 있는 기능들을 제공한다. 기본 지원 프로세스 영역은 모든 프로세스 영역에서 사용되는 기본적인 지원 기능들을 일컫는다. 비록 모든 지원 프로세스 영역이 입력 값으로 다른 프로세스 영역에 의존하지만, 기본 지원 프로세스 영역은 지원 기능을 제공하며 또한 몇몇 일반 실행들의 구현을 돕는다.

- Measurement and Analysis(MA) : 조직의 측정 요구(needs)와 목적에 부합하도록 측정 기법을 사용하여 목적한 결과를 얻을 수 있도록 지원한다. 측정 데이터를 분석한 결과는 의사결정을 할 수 있는, 적절한 수정작업을 선택하기 위한 기준으로 활용될 수 있다.
- Product and Process Quality Assurance(PPQA) : 수행된 프로세스, 작업 산출물, 서비스들이 프로세스 기술서, 표준, 절차들을 얼마나 만족하였는지 객관적인 평가를 수행하며, 검토과정에서 도출된 이슈들을 처리한다.
- Configuration Management(CM) : 형상 식별, 형상 제어, 형상 상태정보 누적, 형상 감사를 통해 작업 산출물의 무결성을 확립하고 유지한다.

✔Progressive Support Process Areas

프로젝트와 조직에 향상된 지원 능력을 제공한다.

- Causal Analysis and Resolution(CAR) : 프로젝트 구성원들이 선택된 결점이나 다른 문

제에 대한 원인을 구분하고 향후 재발하는 것을 방지한다.

- Decision Analysis and Resolution(DAR) : 어떤 이슈가 하나의 정식 평가 프로세스의 대상이 되는 지를 결정하고 공식적인 평가 프로세스를 수행할 수 있도록 지원한다.
- Organizational Environment for Integration(OEI) : IPPD를 구현할 수 있는 접근방법과 환경을 구축한다. 환경은 효과적인 통합 팀을 구성하기 위한 획득, 적응, 개발 프로세스들을 확립하는 것을 의미한다. OEI의 specific practice들은 프로젝트의 실행에 있어 필요한 모든 비즈니스와 기술적인 기능들을 통합한 팀과 개인의 역량을 촉진한다.

연 습 문 제

1. 성숙단계의 각 프로세스 개선 활동들을 요약 설명하라.

2. 능력단계의 각 프로세스 개선 활동들을 요약 설명하라.

3. 단계적 및 연속적 표현 방법을 비교 설명하라.

4. 성숙단계 2의 프로세스 영역(7개)의 활동들을 간략히 설명하라.

5. 성숙단계 3의 프로세스 영역(11개)의 활동들을 간략히 설명하라.

6. 성숙단계 4의 프로세스 영역(2개)의 활동들을 간략히 설명하라.

7. 성숙단계 5의 프로세스 영역(2개)의 활동들을 간략히 설명하라.

8. 공학 분야의 프로세스 영역의 종류와 활동들을 설명하고 SG와 GG의 활동들을 설명하라.

9. 검증과 입증의 차이를 설명하라.

10. 이슈와 위험을 구분하여 설명하라.

11. 형상관리란 무엇이며 어떤 내용으로 구성되는가?

12. 다음 용어를 설명하라.

Initial, Managed, Defined, Quantitatively Managed, Optimizing

chapter 4

CMMI의 공학 프로세스

CMMI 공학 프로세스는 요구사항 관리(REQM)와 요구조건 개발(RD), 기술 솔루션(TS), 제품 통합(PI), 검증(VER) 및 확인(VAL) 영역으로 구성 되어 있다. 이 중 REQM은 성숙 단계 2에 포함 되고 나머지 5개 영역은 성숙 단계 3에 포함 된다. 본장에서는 이들 영역에 대한 목적과 SP별 활동 내용과 산출물, 관련 프로세스 연관성, 프로세스 영역별 착수 기준 및 완료 기준 등을 설명한다.

4.1 요구사항 관리(REQM) 영역

성숙 단계 2에서 정의된 “요구사항 관리” 프로세스 영역에서는 이미 도출 되어 있는 요구사항을 관리하기 위한 모든 활동을 말한다. 즉 이미 도출 되어 있는 요구사항이란 고객으로부터 도출하여 문서화한 요구사항을 말하며 이미 프로젝트에 반영되어 작업 중이거나 작업 준비 중인 요구사항이라고 할 수 있다. 그리고 이 프로세스 영역에서의 요구사항은 프로젝트의 범위 설정과 관련된 요구사항들을 말한다. 성숙 단계 2에서 요구사항 관리 영역을 두는 이유는 프로젝트의 범위를 확실히 설정하여 효율적인 프로젝트 관리가 되도록 하기 위함이다. 반면에 성숙 단계 3에서의 “요구사항 개발”

프로세스 영역에서는 요구사항을 식별하고 식별된 요구사항을 좀 더 세분화 하거나 테스트 가능한 수준까지 분해하는 것에 중점을 두고 있다.

CMMI는 프로세스 개선 모델이기도 하지만 프로세스 심사 모델이기도 하다. 요구사항 관리 영역에서 주의해야 할 점은 요구사항의 추적성을 확보해야 한다는 내용이 포함되어 있다. 여기서 추적성은 양방향 추적성을 의미하며 양방향 추적성이란 요구사항부터 시작하여 최종 제품이 만들어지는 순서뿐만 아니라 그 역으로도 추적성을 확보하는 것을 말한다. 이렇게 요구사항을 추적하는 것은 요구사항 변경을 적절하게 관리하기 위함이다. 이러한 이유로 실행이 성숙 단계 2에 추가된 것 이라고 할 수 있다. 그리고 요구사항 관리 프로세스 영역에 GP2.3의 상세 설명에서는 요구사항 추적 도구가 언급되어 있고 GP2.9에서는 요구사항 추적표(Requirements Traceability Matrix: RTM)가 정의 되어 있다. 요구사항 추적의 정도는 발견된 문제를 수정하거나 변경 요구사항이 들어왔을 경우 해당 프로젝트에서 수행해야 하는 범위를 빨리 파악하고 구체적으로 어디에 어떻게 수행해야 하는지를 정확하게 파악할 수 있느냐 하는 것이다. SP1.5에서 정의하고 있는 불일치 사항을 식별하는 정도로 추적성을 확보하면 될 것이며, 이에 대한 시정 조치는 프로젝트 모니터링 및 통제 프로세스 영역에서 다룰 것이다. "요구사항 관리" 프로세스 영역에는 시스템의 모든 컴포넌트들에 대한 요구사항을 이해하고 이 요구사항에 대해 고객, 경영층, 개발자가 협의하고, 변경을 관리하며, 추적성을 유지하고, 불일치 사항을 식별하는 활동이 포함된다. 그뿐만 아니라 프로젝트 계획 수립(PP), 프로젝트 모니터링 및 통제(PMC), 기술 솔루션(TS) 등과 같은 프로세스 영역에 직접적인 입력물을 제공하고 있다. 그리고 요구사항이란 SW 뿐만 아니라 전체 시스템에 대한 모든 요구사항 이라는 사실을 명심해야 한다.

SP1.1(Understand Requirement)의 목적은 요구사항의 의미에 대한 요구사항 제공자와 이해를 하는 것인데 요구사항 제공자들을 적절히 구분하기 위한 기준 리스트와 요구사항의 평가와 수락 기준을 만들어야 한다. 요구사항 접수를 위한 객관적인 기준을 수립할 때, 인수 기준은 명료성, 정확성, 완전성, 일관성, 유일성, 수행 가능성, 시험 및 검증 가능성 및 추적 가능성이 있어야 한다. 그리고 프로젝트 참여자들이 요구사항에 대해 승인할 수 있게 요구사항 제공자와 함께 요구사항을 이해해야 한다.

SP1.2(Obtain Commitment to Requirements)는 프로젝트 참여자로부터 요구사항에 대한 승인을 획득하는 일인데 요구사항 영향 평가와 요구사항과 요구사항 변경을 위한 문서화된 공식문서를 만들어야 한다. 요구사항을 승인하기 전에 기존 승인된 사항에 대한 변경은 협상을 해야 한다. 그리고 신규 요구사항 도출 또는 요구사항 변경 시 프로젝트 참여자에게 어떤 영향을 미치는지 평가도 해야 한다.

SP1.3(Manage Requirements Change)은 프로젝트 진행시에 발생하는 요구사항 변경을 관리하는 일인데 프로젝트에 의해 발생하는 모든 요구사항과 그 변경에 대해 파악을 해야 하며, 요구사항 변경에 대한 할당한 이유와 변경 히스토리를 유지해야 한다. 그리고 관련된 이해 당사자들로부터 요구사항 변경의 영향을 평가하고 변경된 데이터를 프로젝트에서 이용 가능하게 한다.

SP1.4(Maintain Bidirectional Traceability of Requirements)는 요구사항과 프로젝트 계획, 작업 산출물 사이의 양방향성의 추적 가능성을 유지하는 일이며 하위 수준 요구사항이 문서화 되었는지를 보증하기 위한 요구사항 추적 가능성을 유지하고 요구사항과 그것의 도출된 요구사항 사이의 추적이 가능해야 하며, 요구사항과 할당된 기능, 객체, 직원, 프로세스, 작업 산출물 사이의 요구사항 추적을 유지해야 한다.

SP1.5(Identify Inconsistencies Between Project Work and Requirements)는 프로젝트 계획과 작업 산출물 그리고 요구사항 사이에 불일치한 사항을 식별하는 일이며 요구사항과 변경된 요구사항의 일관성을 확보하기 위한 프로젝트의 계획, 활동, 작업 산출물을 검토해야 하며 불일치한 원인 및 논리적 근거를 식별하며, 요구사항 베이스라인 변경 결과로 인한 계획 및 작업 산출물의 변경해야할 것이 어떤 것이 있는지 식별해야하고 시정 조치를 수행해야 한다.

그림 4.1 요구사항 관리 관련 프로세스 분야 블록도

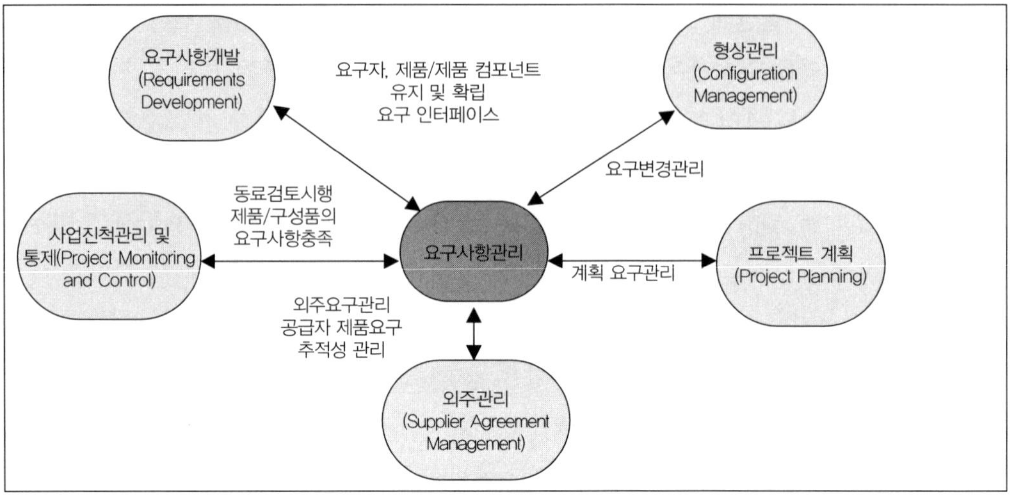

그림 4.1은 요구사항 관리 관련 프로세스들이며 프로젝트 계획과 형상관리, 요구사항 개발, 외주 관리, 프로젝트 관리 및 통제 프로세스로 구성되어 있다.

그림 4.2는 요구사항 관리의 프로세스 분야인데 요구사항의 이해 획득과 요구사항의 승인 획득, 요구사항 변경 관리, 요구사항의 추적가능성 유지 및 프로젝트 작업과 작업 산출물간의 불일치 사항을 식별하는 프로세스로 구성되어 있다.

요구사항의 선행조건은 요구사항 관리에 대한 목적과 방침, 역할 및 책임이 정의 되어야 하고, 요구사항 관리를 위한 적절한 자원 및 지금이 지원되어야 한다. 주요 입력 물은 제안요청서, 제안서, 계약서, SOW 등이 있고 출력물은 승인된 요구사항 정의서, 요구사항 추적표 및 요구사항 상태표 등이 있다. 완료조건은 요구사항 관리 활동의 상태가 측정되고 보고될 때이다. 주요 활동은 요구사항관리 계획의 수립과 요구사항 수립, 요구사항 검증 및 승인, 요구사항 변경관리 및 요구사항 추적관리 등이 있다.

그림 4.2 요구사항 관리 프로세스 분야 블록도

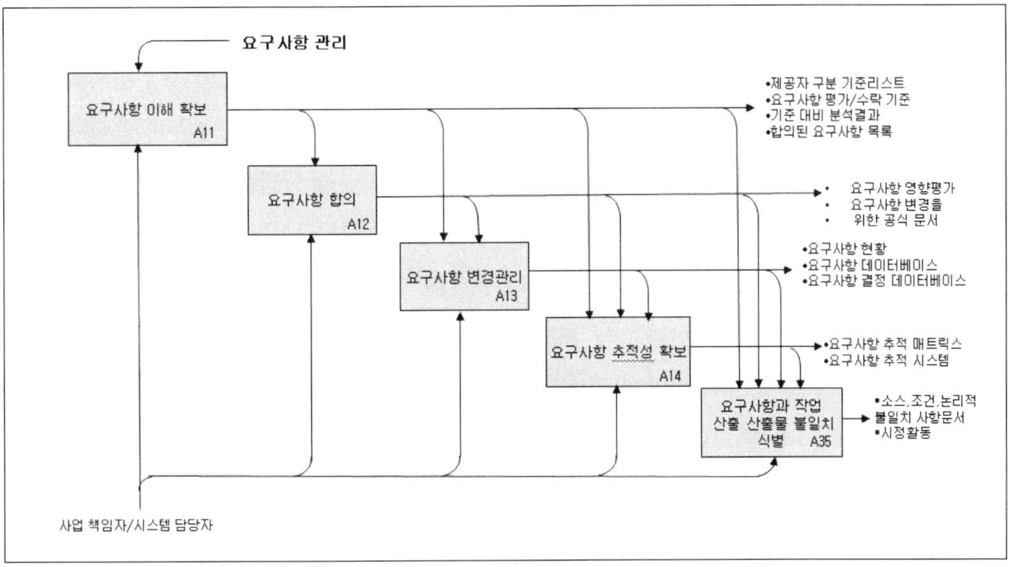

4.2 요구사항 개발(RD) 영역

요구사항 개발 프로세스 분야는 고객, 제품 및 제품 컴포넌트의 요구사항을 생성하고 분석하는 것이다. 추가적으로 이들 요구사항은 관련자의 필요성을 다루고 제품의 수명주기 기간 중 발생하는 요구사항까지를 포함한다. 추가적인 요구사항은 인수 기준이나 안정, 신뢰도 및 유지보수성에 관한 사항을 포함하며 설계 대안의 선정으로 발생하는 제한사항은 사용제품(COTS: Commercial off the shelf)에 대한 도입 여부 등을 포함할 수 있다. 요구사항은 설계의 기반이며 요구사항을 개발한다는 것은 도출(Elicitation), 분석, 확인, 고객과의 공유, 기대치와 제한 사항, 관련자의 필요성에 대한 수집 및 협의, 제품의 수명주기 요구사항의 개발, 고객 요구사항의 정의, 고객의 요구사항과 일치하는 제품 및 제품 컴포넌트에 대한 최초 요구사항의 수립 등을 포함할 수 있다. 그리고 제품 수준의 요구사항과 고객이 원하는 설계 요구사항을 포함할 수 있으며 고객의 요구사항은 제품과 제품 컴포넌트에 할당되고 설계 대안이 선정되면 제품 및 제품 컴포넌트의 요구사항이 도출된다. 요구사항은 제품의 수명주기 전체 단계에서 식별되고 정제되며, 설계 의사결정, 시정조치, 수명주기 기간 중 피드백이 발생하면 도출 및 할당된 요구사항에 미치는 영향이 분석된다. 요구사항 개발은 고객과 제품에 대한 요구사항과 요구사항을 분석하고 확인하는 분야인데 특히 요구사항 분석은 모든 수준의 요구사항을 이해하고 정의하며, 선정하는 활동으로 제품 수명주기 단계별 필요성 및 요구사항 분석, 관련자의 필요성, 운용 환경, 고객/사용자의 기대, 안전 및 보안 등의 만족사항, 운용 개념의 개발 및 요구 기능의 정의 등이 포함된다. 기능의 정의는 "Functional Analysis"라 하며 논리적인 기능의 그룹화과 요구사항간의 관계를 "Functional Architecture"라 한다. 분석은 반복적 그리고 점진적으로 제품의 수준과 Architecture가 하부 체계로 세부적으로 전개될 때 수행되며 상세 설계, 획득, 시험이 가능한 수준으로 수행된다. 요구사항의 개발과 분석에 관련자들이 참여하는 것은 요구사항의 진화에 대한 가시 도를 유지하고 지속적으로 적절히 정제되고 있다는 것을 확신하게 해준다.

SP1.1(Elicit Needs)과 SP1.2(Develop the Customer Requirements)의 목적은 시스템 소요제기와 관련되는 관련자들의 필요성, 기대, 제한사항, 인터페이스에 대하여 시스템의 수명주기 기간을 망라하여 식별하고 수집하며 사용자의 요구사항을 개발한다. 주요 산출물은 시스템의 필요성, 기대, 제한사항, 인터페이스의 수집자료, 고객 요구사항, 요구사항 검증 및 확인에 대한 제한사항 등이 있다. SP1.1에서 "고객 요구를 도출해야 한다."라고 정의되고 있지만 세부 내용을 살펴보면 고객 요구뿐만 아니라 프로젝트 전체 기간 동안에 모든 이해 관계자의 요구, 기대사항, 제약 요소 및 인터페이스 등을 도출하는 것을 의미하고 있으며 또한 하위 실행에서는 고객이 불명확하게 요구했던 사항까지도 포함해야 한다고 정의되고 있다.

SP2.1(Establish Product and Product Component Requirements)의 목적은 고객 요구사항을 기반으로 시스템 및 시스템을 구성하는 서브시스템에 대한 요구사항을 설정하고 필요시 조정하여 최신의 상태를 유지하는데 있다. 주요 산출물은 도출 요구사항과 제품 요구사항 및 제품/제품 컴포넌트 요구사항 등이 있다.

SP2.2(Allocate Product Component Requirements)의 목적은 제품 구조에서 상위 제품

컴포넌트에 대한 요구사항을 하위 컴포넌트에 할당하고 설계 대안과 연계하여 수행하는데 있다. 주요 산출물은 요구사항 할당 표, 장점 요구사항 할당, 설계 제한사항 및 도출 요구사항 등이 있다.

SP2.3(Identify Interface Requirements)의 목적은 제품 구조에서 상위 제품과 하위 제품 컴포넌트 간의 인터페이스 요구사항을 식별하는데 있으며 인터페이스 요구사항 및 동료 검토 결과가 주요 산출물이 된다.

SP3.1(Establish Operational Concepts and Scenarios)은 운용개념과 관련 시나리오를 설정하고 최신화가 주목적이며 운용 개념/시나리오 제품 설치, 운용, 유지보수 지원 개념, 폐기 개념, Use Case, Time-line 시나리오 및 새로운 요구사항 등이 주요 산출물이 된다.

SP3.2(Establish a Definition of Required Functionality)는 요구 기능을 정의하고 유지하는 것인데 Functional Architecture, Activity Diagram 및 Use Cases 등의 산출물이 있다.

SP3.3(Analyze Requirements)의 목적은 운용개념과 시나리오의 관점에서 제품 구조에서 하나의 계층에 대한 요구사항을 분석하여 상위 계층의 요구사항을 만족하는 지를 분석하는 것인데 요구사항 결정 보고서 결함 해결을 위한 제안 요구사항 변경, 주요 요구사항 및 TPM(Technical Performance Measures) 등이 있다.

SP3.4(Analyze Requirements to Achieve Balance)는 제품 비용과 위험을 감소하기 위해서 관련자의 필요성과 제한 사항을 조정하는 일인데 요구사항에 대한 위험 분석 결과 등이 산출물이 된다.

SP3.5(Validate Requirements)의 목적은 최종 제품이 의도된 환경에서 기능 수행을 할 수 있는지를 보장하기 위해서 요구사항을 확인하는 일인데 요구사항 분석 방법과 결과가 산출물이 된다. 요구사항 개발 활동은 제일 먼저 요구사항을 정의하고 문서화하는 것에서부터 시작된다. 성숙 단계 2에서의 요구사항 관리 프로세스 영역은 요구사항 개발 활동을 통해 정의된 요구사항의 변경과 관리에 대한 내용이라고 생각하면 될 것이다. 이 프로세스 영역에서는 일반적으로 요구사항을 먼저 수립한 후 이를 구체화하는 작업을 수행하도록 요구된다. 구체화하는 방법에는 요구사항을 좀 더 명확한 단어를 사용하여 기술하고 개별 요구사항들이 서로 중복되거나 모순되는 점이 없는지를 확인하고 요구사항을 효율적으로 추적할 수 있게 그룹화 하는 활동 등이 있을 수 있다. 그리고 요구사항 개발 프로세스 영역에서는 운영 개념이나 운영 시나리오 등과 같은 용어가 사용되고 있다. 이 용어는 형상 항목과 함께 미 국방성의 시스템 개발과 관련된 중요한 개념이다. 이것은 진행하려고 하는 프로젝트의 제품에 대해 대체될 현재 제품이나 시스템의 개선 방안이나 수행 할 프로젝트에서 개발하려고 하는 제품의 최종 모습 등을 정리한 것으로 이해하면 될 것이다.

CMMI에서는 운영 개념이나 운영 시나리오를 이용하여 프로젝트, 계획을 수립하거나 요구사항을 도출하기를 요구하기 때문에 운영 개념에 대한 경험 있는 경우는 유리하다.

요구사항 개발 프로세스 영역에서는 프로젝트 전체 기간 동안에 모든 이해관계자의 요구사항을 도출하고 도출한 요구사항을 세분화하거나 구체화하고 개별 컴포넌트에 요구사항을 할당하고 인터페이스 요구사항을 식별한다. 그리고 운영 개념이나 운영 시나리오를 적절하게 정의해 문서화하고 요구사항들이 실제로 요구된 내용을 완전하고 일관성 있게 정의했다는 것을 보장하고 고객과 요구사항들의 우선순위를 협상하고 프로젝트 위험을 고려하여 요구사항들을 검증하는 활동 등이 포함되어 있다.

그림 4.3 요구사항 개발 관련 프로세스 분야 블록도

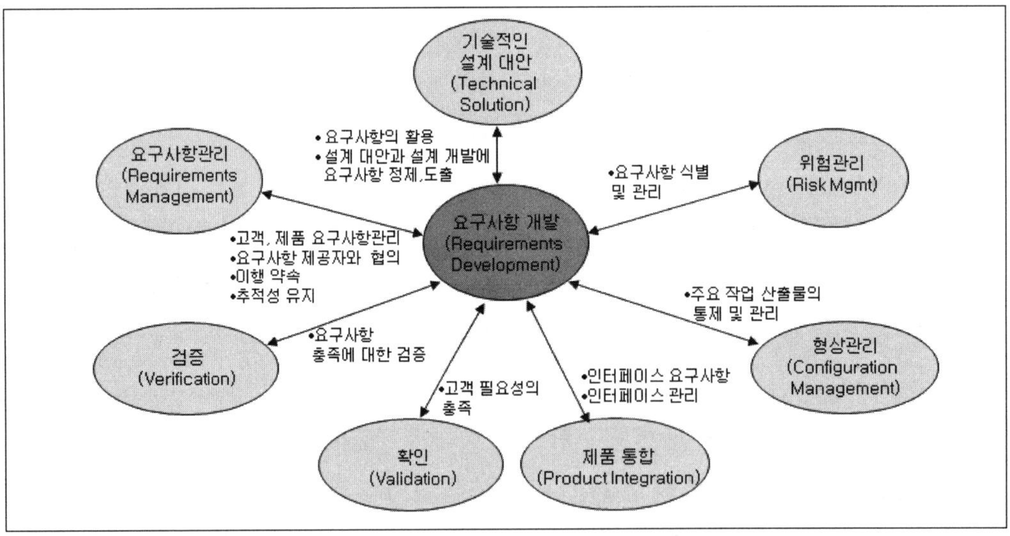

그림 4.3은 요구사항 개발 관련 프로세스 분야를 보인 것으로 요구사항 관리와 기술적인 설계대안, 위험관리, 형상관리, 제품 통합, 확인, 검증 등의 프로세스와 관련성을 보여주고 있다. 요구사항 관리는 고객과 제품 요구사항 관리와 요구사항 제공자와 협의, 이행 약속 및 추적성을 유지해야 한다.

기술적인 설계 대안은 설계 대안과 설계 개발에 대한 요구사항 정제 및 도출을 하여야 한다. 위험관리는 요구사항 식별 및 관리로 행해지며 주요 작업 산출물의 통제와 관리로 형상관리를 수행한다. 제품통합은 인터페이스 요구사항을 파악하고 인터페이스 관리로 수행하며, 확인은 고객의 필요성을 충족되도록 하여 입증하도록 한다. 검증은 요구사항 충족에 대한 검증을 수행하도록 한다.

그림 4.4 요구사항 개발 전체 프로세스 블록도

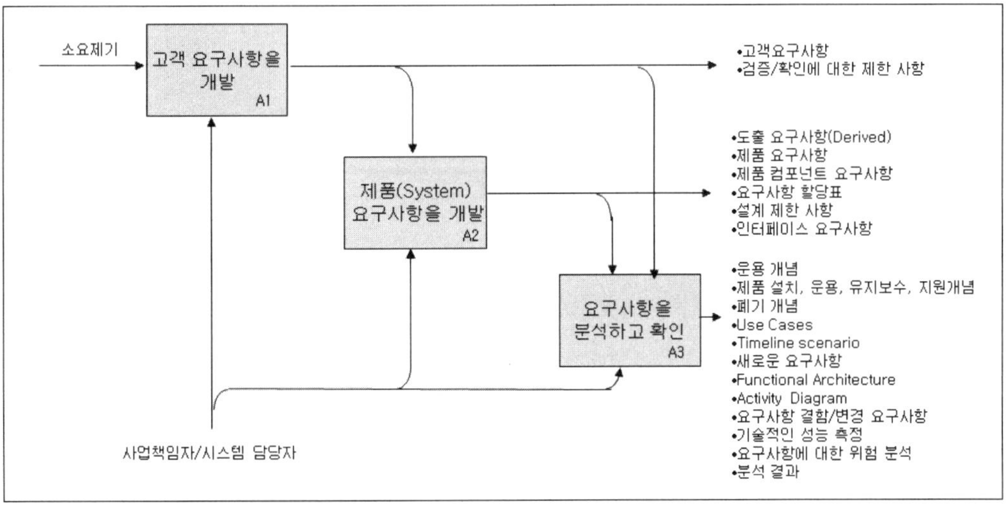

요구사항 개발 전체 프로세스 흐름 도를 그림 4.4에서 볼 수 있으며 고객의 요구사항 개발과 제품의 요구사항 개발 및 요구사항 분석과 검증의 과정을 확인할 수 있다.

그림 4.5는 고객 요구사항 개발 프로세스이며 고객의 요구사항 개발은 고객 요구 사항을 도출하고 검증 및 확인에 대한 제한사항을 찾아낸다. 요구사항 개발에 대한 착수 기준은 시

스템의 소요제기가 승인되고 사업 책임자가 선정되며 시스템의 소요제기에 대한 연구가 지시될 때이다. 그리고 완료기준은 사업 책임자가 고객 요구사항 수집 결과와 문서화된 요구사항에 대하여 승인할 때이다.

그림 4.5 고객 요구사항 개발 프로세스 흐름도

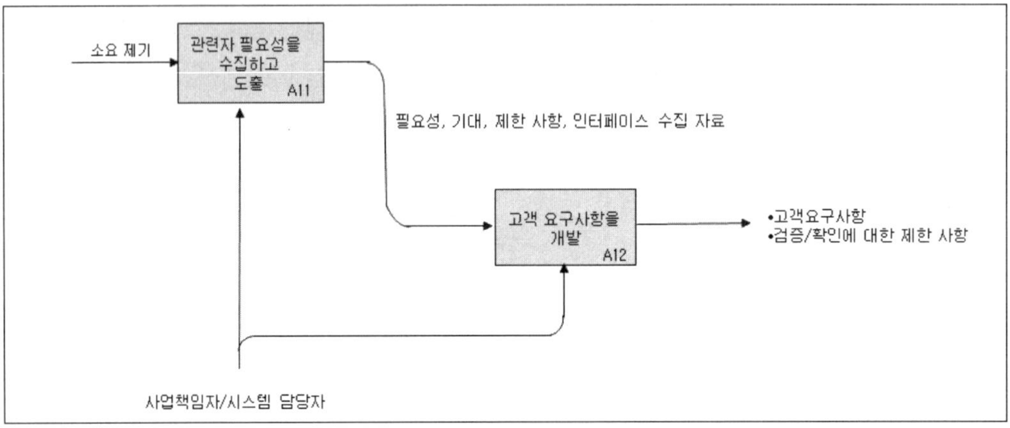

그림 4.6은 제품 요구사항 개발 프로세스 흐름도 이며 제품의 요구사항은 도출 요구사항, 제품 요구사항, 제품 컴포넌트 요구사항, 요구사항 할당 표, 설계 제한사항, 인터페이스 요구사항 등의 요구사항을 분석하고 확인하는 일, 운용개념, 제품 설치, 운용/유지 보수, 지원 개념, 폐기 개념, Use Cases, Time-line Scenario, 새로운 요구사항, Functional Architecture, Activity Diagram, 요구사항 결함, 변경 요구사항, 기술적인 성능 확인 요구사항에 대한 위험분석 결과 등이 포함된다. 제품/제품 컴포넌트의 요구사항 설정의 착수와 완료 기준은 고객 요구사항이 승인 되고 제품/컴포넌트 요구사항이 사업 책임자가 승인할 때이며 제품 컴포넌트의 요구사항 할당의 착수 및 완료 기준은 상위 컴포넌트에 대한 요구사항이 설정되고 하위 컴포넌트에 대한 설계 대안이 제시될 때와 요구사항 할당을 사업 책임자가 승인할 때가 된다. 인터페이스 요구사항 식별의 착수 기준은 상위 제품과 하위 제품 컴포넌트에 대한 요구사항이 승인될 때이고 완료기준은 인터페이스 요구사항을 사업 책임자가 승인할 때가 된다.

그림 4.6 제품 요구사항 개발 프로세스 흐름도

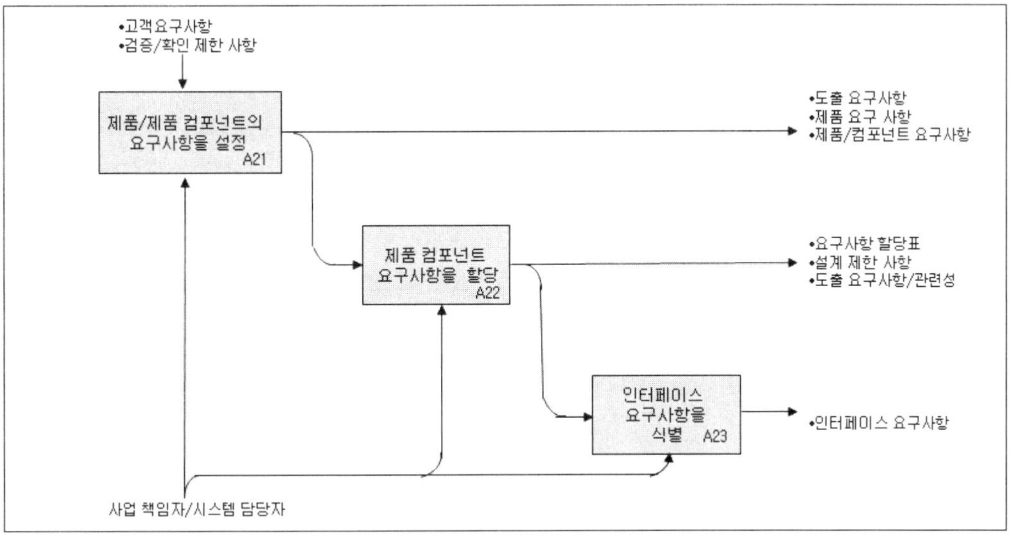

그림 4.7은 요구사항 분석과 검증에 대한 흐름 도를 나타낸 것이며 운영개념과 시나리오를 확립하는 과정과 요구되는 기능을 정의하고 확립 및 유지 과정을 볼 수 있다. 요구사항 개발에 대한 운용 개념과 시나리오를 설정해야 하며 요구기능을 정의, 요구사항 분석과 확인하는 프로세스로 주요 산출물은 요구사항 결과보고서, 요구사항 변경 요청서, 주요 요구사항 기술적 성능 측정, 요구사항 위험 분석, 요구사항 분석 방법 및 결과 등이 있다. 운용 개념과 관련 시나리오 설정에 대한 착수 기준은 제품 및 제품 컴포넌트 요구사항이 승인될 때이며 운용 개념과 시나리오를 사업 책임자가 승인하면 완료가 이루어진다. 그리고 요구기능 정의에 대한 착수는 제품 및 제품 컴포넌트 요구사항이 승인될 때이며 완료는 Functional Architecture를 사업 책임자가 승인할 때이다. 요구사항 분석의 착수는 Functional Architecture가 승인될 때이며 요구사항 결함 보고서, 변경요청, 주요 요구사항을 사업 책임자가 승인할 때이다. 요구사항 분석은 요구사항 분석이 승인될 때가 착수기준이 되고 요구사항 위험 분석 결과를 사업 책임자가 승인하면 완료 된다. 요구사항 확인은 요구사항에 대한 위험 분석이 완료되면 착수가 되고 요구사항 분석 결과를 사업 책임자가 승인하면 완료가 이루어진다.

그림 4.7 요구사항 분석 및 확인 프로세스 흐름도

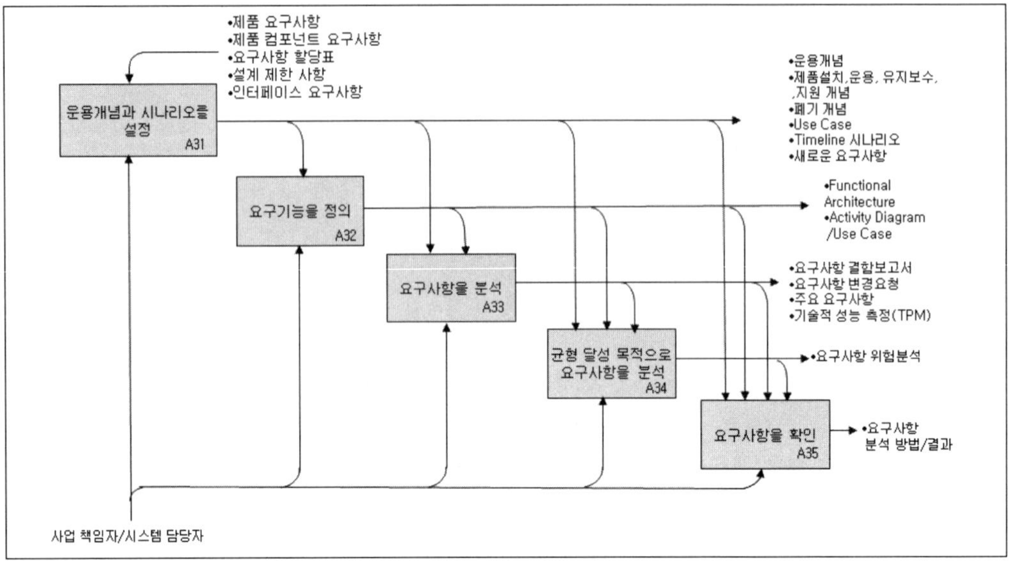

4.3 기술 솔루션(TS) 영역

이 프로세스 영역은 엔지니어링 활동과 관련하여 CMMI 에서 새롭게 추가된 프로세스 영역으로 복잡한 제품을 개발하는 경우에 유용하게 사용될 수 있다. 복잡한 시스템을 개발하기 위해서는 훨씬 더 많은 그룹이나 인원들의 참여가 필요하기 때문이다.

본 영역에서 사용하고 있는 기술 데이터 패키지란 제품 아키텍처, 요구사항, 컴포넌트, 개발 프로세스, 주요 제품 특징과 물리적 제품 특성 및 제약사항, 인터페이스 요구사항, 컴포넌트에 대한 요구사항, 제조 과정에서의 요구사항, 검증기준, 사용조건 및 사용법, 의사결정 근거 등을 포함하는 개념으로써 개발해야 하는 제품이나 제품 컴포넌트에 대한 개발자들이 명확하게 이해할 수 있도록 설명해 놓은 것이라고 할 수 있다. 기술 데이터 패키지는 검증 기준으로 활용할 수 있으며 기술 데이터 패키지를 작성할 때 해당 프로젝트의 제안 요청서나 작업기술서를 참조할 수 있다. 때로는 조직의 프로세스 기술서나 공급 업자의 계약서 또는 요구사항이나 설계 관련 문시 등을 참조할 수도 있다.

제품 혹은 제품 컴포넌트의 설계는 제품 및 제품 컴포넌트에 대하여 정보뿐만 아니라 제품의 수명주기의 여러 단계에서 제품의 수정, 구매, 유지 보수, 운용 및 설치 등의 정보도 제공한다. 그리고 설계 결과는 기술 데이터 패키지로 문서화 하여야하고 특성과 파라미터, 기능, 인터페이스, 생산 프로세스 특성을 포함하여 데이터 패키지에 반영한다. 설계 문서는 조직에서 설정한 표준에 준하여 작성되며 표준을 준수함으로써 설계 결과를 완전하게 정의하게 된다.

제품의 설계는 개략 설계와 상세 설계로 두 단계로 구성되며 두 단계는 서로 반복되어 수행된다. 특히 상세 설계는 제품 컴포넌트의 구조와 능력을 상세하게 정의 하여야 한다. 구조의 정의는 요구사항 개발 프로세스에서 개발된 구조 요구사항으로부터 도출되며 이러한 요구사항은 품질, 성능을 표현하며 제품의 성공에 긴요한 요소들이 된다. 운용 개념 및 시나리오는 Use Case와 시나리오를 개발하는데 사용되며 제품의 구조를 다시 정의 하는데 유용하게 사용된다. 제품 구조를 평가하고 의도된 목적에 적합한 구조 인지를 평가하는 수단으로 사용된다. 설계가 완성되면 제품에 할당된 요구사항과 그 제품의 하위 수준인 제품 컴포넌트에 할당된 요구사항이 충족되는지를 추적한다.

기술 솔루션의 SP 1.1(Develop Alternative Solutions and Selection Criteria)은 시스템 요구사항에 대한 설계 대안을 선정하기 위해서 설계 대안을 개발하고 대안 선정에 적용할 기준을 작성하는 일인데 산출물은 설계 대안, 최종 대안 선정 기준, 설계 대안 Screening Criteria, 신기술 평가보고서 및 COTS 등이 있다.

SP 1.2(Select Product Component Solution)는 제품 또는 제품 컴포넌트 설계를 개발하는 일인데 주요 산출물은 제품 컴포넌트 선정 의사 결정 결과 및 근거와 요구사항과 제품 컴포넌트간의 관계, 문서화된 대안, 평가 및 근거 등이 있다.

SP 2.1(Design the Product or Product Component)은 제품/제품 컴포넌트를 설계하는 것이며 제품의 구조와 제품 컴포넌트 설계 결과가 산출물이 된다.

SP 2.2(Establish a Technical Data Package)는 기술자료 패키지를 작성하고 필요 시 갱신하는 것인데 기술자료 패키지가 주 산출물이 된다.

SP 2.3(Design Interfaces Using Criteria)은 인터페이스 기준을 적용하여 제품 컴포넌트의 인터페이스를 설계하는 일인데 인터페이스 설계 규격, 인터페이스 통제 문서, 인터페이스 규격 기준 및 선정된 인터페이스 설계 근거 자료가 산출물이 된다.

그리고 SP 2.4(Perform Make, Buy or Reuse Analyses)는 설정된 기준을 적용하여 제품 컴포넌트의 개발/구매/재사용 여부를 평가하는 일인데 주요 산출물은 설계 및 제품 컴포넌트 재사용 기준과 Make-or-Buy 분석 결과 및 COTS 제품 선정 지침 등이 있다.

SP 3.1(Implement the Design)은 제품 컴포넌트의 설계를 구현하는 일이며 설계 구현 결과가 산출물이 된다.

SP 3.2(Develop Product Support Documentation)는 최종 사용자를 위한 제품 관련 문서를 개발하고 갱신하는 일이며 최종 사용자 교육 자료, 사용자 매뉴얼, 운용자 매뉴얼, 유지 보수 매뉴얼 및 on-line help 등이 산출물이 된다.

그런데 별다른 문제없이 제품 통합이 이루어지고 있다면 굳이 중복해서 기술 데이터 패키지를 작성할 필요는 없을 것이다. 하나의 솔루션을 선정하기 위해 어떤 솔루션들이 있는지를 조사하고 조사된 솔루션들을 비교 분석하는 활동도 포함하고 있다. 그리고 SP3.1과 SP3.2에서는 선정된 솔루션의 최종 제품에 대한 동료 검토 활동을 요구하고 있다.

"기술 솔루션" 프로세스 영역에는 여러 개의 대안들에 대한 분석 활동을 통해 요구사항을 충족시킬 수 있는 솔루션을 선정하고 운영 시나리오를 개발하고, 설계 작업을 수행하며, 기술 데이터 패키지를 작성하고, 구체적인 인터페이스를 설계와, 자체 개발, 구매, 또는 재사용에 대한 분석 작업을 수행하고, 제품 지원 문서를 개발하는 활동 등이 포함된다. "기술 솔루션" 프로세스 영역의 목적은 요구사항에 대한 솔루션을 설계와 개발과 구현을 하기 위한 것이다. 여기서 솔루션이란 제품 및 제품 컴포넌트 그리고 제품의 생명주기 프로세스까지 포함하고 있다.

그림 4.8 기술 솔루션 관련 프로세스 분야의 블록도

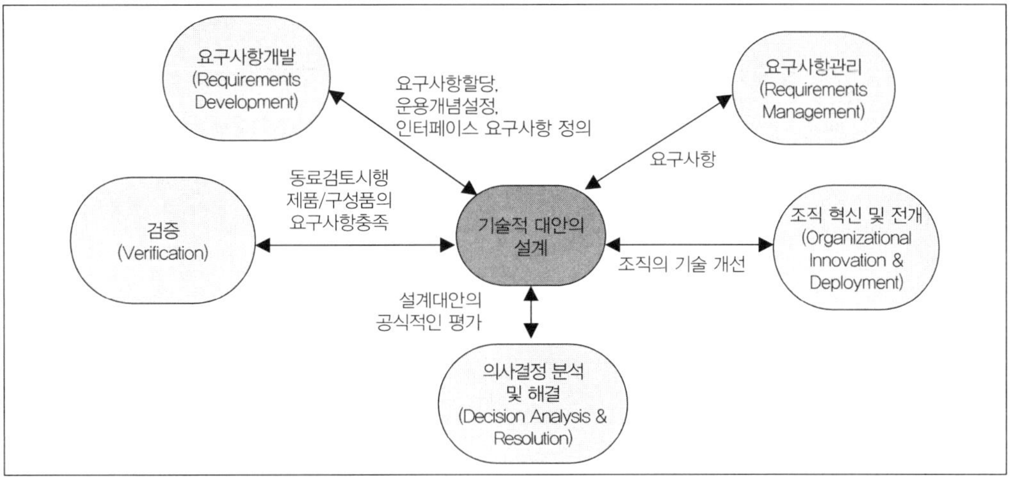

그림 4.8은 기술 솔루션 관련 프로세스 분야의 블록도이며 요구사항 개발과 요구사항 관리, 의사결정 분석 및 해결, 검증 및 조직의 혁신과 전개 등의 관련 프로세스로 구성되어 있다.

그림 4.9 기술적 대안의 전체 설계 프로세스 흐름도

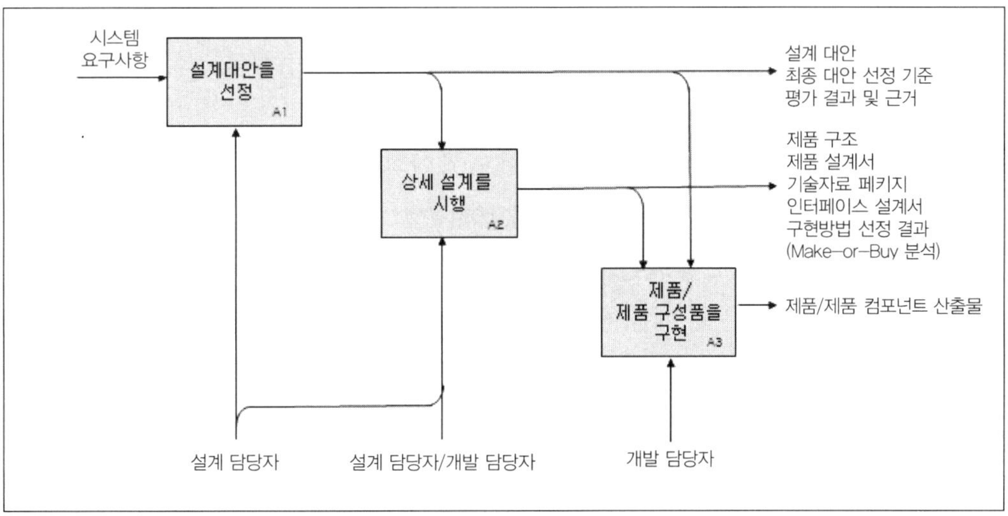

그림 4.9는 기술적 대안의 전체 설계 프로세스 흐름도를 나타낸 것이다. 제품이나 제품 구성요소 설계에 관한 것으로 기술 데이터 패키지 수립과 인터페이스 정의 확립 및 기준을 이용한 인터페이스 설계와 제작이나 구매 및 재사용에 관한 분석의 과정을 볼 수 있다.

그림 4.10은 제품 구성요소 해결방안 선정 프로세스 흐름도를 나타낸 것으로 기술 대안 솔루션과 선택 기준을 개발하고 상세 대안 솔루션과 선택 기준 개발 사항 및 운영 개념 및 시나리오 개발, 제품 구성요소 솔루션 선택을 하는 프로세스에 해당된다.

그림 4.10 제품 구성요소 해결방안 선정 프로세스 흐름도

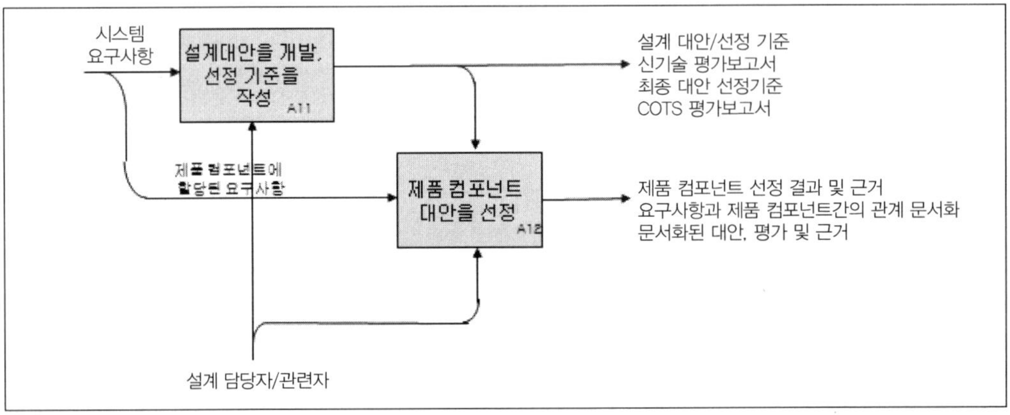

설계대안 개발의 선정 착수기준은 시스템 요구사항 정의가 완료되고 시스템 구조가 완성되며 요구사항이 해당 제품 컴포넌트에 할당될 때이고 선정 대안과 선정 기준이 관련자 검토 회의에서 승인될 때 완료된다. 제품 컴포넌트 대안의 선정 착수는 선정 대안과 선정 기준이 관련자 검토 회의에서 승인될 때이고 완료 기준은 제품/제품 컴포넌트의 설계 대안과 선정 기준, 평가가 완료되고 승인될 때이다.

그림 4.11은 기술 솔루션의 제품 설계 구현에 대한 흐름도를 나타낸 것으로 설계 이행과 제품 지원 문서 개발 관련 흐름을 포함하고 있다. 설계 이행은 제품이나 제품 구성요소를 설계하고 기술데이터 패키지를 수립 및 유지하여야 한다. 그리고 제품 구성요소 인터페이스를 위한 솔루션을 수집 및 유지하여야 하며 확립되고 유지되는 기준에 근거하여 포괄적

인 제품 구성요소 인터페이스를 설계하여야 한다. 그리고 수립된 기준에 의하여 제품 구성품을 개발, 구매, 또는 재사용 할지를 평가해야 한다. 제품/컴포넌트의 착수는 운용 개념 및 시나리오가 완성될 때이고 제품 구조 및 제품 컴포넌트 문서가 동료 검토되면 완료가 된다. 기술자료 패키지 작성 착수는 제품 구조 및 제품 컴포넌트의 설계가 승인되면 완료가 이루어진다. 인터페이스 설계는 기술 자료 패키지가 동료 검토되면 착수되고 인터페이스 설계 문서가 동료 검토되면 완료된다. 구매 방법을 분석하는 착수 기준은 기술 자료 패키지가 동료 검토될 때가 착수되고 Make-or-Buy 분석 결과가 승인 되면 완료된다.

그림 4.11 기술 솔루션의 제품 설계 구현에 대한 흐름도

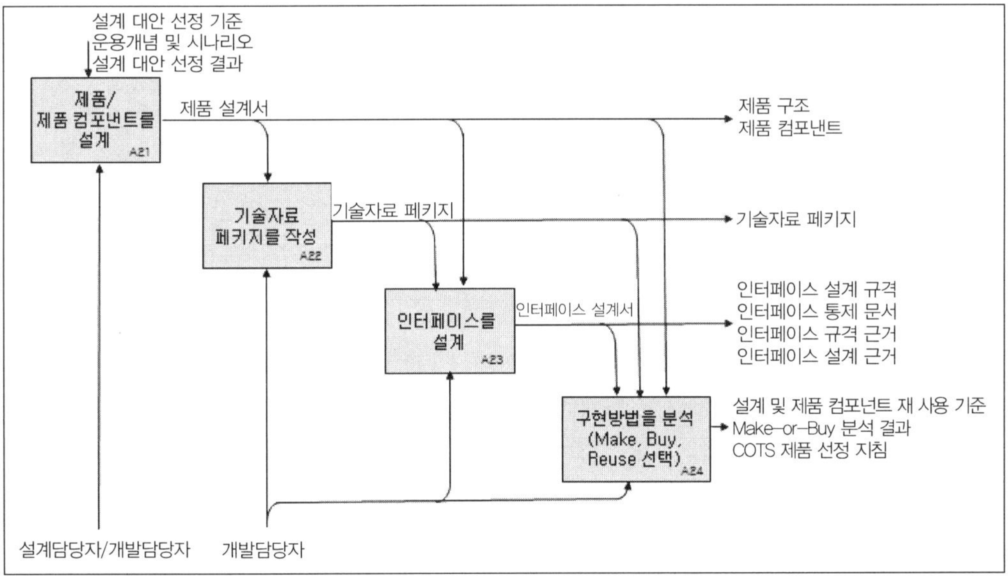

그림 4.12는 제품의 설계 구현에 대한 프로세스 흐름도를 나타낸 것이며 제품 구성요소 설계를 이행하고 최종 사용자 문서를 개발하고 유지하는 프로세스이다. 설계 대안의 구현 착수 기준은 제품 설계서가 승인되고 설계 제품이 구현될 때이다. 그리고 제품 지원 문서의 개발 착수 기준은 제품 설계서와 구현 제품이 승인될 때이다. 완료기준은 제품 컴포넌트에 대한 동료 검토가 완료되고 제품 통합과 형상 기준선으로 승인되면 완료 기준으로 잡을 수 있다.

그림 4.12 제품의 설계 구현에 대한 프로세스 흐름도

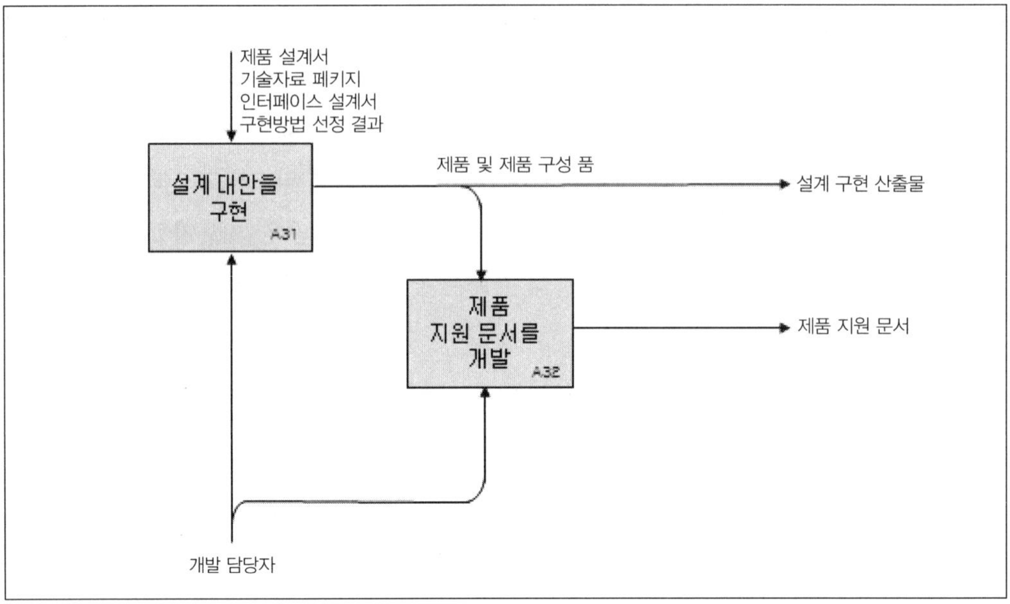

4.4 제품 통합(PI) 영역

제품 통합이란 제품 컴포넌트들을 통합하는 것으로 통합 전에 통합 대상인 제품 컴포넌트가 적절히 식별되어야 하며 명세서에 기술되어 있는 내용에 따라 기능 및 인터페이스가 준비 되었는지를 확인해야 한다.

제품 통합 프로세스 영역에서는 전체 시스템을 한꺼번에 고객에게 시연하는 것이다. 하나 혹은 몇 개 모듈들을 묶어서 여러 번 시연할 것을 요구한다. 수행 중인 프로젝트가 빌드 개념을 적용해 전체 시스템 중 일정 부분을 먼저 개발하고 그 후에 나머지 기능을 단계적으로 추가하는 프로젝트라면 CMMI에서는 각 빌드별로 구축, 테스트, 시연, 인도 활동을 반복하기를 요구한다.

제품 통합 프로세스 영역은 산출물이나 제품의 릴리즈 관리 활동에 치중하는 형상 관리,

공급업체 계약관리, 기술 솔루션 프로세스 영역들보다는 검증이나 확인 프로세스 영역과 내용이 조금 중복되어 있다고 이해하면 될 것이다.

제품 통합 프로세스 영역에는 최종 제품을 통합하는 방법을 수립하고, 통합 환경을 제공하고, 제품 통합을 위한 절차나 기준을 문서화하고 제품을 인도하는 활동 등이 포함된다.

"제품 통합" 프로세스 영역의 목적은 제품 컴포넌트들을 통합하고 통합된 제품이 제대로 기능을 하고 있는 것을 보장하고 이를 고객에게 인도하기 위한 것이다.

제품 통합의 범위는 점진적으로 제품 컴포넌트를 결합하여 완전한 제품으로 통합하는 것이며 하나의 단계에서 점진적으로 정의된 통합 순서와 절차에 준하여 결합을 수행한다.

제품 통합에서 중요한 부분은 내부 및 외부 인터페이스의 관리로서 인터페이스 간의 적합성을 보장하는 것이며 사업 기간 중 관심을 가지어야 한다.

제품 통합은 설계와 결합의 끝에서 수행되는 한 번의 결합 활동이 아니고 점진 반복적으로 수행되며 한 번의 통합에서 결합과 평가하고 추가로 결합하는 활동의 반복이다. 성공적으로 제품 통합을 수행하게 되면 제품 검증과 확인을 통과 할 수 있을 확률이 높아진다.

제품 통합을 위한 절차와 기준은 빌드 컴포넌트에 대한 수준과 인터페이스에 대한 검증, 성능에 대한 임계값, 결합과 결합의 인터페이스에 대한 요구사항, 허용 가능한 컴포넌트의 대치 품목, 시험 환경 파라미터, 시험 비용에 대한 제한 사항, 통합 운용을 위한 품질 대비 비용에 대한 Tradeoff, Delivery rate와 Variation, Lead time from Order to Delivery, 인력 가용, 통합 시설, 라인 및 환경의 가용성 사항에 대한 것이다.

기준은 제품 컴포넌트가 어떻게 검증되는 지와 컴포넌트가 갖추어야 할 기능을 정의한다. 그리고 기준은 제품 컴포넌트가 시험에 통과하기 위해서 허용하는 시뮬레이션의 정도를 제한 할 수 있으며 통합 시험에서 사용될 환경을 제한 할 수도 있다.

인터페이스는 Environmental, Physical, Functional 로 분류할 수 있으며 인터페이스 기술서는 관련자들 간의 잘못된 오해, 일정 지연, 인터페이스의 정상적인 운용을 위하여 관련자와 검토를 하여야한다.

SP 1.1(Determine Integration Sequence)의 목적은 제품 컴포넌트의 통합 순서를 기술적으로 대안에서 제품 선정과 제품/제품 컴포넌트의 설계를 고려하여 선정하는 일이며 주요 산출물은 제품 통합 순서와 통합 순서 선정 및 기각 근거 등이 있다.

SP 1.2(Establish the Product Integration Environment)는 제품 통합을 기 설정된 통합 순서에 의하여 수행할 수 있도록 통합 환경을 수립하고 유지하는 일이다. 주요 산출물은 제품 통합에 대한 검증된 환경 및 통합 환경에 대한 지원 문서 등이 있다.

SP 1.3(Establish Product Integration Procedures and Criteria)은 제품 컴포넌트 통합에서 적용할 절차와 기준을 수립하고 유지하는 일인데 제품 통합에 대한 절차와 통합 환경에 대한 기준이 주요 산출물이 된다.

SP 2.1(Review Interface Descriptions for Completeness)은 인터페이스 기술 서를 적용 범위와 완전성 측면에서 검토하는 일이며 인터페이스 분류와 분류 별 인터페이스 목록 및 제품 컴포넌트 인터페이스와 제품 통합 환경과의 매핑 등이 있다.

SP 2.2(Manage Interfaces)는 제품 및 제품 컴포넌트의 내부, 외부 인터페이스 정의, 설계 및 변경을 관리하는 일인데 제품 컴포넌트와 주 전원 및 컴퓨터 버스 시스템과 같은 외부 환경과의 관계 테이블이나 제품 컴포넌트 간의 관계, 제품 컴포넌트 간의 협의된 인터페이스, 인터페이스 갱신을 위한 시정 조치, 인터페이스 통제 그룹의 회의 보고서, 인터페이스 기술서 갱신 및 협의 등이 있다.

SP 3.1(Confirm Readiness of Product Components for Integration)은 통합하기 전 제품 통합에 참여하는 제품 컴포넌트를 선정하고 기술 서에 준하여 기능을 식별하고 제품 컴포넌트가 인터페이스 기술서와 일치하는지를 확인하는 일이다. 주요 산출물은 제품 컴포넌트 접수 문서와 인수 증, 포장 목록 예외 보고서 및 면제부 등이 있다.

SP 3.2(Assemble Product Components)는 제품 통합 순서와 절차에 준하여 제품 컴포넌트를 결합하는 일이며 통합 제품 및 제품 컴포넌트가 산출물이 된다.

SP 3.3(Evaluate Assembled Product Components)의 목적은 제품 컴포넌트 간의 인터페이스 적합성을 확인하기 위해서 결합할 제품 컴포넌트를 평가하는 일이며 인터페이스 평가 보고서와 예외 보고서 및 제품 통합 종합보고서가 주요 산출물이 된다.

SP 3.4(Package and Deliver the Product or Product Components)는 결합된 제품 또는 제품 컴포넌트를 포장하고 지정된 고객에게 인도하는 일이다. 주요 산출물은 제품 및 제품 컴포넌트 패키지와 인도할 문서가 된다.

그림 4.13은 제품 통합 관련 프로세스 분야에 대한 블록도이며 요구사항 개발, 검증, 확인, 기술 솔루션, 형상관리 및 위험관리 영역, 기술적 대안의 설계, 협력업체 관리, 의사결정 및 해결 등의 프로세스와 관련된다.

그림 4.13 제품 통합 관련 프로세스 분야 블록도

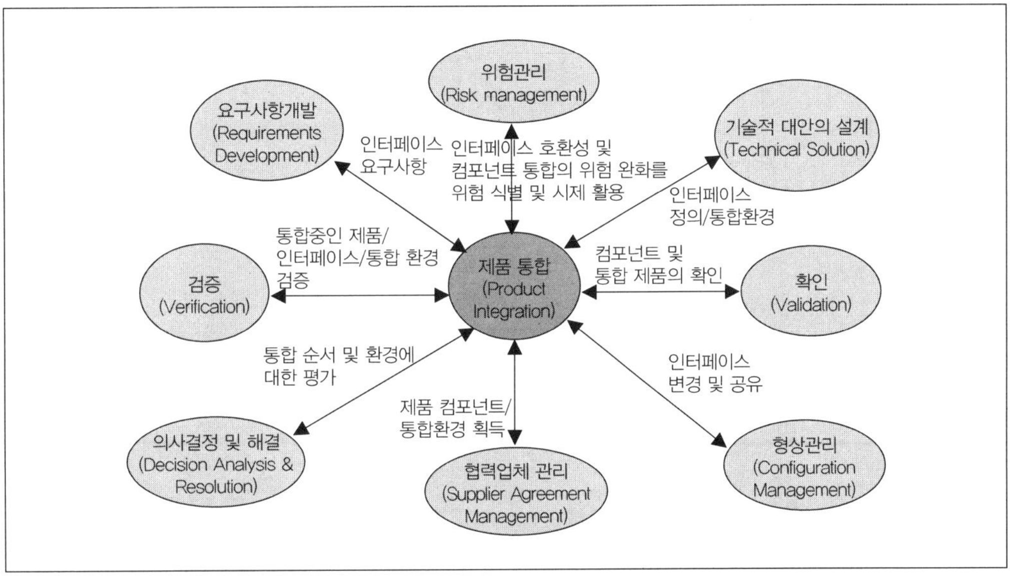

그림 4.14는 제품 통합 전체 프로세스의 흐름도를 나타낸 것이며 제품 통합의 준비와 인터페이스 적합성을 보장하고 제품 컴포넌트를 통합하고 인도하는 프로세스로 구성되어 진다.

그림 4.14 제품 통합 전체 프로세스 흐름도

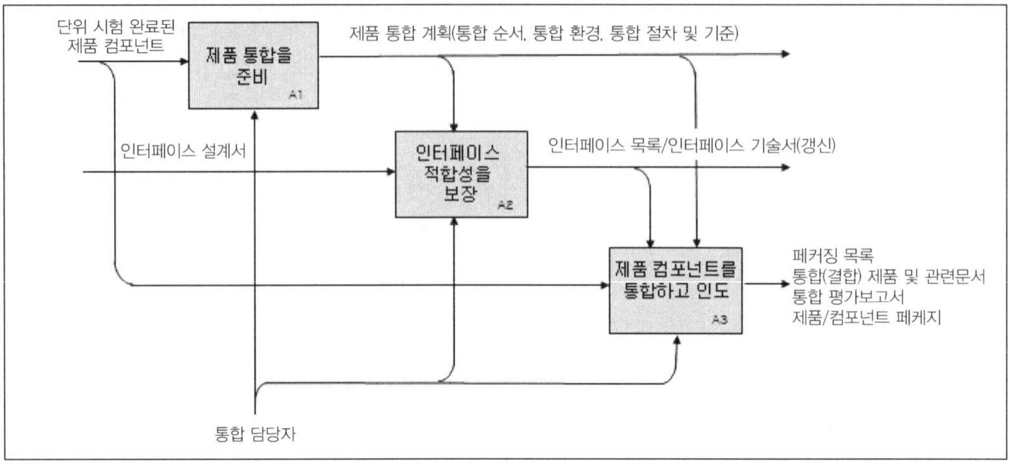

그림 4.15는 제품 통합 준비 프로세스 흐름을 나타내는 흐름도로 제품 컴포넌트 통합 순서를 결정하고 제품 컴포넌트 통합을 지원하는데 필요한 환경을 수립하고 유지하며 제품 컴포넌트의 통합을 위한 절차와 기준을 수립하고 유지한다.

그림 4.15 제품 통합 준비 프로세스 흐름도

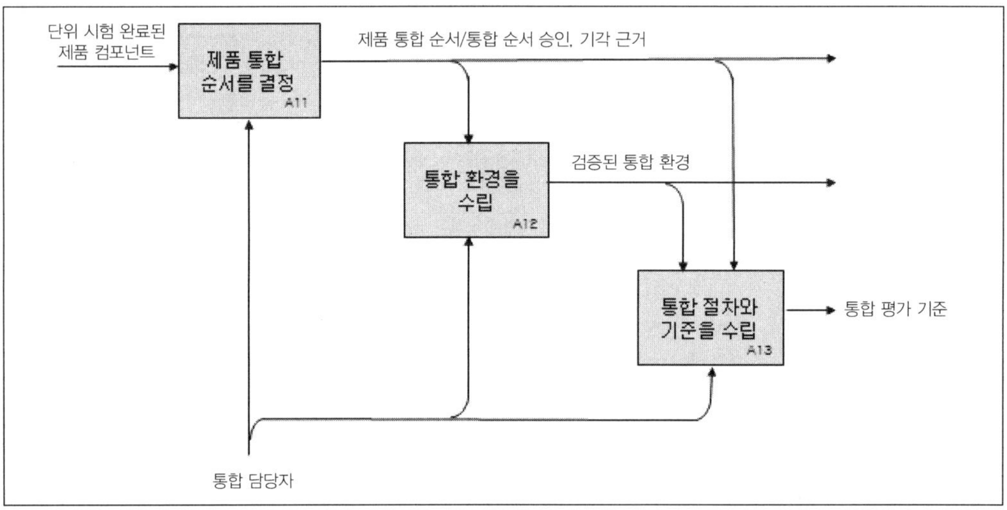

제품 통합 순서 결정의 착수 기준은 설계 완료 및 구현 작업 진행 중 선정된 제품 컴포넌트가 단위 시험이 완료될 때이고 통합 순서를 사업관리자가 승인할 때이다. 통합 환경에 대한 착수 기준은 제품 및 제품 컴포넌트 통합 순서가 승인될 때이고 통합 환경을 사업관리자가 승인할 때 완료기준이 된다. 통합절차와 기준 수립의 착수 기준은 제품 및 제품 컴포넌트 통합 순서와 환경이 승인될 때이고 통합 절차와 기준을 사업관리자가 승인하면 완료 기준이 된다.

그림 4.16 인터페이스 호환성 보증

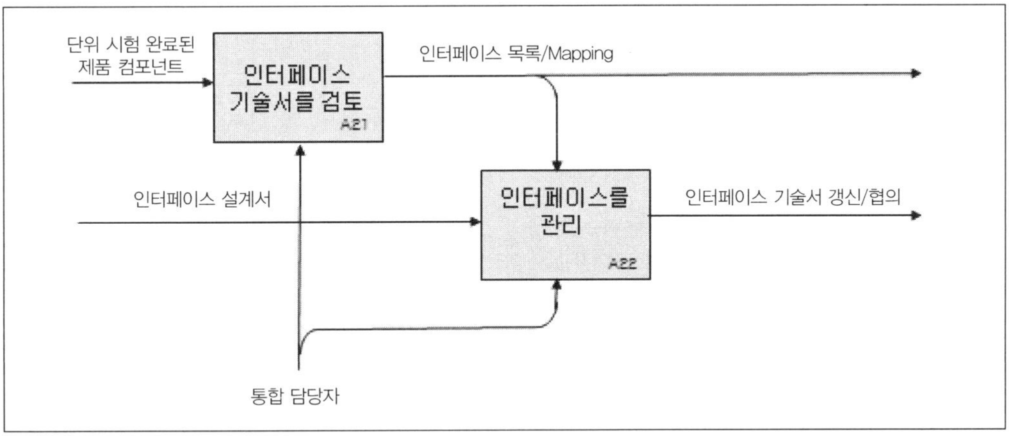

그림 4.16은 제품 통합을 위한 인터페이스 호환성을 보증하는 프로세스로 인터페이스 정의의 범주 및 완전성을 검토하고 제품과 제품 컴포넌트의 내 · 외부 인터페이스의 정의, 설계 및 변경에 대해 관리한다. 인터페이스 기술서 검토 착수는 설계 완료 및 구현 작업 진행 중 선정된 제품 컴포넌트가 단위 시험이 완료될 때이고 인터페이스 기술 서에 대한 관련자 검토가 완료되면 완료기준이 된다. 인터페이스 관리 착수는 인터페이스 기술서가 승인될 때이고 인터페이스 기술 서에 대한 저장소가 최신으로 유지되면 완료 기준이 된다.

그림 4.17은 제품 구성요소의 조립 및 제품 인도 프로세스 흐름도를 나타낸 것으로 통합 준비를 확인하고, 제품 구성 품을 조립과 조립 결과에 대한 평가 및 제품이나 제품 구성품의 포장과 인도 등에 관한 프로세스 내용들이다. 제품 컴포넌트의 통합 준비 상태 확인의

착수 기준은 제품 컴포넌트의 집합할 때이고 접수된 제품 컴포넌트가 기술서를 충족한 상태일 때 완료 기준이 된다. 제품 컴포넌트의 결합은 제품 컴포넌트가 통합할 준비가 완료되면 착수 기준이 되고 제품/제품 컴포넌트가 점진적으로 통합되면 완료 기준이 된다. 결합된 제품 컴포넌트를 평가하는 것은 제품 및 제품 컴포넌트가 성공적으로 결합될 때이고 제품 및 제품 컴포넌트에 대한 평가가 완료되면 완료 기준이 된다. 포장 인도 착수 기준은 제품 및 제품 컴포넌트가 통합이 완료될 때이고 제품 및 제품 컴포넌트에 대한 운용 사이트에 설치되며 정상적인 기능을 수행하면 완료 기준이 된다.

그림 4.17 제품 구성요소 조립 및 제품 인도 프로세스 흐름도

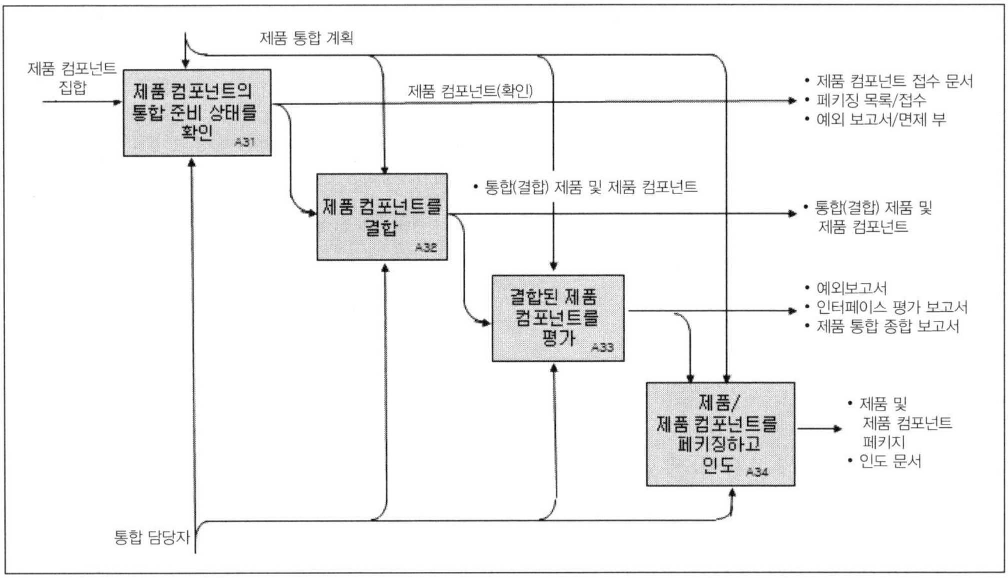

4.5 검증(VER) 영역

검증 활동과 확인 활동에 대한 구분은 제품을 체계적으로 만들었습니까? 라는 질문은 검증 활동과 관련된 것이며 올바른 제품을 만들었습니까? 라는 질문은 확인 활동과 관련된 것이라고 할 수 있다. 그러기 때문에 이 프로세스 영역에서는 동료 검토 활동을 중요하게 다루고 있다. 검증 활동을 위해서는 테스트를 위해 장비나 시뮬레이터 등을 사용할 수 있으며 이러한 장비들은 확인 활동에서도 사용할 수 있으나 검증과 확인 활동에서 비록 같은 장비나 시뮬레이터를 사용하더라도 동일한 목적으로 사용할 수는 없다.

검증방법으로 시험, 분석, 시현/데모, 유사성, 검사, 시뮬레이션 및 기록물의 확인을 통한 검증 등이 있다. 시험에 의한 검증으로는 실제 장비를 규격화된 환경/조건에서 운용하여 그 성능을 평가하는 것으로 기능 시험과 환경시험으로 구분하여 보면 기능 시험은 개별적인 시험이거나 혹은 순차적인 시험이 있을 수 있고 검증 대상 장비가 설계와 성능 규격에 준하여 기능을 수행하는지를 검증하는 것으로 환경시험 전후 혹은 주요 시험 전후에 수행된다. 환경시험은 규격화된 환경에서 기능 수행 여부를 검증하는 것이며 때로는 기능과 환경시험을 동시에 시행 가능할 때도 있다. 다음으로 분석법은 규격/요구사항에 적합한지를 검증하기 위한 시험이 불가능 할 때 시험을 대신하여 수행한다. 시스템 공학 분석, 통계, 계량적인 분석, 컴퓨터 하드웨어와 소프트웨어 시뮬레이션, 컴퓨터 모델링 등이 이에 속한다. 분석은 정확한 분석이 가능한 경우와 시험이 실질적으로 불가능하며 비용 대 효과적이지 않을 경우에 시행된다. 시현/데모는 요구사항을 데모 기술을 사용하여 검증하는 기법이며 유사성은 이전에 검증된 자료를 기반으로 자료, 컴퓨터 형상, 어플리케이션을 평가하는 기법이다. 검사 방법은 설계 특성, 작업 활동, 실제 크기, 청결도, 표면처리, 하드웨어 장금 등을 검증하기 위하여 장비 또는 문서를 실제적으로 평가하는 기법이다. 시뮬레이션은 설계 특성, 및 성능을 하드웨어와 소프트웨어를 사용하여 검증하는 기법이다. 마지막으로 기록물의 확인으로 검증하는 방법은 End Item Acceptance 시점에서 생산에 관한 기록들을 사용하는 프로세스로서 구현 특성과 프로세스를 구현 특성과 프로세스를 검증하는 기법이다. 검증 단계로는 개발 단계, 자격 검증 단계, 인수 단계, 전개 준비 단계 등으로 구분할 수 있다.

검증의 SG와 SP를 요약하면 다음과 같다.

SG 1.의 목적은 선정된 작업 산출물에 대한 검증 활동을 준비하는 것인데 SP 1.1(Select Work Products for Verification)은 검증 대상 작업 산출물을 선정하는 일로 검증 대상 작업 산출물을 식별하고 검증 산출물에 대한 검증 요구사항을 식별한다. 그리고 검증 방법의 식별 과 검증 시행 계획에 반영하는 일이다. SP 1.2(Establish the Verification Environment)는 검증 환경을 수립하는 일인데 검증 환경의 요구사항을 식별하고 재사용 및 수정으로 가용한 검증 자원을 식별하며 검증 장비와 도구를 식별하고 검증 지원 장비 및 환경을 확보하는 일이다.

SP 1.3(Establish Verification Procedures and Criteria)은 검증 절차와 기준을 수립하는 일이며 검증 절차를 작성하고 필요 시 검증 기준을 개발하고 조정하며 검증 결과 기대치와 허용 범위를 식별한다. 그리고 검증을 지원하기 위한 장비 및 환경을 식별하는 일이다. SG 1의 주요 산출물은 검증 시행 계획과 검증 대상 작업 산출물 목록, 검증 대상 작업 산출물에 대한 검증 방법, 검증 환경, 검증 절차 및 기준 등이 있다.

SG 2의 목적은 선정된 작업 산출물에 대한 동료 검토 활동을 수행하는 일이며 SP 2.1(Prepare for Peer Reviews)은 동료 검토를 준비하는 일인데 주요 활동은 동료 검토 방법을 결정하고, 동료 검토 중 자료 수집 요구사항을 정의한다. 그리고 동료 검토 시행 착수 및 완료 기준을 수립하고 유지한다. 또한 동료 검토 결과 동료 검토 재시행 기준을 수립하고 유지하는 일과 동료 검토 점검표를 수립하고 유지하며, 동료 검토 일정을 수립하고, 동료 검토 시행 전 선정된 작업 산출물의 동료 검토를 준비할 수 있도록 작업 산출물과 관련 자료를 배포한다. 동료 검토에서 수행할 역할을 부여하고 동료 검토 수행 전 작업 산출물 검토에 의하여 동료 검토를 준비하는 일 등이다.

SP 2.2(Conduct Peer Reviews)는 동료 검토를 시행하는 일인데 동료 검토에서 부여된 역할을 수행하고 작업 산출물에서 결함과 이슈를 식별하고 문서화 한다. 동료 검토 결과와 조치 사항을 기록하고, 동료 검토 자료를 수집하며, 조치 사항을 식별하고 관련자에게 이슈를 통보한다. 정의된 동료 검토 기준에 의하여 필요 시 추가 동료 검토를 시행한다. 그리고 동료 검토 완료 기준이 충족되었는지를 확인한다.

SP 2.3(Analyze Peer Reviews Data)은 동료 검토 자료를 분석하는 일이며 동료 검토 준비, 시행, 결과와 관련되는 자료를 기록하고 향후 사용을 위하여 관련 자료를 저장한다. 또한 동료 검토 자료의 부적절한 사용을 방지하기 위해서 관련 자료를 보호하고 동료 검토 결과를 분석한다. SG 2의 주요 산출물은 동료 검토 일정, 동료 점검 체크리스트, 작업 산출물 착수 및 완료 기준, 추가 동료 검토 요건, 동료 검토 결과, 동료 검토 이슈, 동료 검토 자료 및 동료 검토 조치 사항 등이다.

SG 3의 주요 목적은 선정된 작업 산출물에 대한 검증 활동을 수행하고 분석하며 검증 결과를 관련자와 공유하는 일이다.

SP 3.1(Perform Verification)은 검증 활동을 수행하는 일인데 검증 요구사항을 기준으로 검증 활동을 수행한다. 검정 활동의 결과를 기록하고 검증 결과 시정 조치 사항을 시별하며 검증 방법의 실제 시행 과정을 기록하고 조정된 부분이 있다면 이를 기록한다.

SP 3.2(Analyze Verification Results)는 검증 활동의 결과를 분석하고 시정조치 사항을 식별하는 일이며 검증 활동의 기대치와 실제 결과를 비교 분석한다. 검증 기준에 준하여 요구사항을 충족하지 못하는 제품을 식별하고 검증 방법/절차/기준/환경에 대한 문제점을 식별한다. 그리고 결함에 대한 검증 자료를 분석하고 검증 분석 결과를 기록한다. 검증 결과를 사용하여 실제 결과와 기술적인 성능 결과를 비교하고 검증 결과로 식별된 결함 및 문제점에 대한 해결 방안을 제시한다.

검증 프로세스 영역에는 검증 대상 작업 산출물을 선정하고 검증 환경을 수립하며 검증 절차 및 기준을 수립하고, 동료 검토 활동을 수행한다. 그리고 제품을 검증하고 시정 조치를 취하는 활동 등이 포함된다. "검증" 프로세스 영역의 목적은 선정된 작업 산출물이 정해진 요구사항에 부합하는 것을 보장하기 위한 것이다.

그림 4.18은 검증 관련 프로세스 분야의 블록도이며 요구사항 관리와 요구사항 개발 및 확인 프로세스 분야와 연관이 있음을 보이고 있다.

그림 4.18 검증 관련 프로세스 분야의 블록도

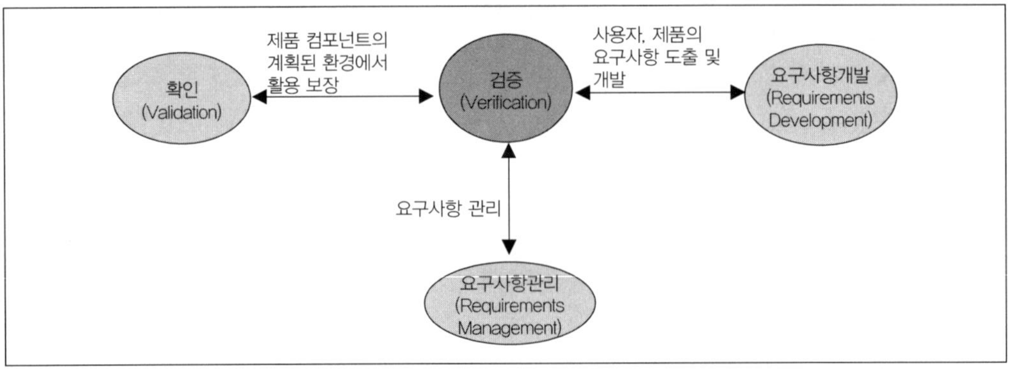

그림 4.19 검증 프로세스 전체 흐름도

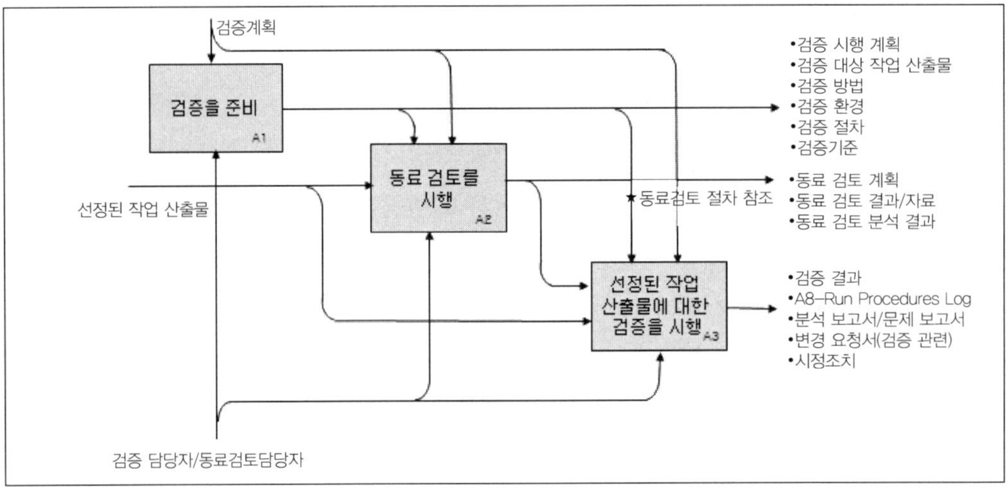

그림 4.19는 검증 프로세스 전체 흐름 도를 나타낸 것으로 검증을 준비하고 동료 검토를 시행하며 선정된 작업 산출물에 대한 검증 시행에 관한 프로세스 관련 내용이 출력되고 있다. 주요 산출물은 검증시험 계획서, 검증 대상 작업 산출물, 검증방법, 검증환경, 검증절차, 검증기준, 동료검토 계획, 동료검토 결과, 동료 검토 분석 결과, 검증 결과, 분석보고서, 문제 보고서, 변경 요청서 및 시정조치 등이 있다.

그림 4.20 검증 준비 프로세스에 대한 흐름도

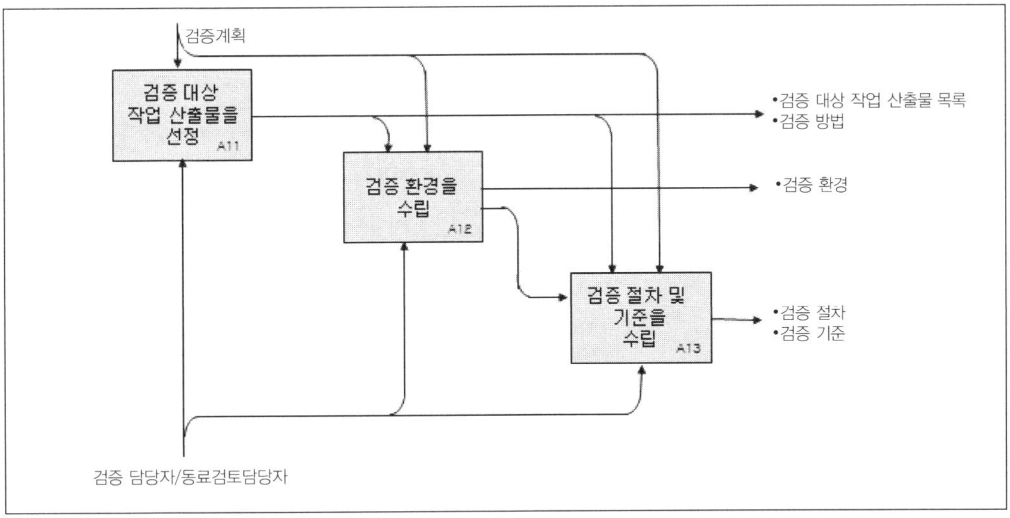

그림 4.20은 검증 준비 프로세스에 대한 흐름 도를 나타낸 것으로 검증을 위한 작업 산출물을 선택하고 검증 환경의 수립과 검증 절차 및 기준을 수립하는 흐름도를 보여주고 있다. 검증 준비의 착수 기준은 검증 계획이 준비되고 검증 활동을 수행하는 담당자에 대한 교육이 수행되며 선정된 작업 산출물이 검증 준비가 완료될 때이며 검증 시행 계획이 승인되면 완료 기준으로 본다.

그림 4.21은 동료 검토 수행 프로세스 흐름 도를 나타낸 것이며 선택된 작업 산출물에 대한 검토를 수행한다. 그리고 선택된 작업 산출물에 대한 동료 검토를 준비하고 동료 검토 결과로부터 이슈를 식별한다. 마지막으로 동료 검토의 준비, 수행, 결과에 대한 데이터를 분석한다. 검증 환경 수립에 대한 착수는 동료검토 대상 산출물의 저자가 동료 검토를 요청하거나 동료 검토 활동에 참여하여 참여하는 요원에 대하여 동료 검토에 대한 교육이 시행될 경우 및 선정된 작업 산출물이 동료 검토 준비가 완료되면 착수 기준이 되고 동료 검토 완료 기준에 의하여 동료 검토 대상 산출물이 승인되면 완료 기준이 된다.

그림 4.21 동료 검토 수행 프로세스 흐름도

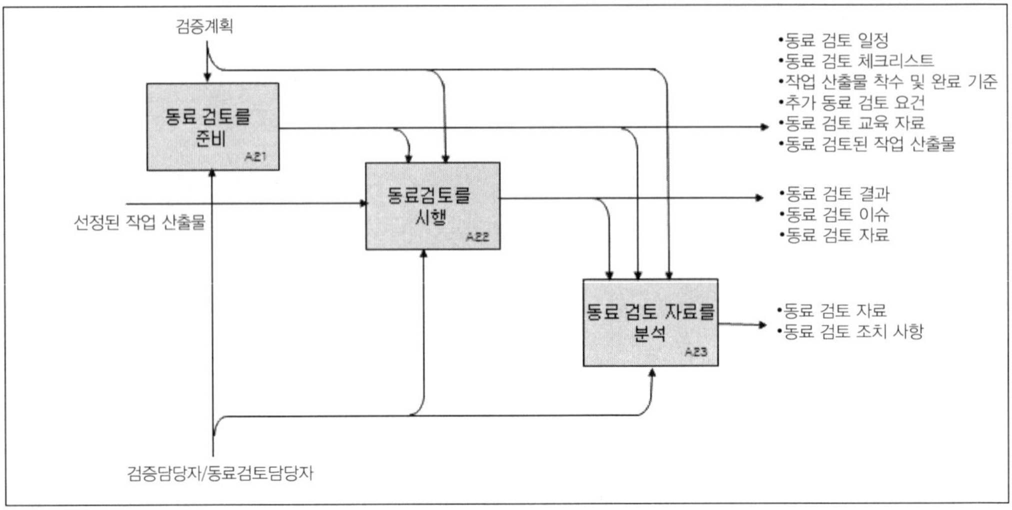

그림 4.22 선택된 작업 산출물 검증 프로세스 흐름도

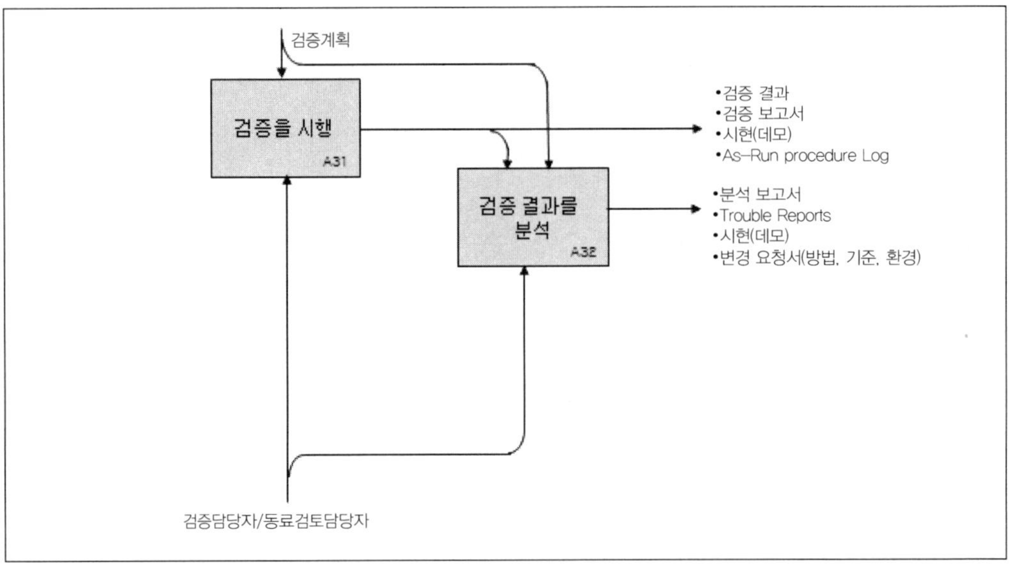

그림 4.22는 선택된 작업 산출물 검증 프로세스 흐름도이며 선택된 작업 산출물에 대한

검증을 수행하고 모든 검증 활동의 결과를 분석하고 시정 활동을 식별하여야 한다. 검증 절차 및 기준 수립의 착수 기준은 검증 시행 계획이 승인되고 선정된 작업 산출물이 검증을 수행하기 위한 준비가 완료되면 착수 기준이 되고 검증 결과보고서가 승인되면 완료 기준이 된다.

4.6 확인(VAL) 영역

확인 프로세스 영역은 동료 검토 실행을 제외하면 검증 프로세스 영역과 거의 같은 형식으로 정의되어 있다. 다만 각각의 실행에서 검증이라는 단어 대신 확인이라는 단어를 사용하고 있을 뿐이다. 확인 활동을 수행하기 위해서는 해당 제품이 실제로 사용될 환경과 최대한 비슷한 환경을 구축해야 한다. 물론 실제와 같은 환경을 그대로 구축하는 것이 불가능할 수도 있고 경제적이지 못할 수도 있을 것이다. 이 프로세스 영역에는 확인 대상 작업 산출물을 선정하고 확인 활동을 수행하기 위한 환경을 수립하고 확인 절차 및 기준을 수립하고, 확인 프로세스를 수행함으로써 발생하는 결과 및 이슈를 분석하고, 시정 조치를 취하는 활동 등이 포함된다. 확인 방법으로는 분석과 검사, 데모/시현, 시험 등이 있다. 분석 방법은 수학적 모델 및 분석 기법을 활용하거나 시제품 및 제품이 가용하지 않거나 비용이 효과적이지 않을 경우에 적용하는 기법이다. 검사 방법은 시스템과 컴포넌트, 서브시스템을 눈으로 검토하거나 물리적인 설계 특성을 검증 할 때 사용하는 기법이다. 데모/시현은 시스템이나 서브시스템 및 컴포넌트의 운용을 시현하여 시스템 요구사항을 달성하는지를 보여 주게 된다. 시험은 시스템 및 서브시스템의 운용을 통하여 성능을 검증하기 위한 상세 자료를 획득하거나 분석을 통하여 성능의 검증을 제공하게 된다.

확인의 SG와 SP를 요약하면 다음과 같다.

SG 1.의 목적은 확인 활동을 준비하는 과정이며 SP 1.1(Select Products for Validation)은 확인 제품을 선정하는 일이며 사업 기간 중 제품 및 제품 컴포넌트 확인을 위한 주요 원칙, 특성 및 단계를 식별한다. 그리고 확인할 사용자의 운용, 유지 보수, 교육 및 지원 필요성을 분류하고 확인 대상 제품 및 제품 컴포넌트를 선정하고 평가 방법을 선정하며 관련자와 호가인 성정, 제한 사항 및 방법을 검토하는 일이다.

SP 1.2(Establish the Validation Environment)는 확인 환경을 수립하는 일인데 확인 환경의 요구사항을 식별하고 고객이 제공한 제품을 식별하며 재사용 품목을 식별한다. 그리고 시험 장비, 도구, 재사용 및 수정 가용한 확인 자원을 식별한다. 또한 확인 관련 자원의 가용성을 계획해야 한다.

SP 1.3(Establish Validation Procedures and Criteria)은 확인 절차와 기준을 수립하는 과정이며 제품 및 제품 컴포넌트의 확인에 영향을 주는 이슈를 식별하고 해결하기 위해서 제품 요구사항을 검토하고 선정된 제품 및 제품 컴포넌트의 환경, 운용 시나리오, 절차, 입력 자료, 출력 자료 및 기준을 문서화하며 확인 환경의 내용면에서 설계를 평가하는 일이다. SG 1의 주요 산출물은 확인 대상 제품 및 제품 컴포넌트 목록과 확인 대상 제품 및 제품 컴포넌트에 대한 확인 방법, 확인 요구사항, 확인 제한 사항, 확인 환경, 확인 절차 및 기준, 유지 보수, 교육 및 지원을 위한 시험 및 평가 절차 등이다.

SG 2의 목적은 선정된 제품 및 제품 컴포넌트에 대한 확인 활동을 수행하고 분석하며 검증 결과를 관련자와 공유하는 것이다.

SP 2.1(Perform Validation)은 확인 활동을 수행하는 일이며 SP 2.2(Analyze Validation Results)는 확인 활동의 결과를 분석하는 과정으로 기대 결과와 실제를 비교하는 일과 수립된 확인 기준에 준하여 의도된 환경에서 적절히 기능을 수행하지 않는 제품 및 제품 컴포넌트를 식별하고 방법, 기준, 환경에 대한 문제점 식별과 결함 자료를 분석해야한다. 그리고 확인 결과를 사용하여 실제 측정 결과와 성능을 의도된 활용 및 운용 필요성에 준하여 비교한다. SG 2의 주요 산출물은 확인보고서, Validation Cross-Reference Matrix, AS-Run Procedure Log, 운용 데모, 확인 부적합 보고서, 확인 이슈 및 절차 변경 요청서 등이 있다.

"확인" 프로세스 영역의 목적은 제품 또는 제품컴포넌트가 의도한 환경에서 원하는 기능이 수행되는지를 증명하기 위한 것이다.

그림 4.23은 확인 관련 프로세스들이며 검증과 요구사항 개발 및 기술 솔루션 프로세스 분야와 관련이 있음을 보이고 있다.

그림 4.23 확인 관련 프로세스 분야 블록도

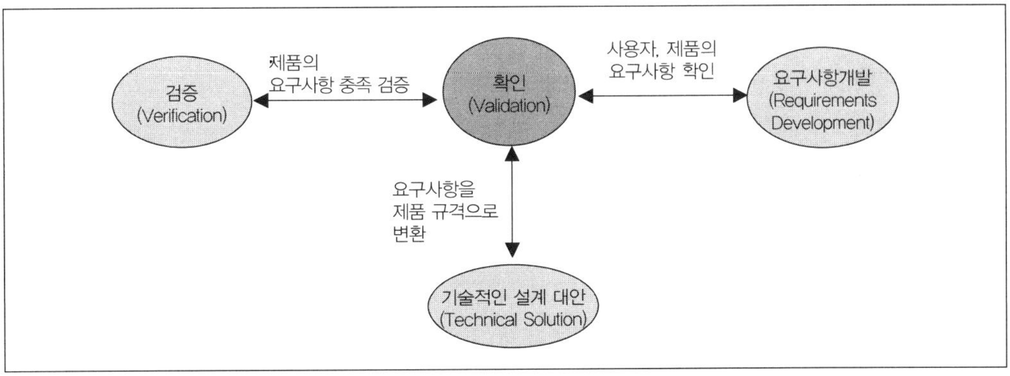

그림 4.24 확인 전체 프로세스 흐름도

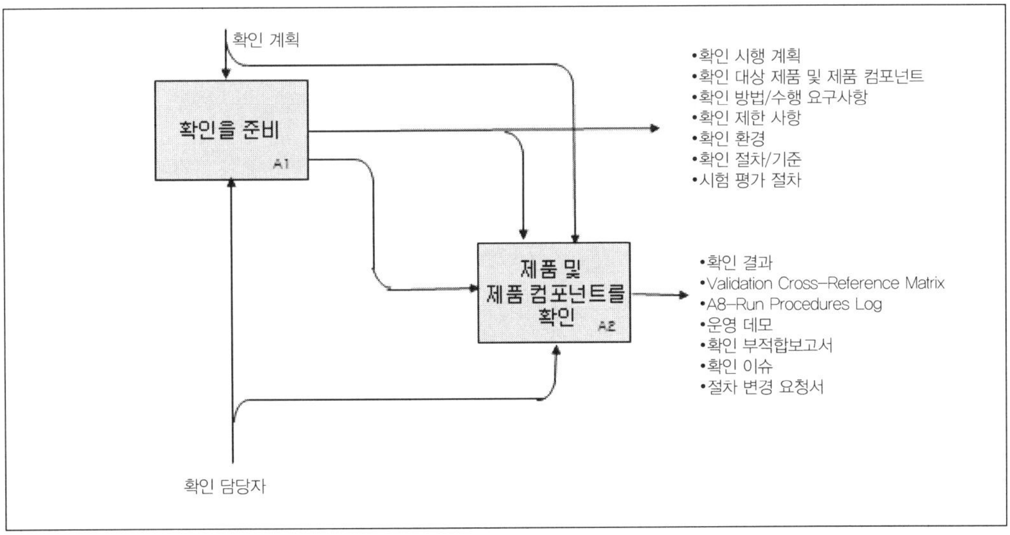

그림 4.24는 확인 전체 프로세스 흐름 도를 나타낸 것으로 확인 준비와 제품 또는 제품 구성요소를 확인하는 프로세스 구성 관한 내용들로 구성된다. 주요 산출물은 확인 시험 계획, 확인 대상 제품 및 제품 컴포넌트, 확인 방법, 수행 요구사항, 확인 제한사항, 확인 환경, 확인 절차/기준, 시험평가 결과, 확인결과, 확인 부적합 보고서, 확인 이슈 및 절차 변경 보고서 등이 있다.

그림 4.25는 확인 준비 프로세스 흐름도이며 확인할 제품 및 제품 요소와 각각 사용할 확인 방법을 선택하고 확인을 지원하는데 필요한 환경을 수립하고 유지한다. 그리고 확인을 위한 절차와 기준을 수립하고 유지하는 프로세스이다.

그림 4.25 확인 준비 프로세스 흐름도

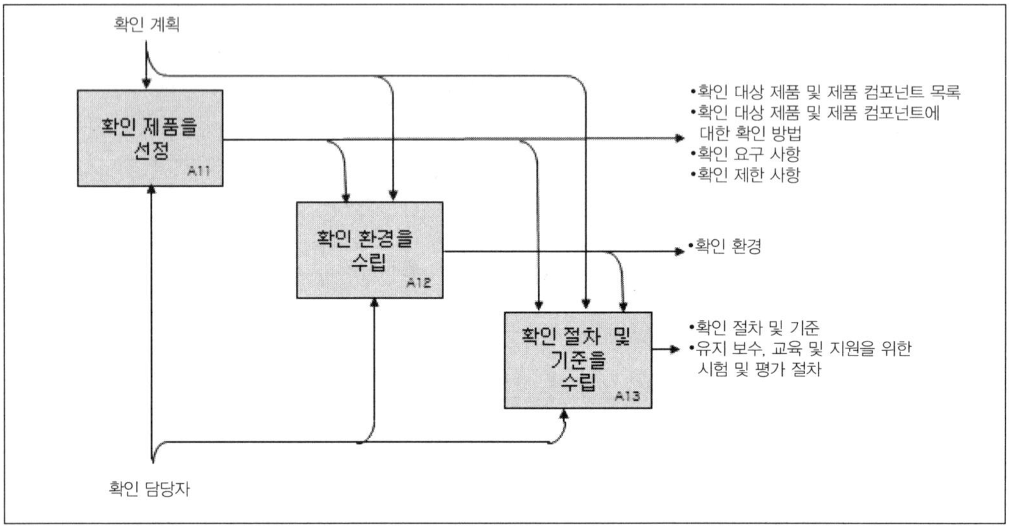

그림 4.26은 확인 제품 또는 제품 구성요소 확인을 위한 프로세스 흐름도를 나타낸 것으로 제품 또는 제품의 구성요소 확인 이행과 확인 결과를 분석하는 프로세스 내용들로 구성되고 있다.

그림 4.26 제품 또는 제품 구성요소 확인 프로세스 흐름도

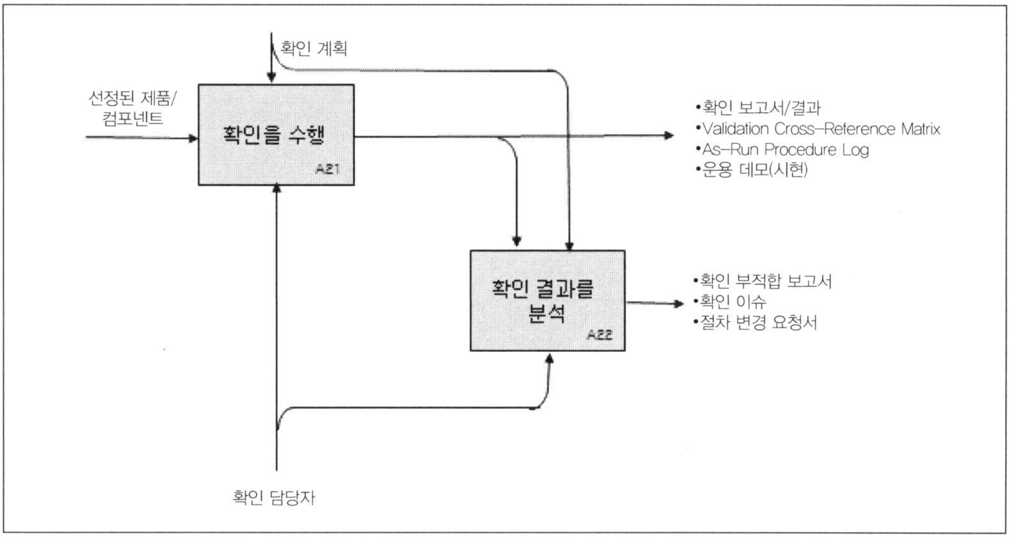

연 습 문 제

1. 요구사항 관리 프로세스 영역의 역할과 목적을 말하라.

2. 요구사항 개발 프로세스의 의미와 목적을 말하라.

3. 기술솔루션 프로세스 영역에서 데이터 패키지란 어떤 것을 말하는가?

4. 기술솔루션 프로세스 영역의 목적과 프로세스 활동 범위를 말하라.

5. 제품통합의 의미와 목적을 말하라.

6. 검증활동 프로세스 영역에서 검증대상 산출물과 검증의 목적을 쓰라.

7. 검증활동 프로세스 영역에서 동료검토 수행에 대하여 말하라.

8. 확인과 검증의 프로세스 영역 활동의 차이점을 말하라.

9. 프로세스 개선 활동은 조직과 제품에 대하여 어떻게 적용하는가?

10. 다음 용어를 설명하라.

제품컴포넌트, 인터페이스, 시나리오, 요구사항 추적표, 양방향 추적성

CMMI(Capability Maturity Model Integration)

chapter 5

CMMI 공학 프로세스 모델링

본 내용은 시험평가 업무 프로세스 개선을 위해, 미국 카네기 멜론 대학교 SEI가 개발한 CMMI 모델을 시험평가 업무에 적용하기 위해 CMMI의 두 가지 프로세스 모델과 구성 요소, 프로세스 내재화 및 각 프로세스 영역 간의 관계를 설명하였으며 특히 CMMI ML3의 공학 분야인 요구사항 개발, 기술방안, 제품 통합, 검증 및 확인 프로세스 영역에 대한 모델링의 기본 개념과 방법, 각 프로세스 영역별 수행활동과 산출물 및 모델링 결과를 제시하였다.

5.1 개요

어떤 제품의 성능을 평가하기 위해서는 정밀계측과 계측결과의 분석 및 평가를 수행하여야 한다. 이러한 시험평가 업무는 정확하고 표준화된 시험을 통하여 투명성과 신뢰성을 확보함으로써 고객으로부터 요구되는 시험에 대해 최고 품질의 시험평가 서비스를 제공하여야 한다. 그러므로 규정된 표준에 의해 시험이 수행되고 그 시험과정에서 얻어진 산출물과 시험결과는 무결함과 추적성이 확립 되어야 한다. 이러한 목적을 위해 미국 카네기 멜론 대학교 SEI가 개발한 CMMI 모델을 시험업무에 적용하여 CMMI가 요구하는 지침과 사상을 내재화 시키고 시험 평가능력과 성숙도를 향상 시키고자 ML3(Maturity Level 3) 달성 과정에서 연구된 공학 분야 프로세스 영역에 대한 시험업무로 모델링된 결과와 ML3에서 요구하는 프로세스의 구성 요소와 내재화 및 프로세스 영역 간의 관계성을 설명하였으며 시험업무로 모델링하기 위해 활용되는 IDEF0(ICAM Definition) 모델의 메커니즘을 소개하였다. 특히 공학 분야 프로세스 영역의 활동에 대한 설명과 모델링 방안, 제품과 제품 컴포넌트, 요구조건 개발, 제품 통합, 기술 솔루션, 검증, 확인 및 인터페이스 등에 관한 모델링 결과를 제안하였다. 주요 모델링의 내용은, 제품을 시험결과로 구성품은 시험항목으로 모델링을 하였고 제품의 통합, 기술 솔루션, 인터페이스, 검증 및 확인의 모델링은 시험준비와 시험수행 및 시험결과를 생산하는 과정에서 요구되는 시험환경을 시험 의뢰자의 요구조건을 충족시키고 규격이나 사업계획서, 운용절차서, 검/교정 성적서, 시험과 계측장비의 요구조건 확립, 안전통제 기준, 협의결과, 시험통제 및 기상상태에 대한 요소들이 고려된다. 그리고 검증과 확인 환경의 구축, 검증과 확인방법, 범위 및 절차를 확립하여 결함을 사전에 줄이고 이슈 사항에 대한 시정 조치와 위험요소를 체계적으로 이루어지도록 모델링하였다.

5.2 프로세스 구성 요소

프로세스 영역은 크게 특정 목적(Specific Goal : SG)과 일반 목적(Generic Goal : GG)으로 구성되며 각 목적은 해당 실행들로 구성된다. 그림 5.1에서 PA 구성도 중 네모꼴은 필수요소(Required Component : RC), 마름모는 기대요소(Expected Component : EC), 타원은 정보요소(Informative Component : IC)를 나타낸다.

그림 5.1 프로세스 영역 구성도

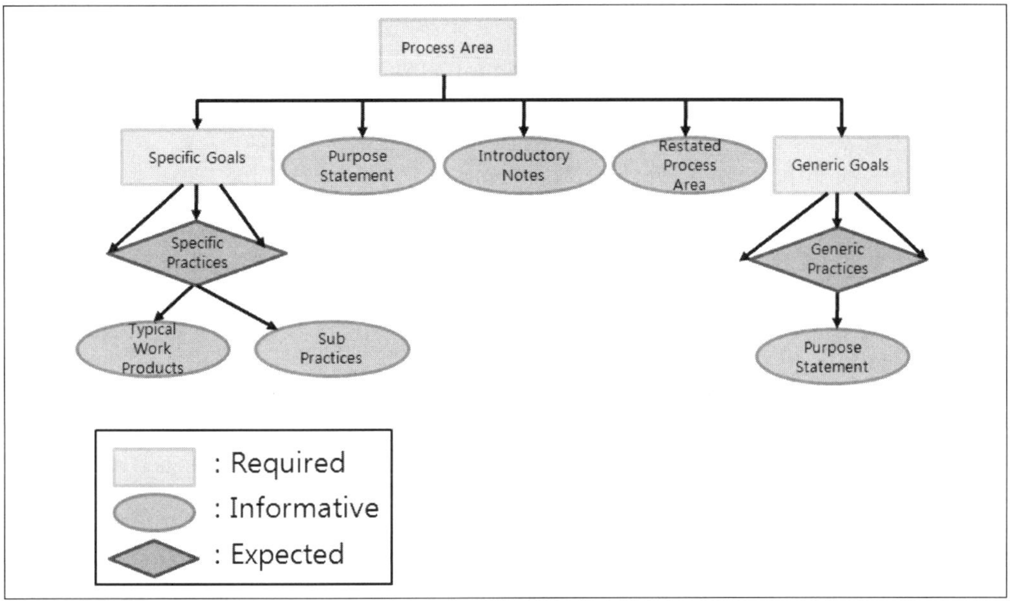

RC는 조직이 프로세스 영역을 만족하기 위해 획득해야 하는 사항을 기술한다. 그리고 조직의 프로세스에서 가시적으로 구현되어야 하는 업적은 GG와 SG가 있으며 목적의 만족은 프로세스 분야가 획득한 것과 만족시킨 것을 결정하기 위한 평가기준으로 사용된다. EC는 일반실행(Generic Practice : GP)과 특정실행(Specific Practice : SP)을 포함하며 향상이나 평가를 위해 기대되는 구성 요소이고 요구 구성 요소를 구현하기 위한 안내 지침이 된다. IC는 그 외 도움을 주는 정보 요소로 조직이 어떻게 요구 구성 요소와 기대 구성 요소에 접근할 것인가를 생각할 수 있게 도울 수 있는 부가 실행을 세부사항으로 제공한다. 그리고 실행은 프로세스 영역에서 정의하고 있는 구체적인 활동을 말한다. 개별 실행은 반드시 하나의 목적에 연결되어 있으며 SP와 GP로 구분된다. SP는 특정 목적을 충족시키기 위해 조직이 수행해야 하는 활동인 반면, GP는 프로세스가 효율적으로 지속될 수 있도록 해당 프로세스를 내재화하는 활동이다. 공통으로 수행되는 항목은 프로세스 영역 내에서 일반 실행들을 그 특성에 따라 그룹화한 것으로 단지 단계적 표현 방법에서만 사용되는 개념이다. 단계에는 수행 방침(Commitment to Perform; CO)단계, 수행 능력(Ability to Perform; AB)단계, 직접 이행(Directing Implementation; DI)단계 및 이행 검증(Verifying Implementation; VE) 단계가 있다. CO단계는 조직 방침 수립(GP2.1)이 있고 AB 단계는 프로세스 계획(GP2.2)과 자원제공(GP2.3), 책임 할당(GP2.4), 직원 훈련(GP2.5) 및 정의되는 프로세스 수립(GP3.1)하는 단계이다. DI 단계에는 형상관리(GP2.6)와 관련 이해 당사자 참여 식별(GP2.7), 프로세스 모니터링, 통제(GP2.8) 및 개선정보 수집(GP3.2)하는 단계이며 마지막으로 VE 단계인데 표준 준수여부의 객관적 평가(GP2.9) 및 관리자와 상태를 검토(GP2.10)하는 일반적 실행하는 단계이다.

5.3 프로세스 영역 간의 관계

PA 간의 상호 영향을 이해하는 것은 프로세스 개선의 조직적인 관점을 보는데 도움을 준다. 프로세스 간의 관계는 하나의 PA에서 다른 PA로 정보와 작용이 어떻게 흘러가는 것을 보여 주는 개별 프로세스의 상호작용과 PA그룹 간의 상호작용으로 Fundamental PA와 Progressive PA로 구분되며 Progressive PA는 Fundamental PA들이 구현된 이후에 구현되어야 하는 PA들이다. CMMI의 프로세스 영역은 프로세스 관리 영역과 프로젝트 관리 영역, 공학 및 지원 영역으로 구분된다. 프로세스 관리 영역은 프로세스 정의, 계획, 전개, 적용, 감사, 조절, 평가, 측정 및 개선을 위한 프로젝트 간 활동을 포함한다. 이 프로세스 영역에는 조직 프로세스 중점(Organization Process Focus : OPF), 조직 프로세스 정의(Organization Process Definition), 조직 훈련(Organization Training : OT), 조직 프로세스 성과(Organization Process Performance : OPP) 및 조직 혁신 및 이행(Organization Innovation and Deployment : OID)을 수행하는 PA로 구성됨을 그림 5.2에서 볼 수 있다.

프로젝트 관리 프로세스 영역은 프로젝트를 계획하고 감시하며 통제하는 것과 관련된 관리 활동들을 다룬다. 프로젝트 관리 프로세스 영역은 프로젝트 계획(Project Planning: PP)

프로젝트 감시 및 통제(Project Monitoring and Control: PMC), 공급자 계약관리(Suppler Agreement Management: SAM), 통합 사업관리(Integrated Project Management: IPM), 위험관리(Risk Management: RSKM) 등이 있으며 공학 분야는 엔지니어링과 소프트웨어 공학과 시스템 공학을 하나의 제품 개발 프로세스로 통합하고 제품기반 프로세스 개선 전략을 지원한다. 엔지니어링 프로세스 영역은 요구사항 개발(Requirements Development: RD)과 요구사항 관리(Requirements Management: RM), 기술 솔루션(Technical Solution : TS), 제품 통합(Product Integration: PI), 검증(Verification: VER) 및 확인(Validation: VAL)이 있으며 그림 5.3과 같이 구성된다.

지원 분야는 형상관리(Configuration Management: CM)와 프로세스 및 제품 품질보증(Process and Product Quality Assurance: PPQA), 측정과 분석(Measurement and Analysis: MA), 결정분석과 결심(Decision Analysis and Resolution: DAR), 원인분석과 결심(Causal Analysis and Resolution: CAR) 및 통합을 위한 조직 환경으로 구성되어 있다.

그림 5.2 프로세스 관리 영역의 구성도

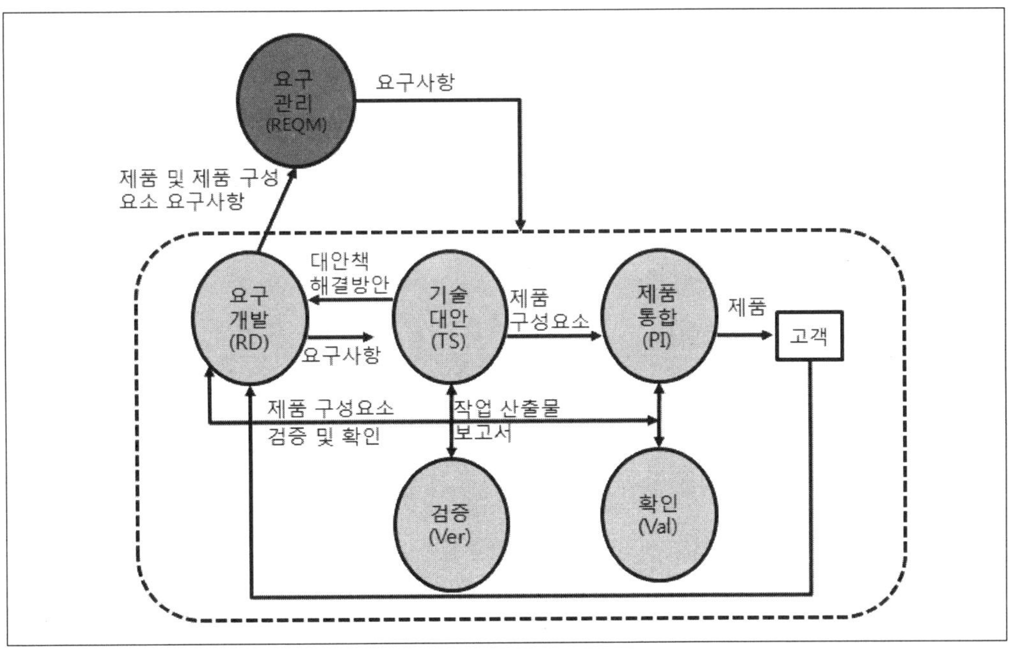

그림 5.3 공학프로세스 영역의 구성도

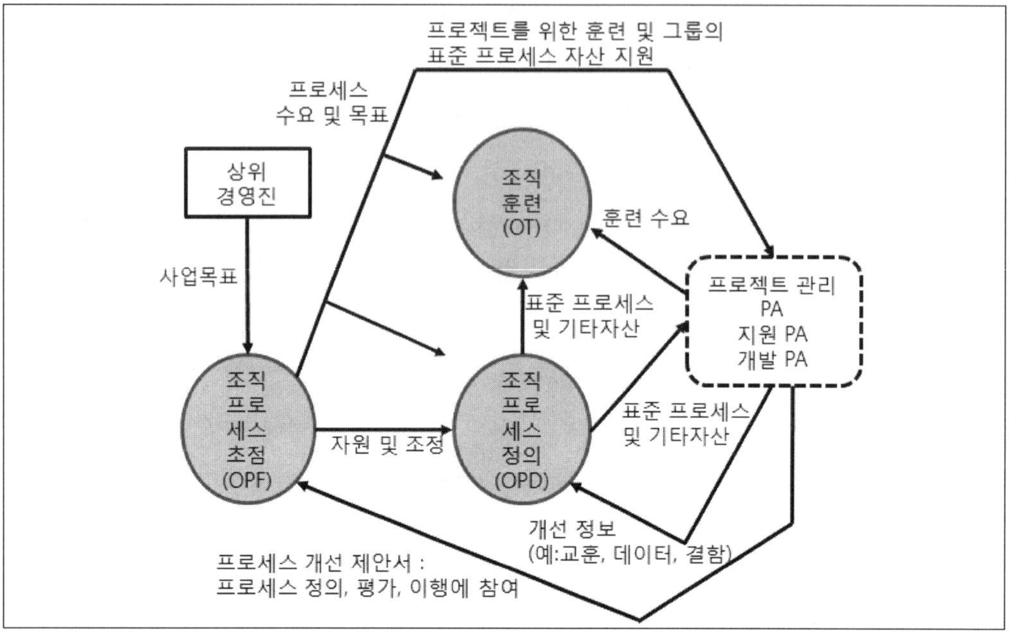

5.4 IDEF 방법론

✔IDEF 배경

IDEF(ICAM Definition) 방법론은 1981년 미 공군에서 ICAM(Integrated Computer Aided Manufacturing) 과제의 생산 시스템 분석 및 설계 목적으로 개발 되었다. 가장 많이 사용되고 있는 것들은 기능 모델링을 위한 IDEF0(IDEF Function Modeling)와 정보 모델화를 위한 IDEF1(IDEF Information Modeling), 시스템 내부의 데이터를 모델링 하는 기법인 IDEF1X, 동적 모델링을 위해서는 IDEF2(IDEF Dynamics Modeling) 방법론이 있고 시스템의 작동 프로세스를 모델링하는 IDEF3(IDEF Process Modeling) 등이 있다. 또한 객체지향 설계 모델링 기법인 IDEF4(IDEF Object-Oriented Design)와 본체론(Ontology)과 표현 모델링 기법인 IDEF5(IDEF Ontology Description Capture)도 개발 되어 있다. IDEF 방법론

은 조직, 시스템의 의사결정이나 행동 및 활동을 모델화 할 수 있는 도구로서 시스템의 분석과 조직화하고 분석가와 고객 사이의 효과적인 의사전달을 촉진시킨다. 또 데이터를 표준화하고 일관성이 있도록 하며 예측 가능한 방법으로 모델링하기 위해 사용된다. 주된 목적은 데이터 지원을 완전히 이해하고 분석하기 위한 수단을 제공, 데이터의 복잡성을 표현하고 전달하기 위한 공통의 수단을 제공하여 데이터의 통합된 관점을 표현, 물리적인 데이터베이스로 변환될 수 있는 독립적인 데이터의 관점을 정의하기 위한수단을 제공하거나, 기존의 데이터 자원으로부터 통합된 데이터 정의를 이끌어 내기 위한 방법을 제공한다.

✔IDEF 방법론의 목적은

· 대응력이 강하고 유연하며 믿을 만한 시스템

· 개발, 운용, 유지에 비용이 덜 드는 시스템

· 품질을 개선시킬 수 있는 시스템

· 개발의 리드타임을 줄이는 시스템을 엔지니어링 하는 것이다.

그 중에서 IDEF0는 관계 형 데이터 모델링(Relational Data Modeling)을 그래픽 언어로서 시스템과 환경의 기능을 그리고 기능과 관련된 정보 또는 객체들을 그래픽 표현을 이용하여 구조적으로 표현하는 기능 모형이다. IDEF0는 신규 시스템에 대해서 사용자 요구사항과 기능들을 규정하고 요구사항을 충족시키며 필요한 기능이 수행될 수 있도록 구현 설계를 지원한다. 한편 기존 시스템에 대해서는 시스템이 수행하고 있는 기능을 분석하고 기능이 수행되는 방식을 기술하는데 사용된다. IDEF1X는 데이터를 표준화하고 일관성 있으며 예측 가능한 방법으로 모델링하기 위해 사용되는 정보 모델링 기법인데, Entity를 정의하고 그 속성을 기술하고 Entity간의 관계를 정의하여 모델을 구축하는데 사용된다.

✔IDEF 모형화 방법

IDEF0 모델을 이용한 기능 모델링은 제약조건 아래서 입력을 출력으로 변환시키는 활동을 묘사 하는데 사용된다. IDEF0의 가장 중요한 요소는 그래픽 표현과 계층적 구조이다. IDEF0 모델은 그림 5.4와 같이 정의 되는 도표의 연속된 계층으로 구성 되는데 활동과 개념은 박스(Activity)와 화살표(Concept)를 통한 기능 및 기능간의 관계를 정의하고 부수적으로 글과 설명을 통한 보조 정보를 표현한다. 박스는 기본적으로 활동과 프로세스와 운용 또는 변환작용을 나타내는 기능을 정의한다. 즉 표현된 기능에서 어떤 일이 일어났는지에 관한 설명이다. 박스의 이름으로는 기능을 설명하는 적절한 동사(구)를 사용하고 하나의 도표에는 최소 3개에서 6개까지 박스를 좌상에서 우하로 대각선으로 배열하게 된다.

그림 5.4 IDEF0 모델의 도표

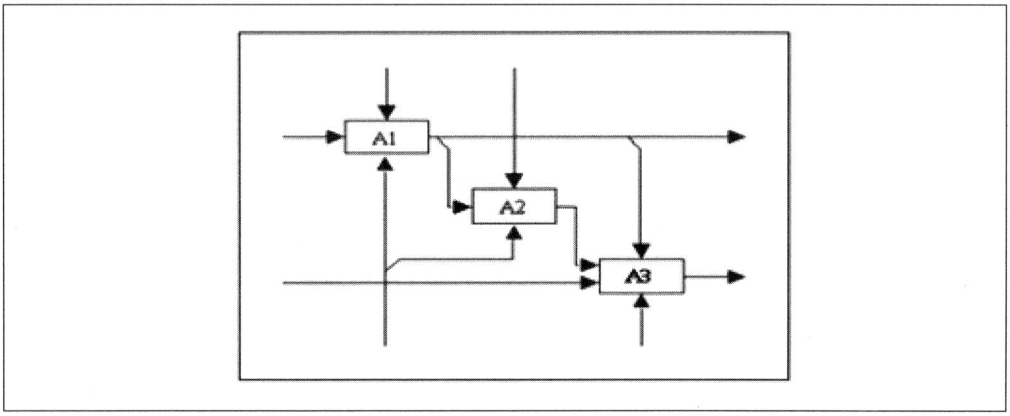

박스를 구분하기 위해 적절히 번호를 부여하게 되는데 우선 도표에는 모형의 각 계층에서의 위치에 따라 A로 시작하는 노드 번호가 주어지고 도표 내에서의 일련번호가 노드 번호에 추가되어 박스를 지칭하게 된다. 따라서 부모-자식의 계층 관계에 의해 표현되는 전체 모형에서 부모 도표의 박스 번호는 자식 도표의 노드 번호가 된다. 기능을 나타내는 박스와 관련되는 데이터 또는 객체를 표현하기 위해 하나 또는 그 이상의 화살표를 사용하는데 명사(구)를 사용해서 라벨을 단다. 또 ICOM이라 불리는 이 화살표는 그림 5.5와 같이 박스에서의 상대적인 위치에 따라 역할이 주어진다. 즉 박스의 왼쪽으로 들어가는 입력 화살표는 기능에 의해 출력으로 변환되는 데이터나 객체를 의미하고 박스의 위쪽으로 들어가는 제어 화살표는 올바른 출력을 나타내기 위해 필요한 조건이나 환경을 의미한다. 박스의 아래쪽으로 들어가는 메커니즘 화살표는 기능을 수행하기 위한 수단을 의미하고, 박스의 오른쪽으로 나오는 출력 화살표는 기능에 의한 산출되는 데이터나 객체를 의미하게 된다.

그림 5.5 IDEF0의 ICOM 구조

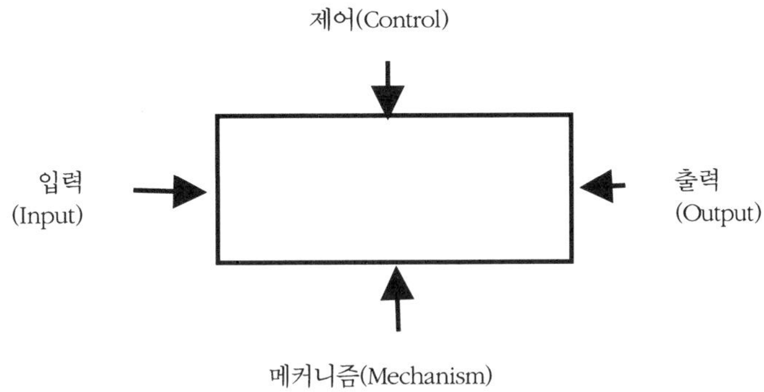

박스를 연결하는 화살표는 기능을 나타내며, 하나의 박스 출력이 다른 박스의 기능 수행에 필요한 입력, 제어 또는 메커니즘의 제공을 의미하게 된다. 화살표는 여러 박스로의 입력을 위해서 분기하기도 하고 여러 박스에서의 입력을 위해 병합되기도 한다.

하나의 박스에 대해서 다수의 입력, 제어, 그리고 메커니즘이 들어가고 다수의 출력이 나오기도 하지만 모든 즉 입력과 제어 그리고 메커니즘의 조합이 서로 다른 출력의 조합을 산출하게 된다.

IDEF0 모형은 처음에는 일반적인 시스템의 활동을 표현하고 점차 자세하게 기능을 분해해 가는 계층적 구조를 가지고 있다. 즉 하향식 접근 방법을 사용하고 있는데 이러한 접근 방법을 통해서 복잡한 시스템을 체계적으로 분석하고 논리적으로 일관성 있는 모형을 확보하며, 관련 부문의 작업자들 사이에 보다 쉬운 이해와 의사소통을 가능하게 한다.

5.5 요구사항 개발 영역의 모델링 방안

공학 분야 프로세스 영역을 시험업무 영역으로 모델링하기 위해 제품은 최종 시험결과, 구성품은 시험 항목별 시험결과로 정의 하였으며 시험 항목별 시험결과를 얻기 위해 시험과 계측절차, 시험시료와 사격장비 준비상태 및 시험안전 등에 관한 시험환경을 개발하면서 소요되는 인터페이스 활동과 규격 및 절차에 따라 시험이 준비되고 수행이 되는지에 대해 검증 활동을 통해 구성품 간의 통합이 이루어지고 통합된 최종 시험결과는 시험요구자의 요구조건을 올바르게 만족 하는지에 대한 확인과 최종 시험결과에 대한 인도를 시험업무로 모델링 하고자 한다. 공학 분야 중 요구사항 개발과 시험 방안, 제품 통합, 검증 및 확인의 5개 분야에 대해 모델링 하였다.

✔요구사항 개발(RD)

요구사항 개발 분야는 고객과 제품 및 제품 구성품에 대한 요구사항을 개발하고 이들 요구사항은 관련자의 필요성을 다루고 제품의 수명주기 기간 중 발생하는 요구사항까지를 포함하며 인수기준, 안전, 신뢰도 등에 관한 사항을 포함하여 시험 방안의 선정으로 발생하는 제한사항도 포함한다. 요구사항 개발 분야의 관련 영역은 그림 5.6과 같으며 기술적인 기술대안과 요구사항관리, 검증, 확인, 제품 통합, 형상관리 및 위험관리 영역과 상호 관련을 갖는다.

그림 5.4에서 제시한 IDEF0 모델의 SG1 프로세스 흐름을 그림 5.7에 나타내었다. 그림 5.4의 A1은 SG1을 의미하고 그림 5.7의 A11 및 A12는 SP1.1과 SP1.2를 의미한다. 그림 5.7에서 소요제기는 입력사항이고 출력사항은 필요성과 기대사항 제한사항 및 인터페이스 수집 자료들이 A11의 산출물이 된다. 그리고 A12의 산출물은 고객요구사항과 검증 및 확인에 대한 제한 사항이 된다.

그림 5.6 요구사항 개발 관리 영역

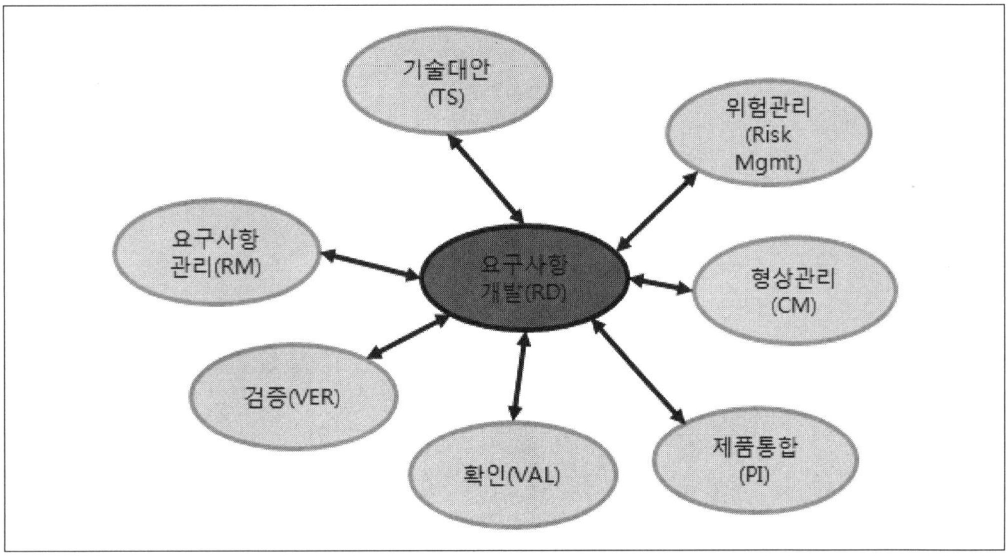

그림 5.7 요구사항 개발 SG1의 프로세스 흐름도

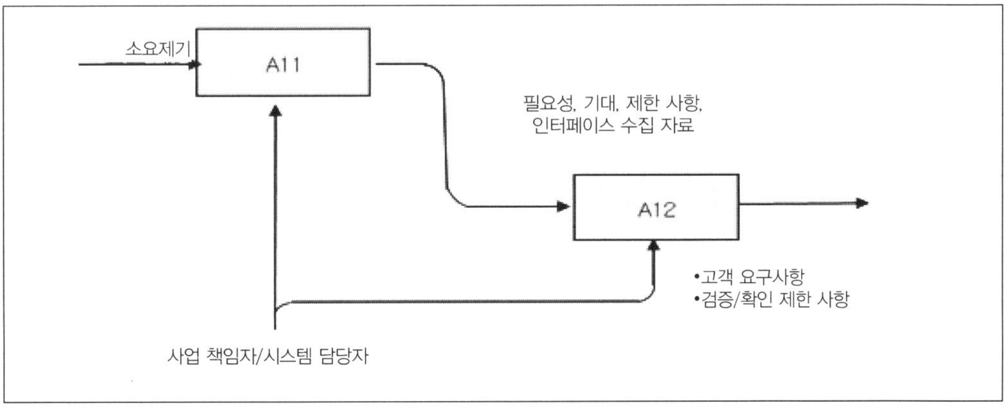

요구사항 개발 분야의 SG1, SG2 및 SG3에 대한 프로세스 흐름과 활동들을 그림 5.8에서 보여주고 있다. 고객 요구사항 개발 SG1(A1)은 이해 관계자의 요구와 기대, 제약사항과 인터페이스는 취합되어 고객 요구사항으로 전환된다. 주요 내용은 시험의 목적, 필요성, 시험

범위, 시험항목, 안전통제조건, 시험시설, 제품납기 및 인터페이스 등이 있으며 인터페이스는 시험수행 과정 중에 물리적인 활동들을 말하는데 시험시료의 환경 처리나 계측 진행에 필요로 하는 센서 및 계측장비의 검/교정 결과 안전통제사항, 신호 및 자료처리결과 등이 있다. 그리고 제품 생명주기의 모든 단계에서 이해 관계자의 요구, 기대, 제약사항과 인터페이스를 도출하기도 한다. SG2(A2)는 제품요구사항으로 고객요구 사항에 기반 하여 제품 및 제품 구성 요소 요구사항을 확립하고 유지해야 하며 시험, 계측기법이나 HW/SW개발 및 안전통제 등이 있다.

SG3(A3)은 요구사항 분석과 검증인데 요구사항은 분석 및 검증되고 요구되는 기능을 정의하는데 시험 대상 장비의 운용 환경과 운용 시나리오를 고려한 시험 환경의 설정과 시험 절차가 고려되었는지 식별한다. 그리고 요구되는 시험 수행방안 및 시험항목별 시험절차를 수립한다. 그 외에 요구사항 분석과 시스템 요구사항 분석 및 요구사항에 대한 확인 등을 수행한다.

요구사항 개발 분야는 고객의 요구사항과 제품의 요구사항 개발과 요구사항 분석 및 확인이 있는데 이 중에서 이해 관계자 요구사항 SP1.1과 제품 요구사항 SP2.1 및 요구사항 분석인 SP3.3항에 대한 모델링 예를 표 2(p.167)에 소개하였다.

그림 5.8 요구사항 개발 프로세스 흐름도

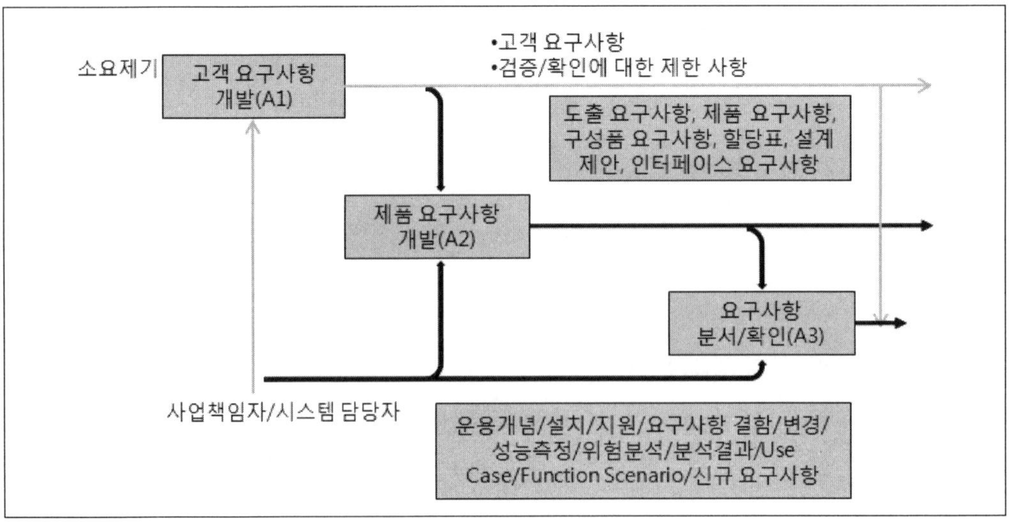

5.6 시험업무에 대한 공학 분야 수행 활동 및 산출물

✔요구사항 개발(RD)

CMMI의 요구사항 개발 프로세스는 고객과 제품에 대한 요구사항을 개발하고(SG1, SG2), 요구사항을 분석 및 확인(SG3)하는 고유 목적을 가진다.

RD의 SG1에서 정의한 고객 요구사항 개발은 시험의뢰자 요구사항 개발로 SG2의 제품 요구사항 개발은 시험의뢰자 요구사항을 근거로 하여 시험에 대한 구체적인 요구사항을 개발하는 것으로 모델링하였다. 시험의뢰자 및 시험 요구사항 개발은 그림 5.9에 제시한 순서로 진행된다.

그림 5.9 시험 의뢰자 및 시험 요구사항 개발

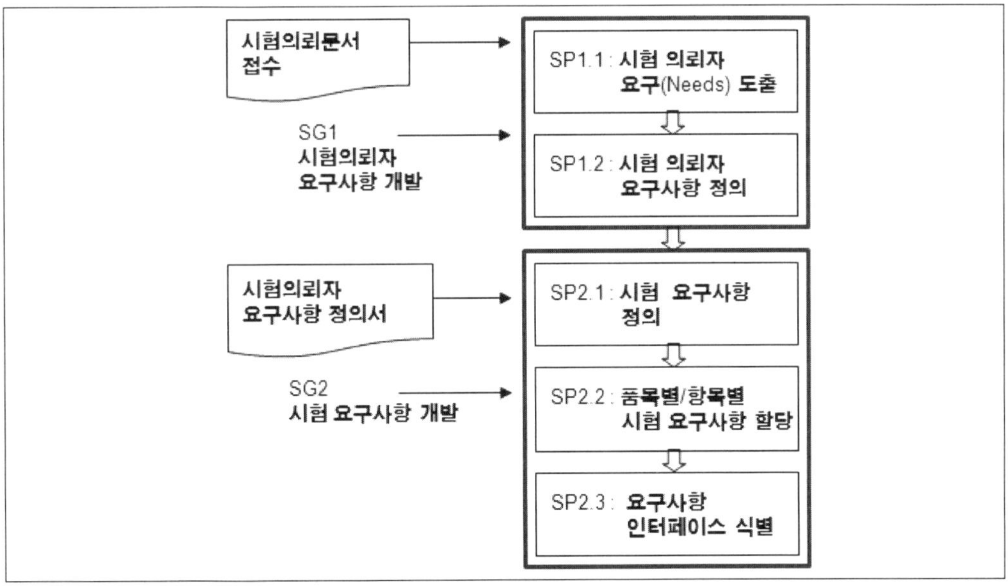

시험의뢰는 시험과 관련한 기본 계획이 기재된 문서를 접수하는 순간부터 시작된다. 시험의뢰자가 요구한 시험 요구문서 및 규격에 근거하여 전체 사업과 관련한 이해 당사자들의 필요성, 시험범위, 시험품목 및 항목, 시험조건, 일정, 안전 통제 등의 요구사항을 사업수

명주기 전 단계에서 도출하게 된다. 도출된 요구사항을 변환하여 시험의뢰자 요구조건을 요구조건 정의 서에 기술하며 시험 담당자는 이를 바탕으로 시험수행 동의서를 작성한다.

시험의뢰자 요구사항 정의 서를 근거로 시험수행을 위한 시험 요구사항을 개발한다. 요구사항 개발 담당자는 시험 요구사항 개발과정을 통해 시험의뢰자의 요구사항을 보완한다. 즉 실제 시험 수행을 위해 필요한 시험 품목 및 항목에 대해 시험의뢰자의 요구사항을 할당하고, 시험에 소요되는 계측 장비간의 물리적 인터페이스나 관련 부서간의 업무 관련성을 식별하게 된다. 시험 요구사항 개발 시, 양산품의 수락시험인 경우에는 시험 사격장 시험 절차서 또는 ATP(Acceptance Test Procedure) 절차에 시험과 관련하여 명확한 절차가 기재되어 있으므로, 시험의뢰자가 여기에 명시되지 않은 다른 품목 또는 항목에 대한 시험을 요구할 경우에 시험 요구사항 개발을 수행한다. RD의 SG3을 충족하기 위한 요구사항 분석 및 확인은 그림 5.10의 과정으로 진행된다.

그림 5.10 요구사항 분석 및 확인

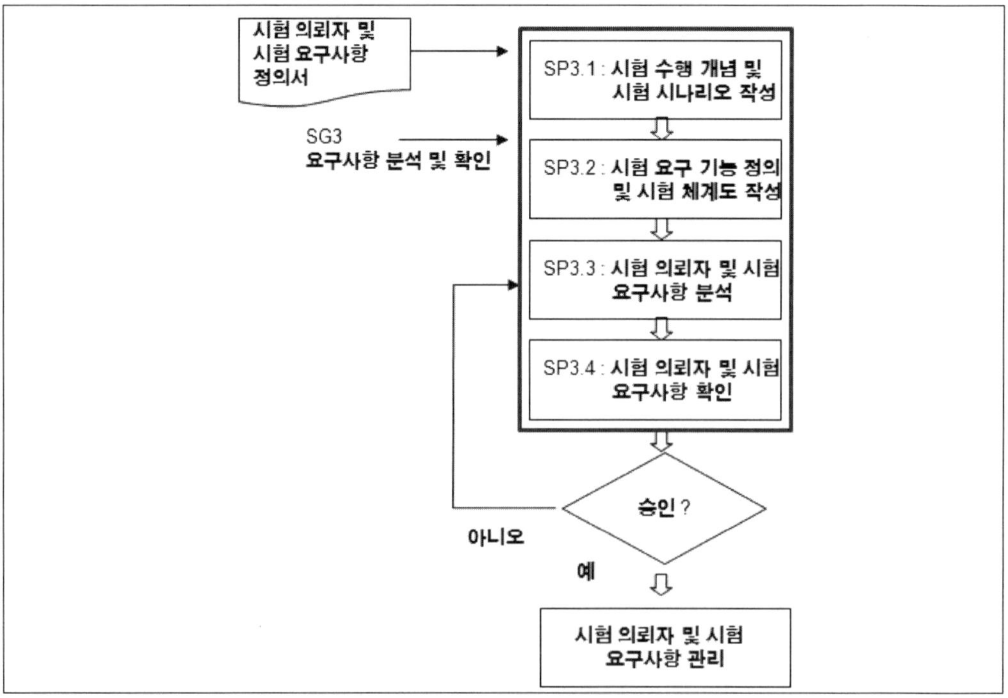

요구사항이 반영된 시험을 실시하기 위해, 시험 수행에 대한 개념을 정립한 후, 투입되는 인원, 장비 및 환경에 대한 전체적인 시험 시나리오를 먼저 작성한다. 작성된 시험 시나리오를 바탕으로 시험 요구 기능이 정의된 시험 설계도를 작성하고, 요구사항에 대해 시험 일정 및 계측능력 등을 고려하여 분석한다.

〈표 2〉 요구사항 개발 분야 수행 활동 및 산출물

RD	수행 활동 및 산출물
SP1.1	시험의뢰자의 시험의뢰문서 및 규격에 근거하여 사업관련자들의 필요성, 시험범위, 시험항목, 시험품목, 시험일정, 납기, 인터페이스 사항 등의 요구사항을 사업수명주기 전 단계에 걸쳐 도출한다. 주요 산출물은 요구사항 검토기준 및 카테고리 등이 있다.
SP2.1	시험 요구사항을 근거로 시험과 계측, 시험시설, 안전통제 및 기상자료에 관한 시험조건과 시험 인터페이스 등을 개발한다. 주요 산출물은 시험요구사항 정의서가 있다.
SP3.3	시험의뢰자 및 요구사항에 대한 판단과 분석을 한다. 시험수행 가능성, 일정, 비용, 위험요소를 확인한다. 주요 산출물은 요구사항 카테고리, 위험 평가결과 등이 있다.

✔시험 방안(TS)

CMMI의 시험 방안 프로세스는 요구사항에 대한 설계, 개발, 이행을 목적으로 한다. SG1은 제품 구성 요소에 적합한 기술 방안을 선택하는 것으로, 여러 가지 기술 방안 및 선택하기 위한 기준을 개발하고 선택하는 것이다. SG2는 설계 개발 사항으로 제품이나 제품 구성요소를 설계하고, 이와 관련한 기술자료 묶음을 수립 및 유지하며 인터페이스를 설계한다. SG3은 제품에 대한 설계를 실행하고 제품을 지원할 문서를 개발한다.

시험업무에서 기술 방안 프로세스는 시험 방안 및 수행 프로세스로 모델링한다.

시험 방안 및 수행은 시험 의뢰자 및 시험 요구사항에 부합하는 시험 방안을 선정하고 이를 근거로 시험 계획서를 작성하여 시험을 수행하는 과정이며 그림 5.11의 순서로 실행한다.

그림 5.11 시험 방안 및 수행

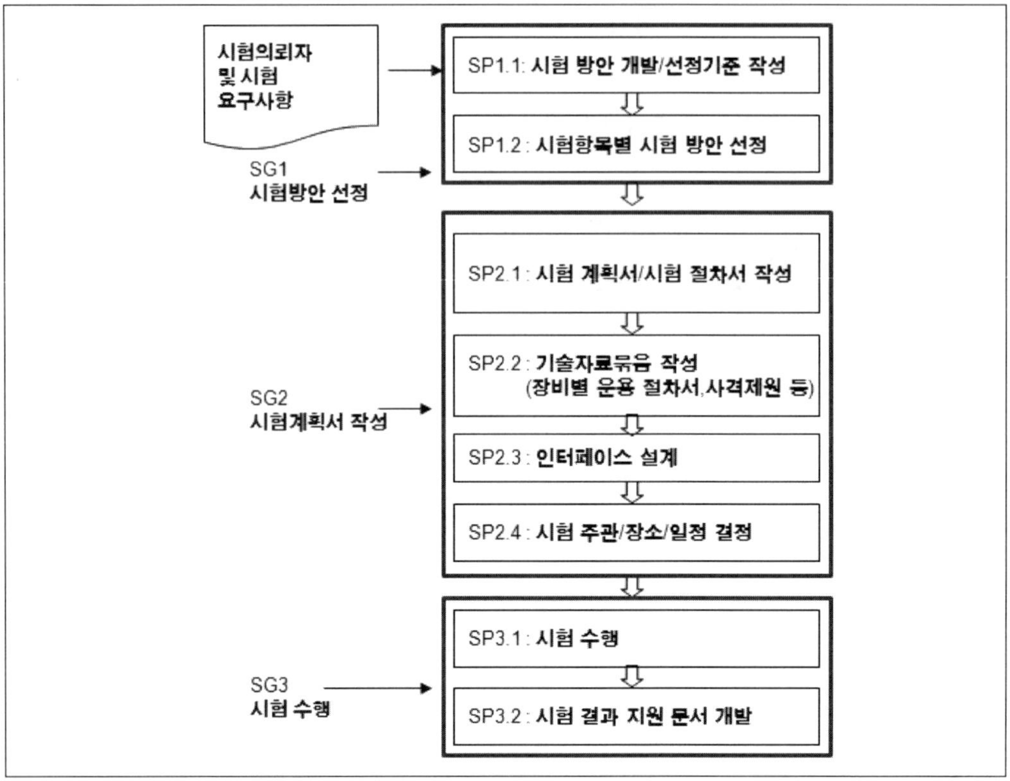

먼저 시험의뢰자 및 시험 요구사항을 충분히 충족시킬 수 있는 시험 방안을 개발하고 계측 능력, 시험 환경 등을 고려하여 선정기준에 따라 시험 항목 또는 품목에 적합한 시험 방안을 선정한다. 선정된 시험 방안을 바탕으로 상세 시험계획서 또는 시험절차서가 작성된다. 시험계획서에는 장비별 운용 절차서, 사격제원과 같은 기술자료 묶음을 정의하고 상호간의 인터페이스를 설계한다. 작성이 완료된 시험계획서를 바탕으로 언제, 어디서, 누가 수행하게 될지를 결정한다. 시험계획서에 따라 시험을 수행하게 되며 시험이 종료가 되면 시험결과에 포함된 내용을 자세히 설명할 수 있는 시험결과 지원문서를 작성한다. 시험결과 지원문서에는 시험시료, 기상자료, 안전통제 관련 내용 등을 포함하게 된다.

시험 방안 분야 모델링 예는 아래 〈표 3〉과 같다.

〈표 3〉 시험 대안 분야 수행 활동 및 산출물

TS	수행 활동 및 산출물
SP1.1	시험 요구사항을 만족하는 시험수행 방안 개발과 선정기준 개발, 시험 수행방안과 배제기준을 설정한다. 주요 산출물은 시험 방안 및 선정기준 설정결과/신기술 식별/시험 수행지침 등
SP2.1	선정된 시험 방안을 토대로 시험조건, 시험환경, 시험 및 계측 방법 등에 대한 세부 절차를 포함하여 시험 계획서를 작성한다. 주요 산출물은 시험 계획서, 시험 방안 및 검토회의 등이 있다.
SP2.4	최종 시험결과를 얻기 위하여 시험 여부 결정과 장소 및 시험일정을 결정한다. 주요 산출물은 시험항목별 시험 방안 분석 결과 등이 있다.

✔제품 통합(PI)

CMMI의 기술 방안 프로세스는 요구사항에 대한 설계, 개발, 이행을 목적으로 한다. SG1은 제품 구성 요소에 적합한 기술 방안을 선택하는 것으로, 여러 가지 기술 방안 및 선택하기 위한 기준을 개발하고 선택하는 것이다. SG2는 설계 개발 사항으로 제품이나 제품 구성요소를 설계하고, 이와 관련한 기술자료 묶음을 수립 및 유지하며 인터페이스를 설계한다. SG3은 제품에 대한 설계를 실행하고 제품을 지원할 문서를 개발한다. 시험업무에서 기술 방안 프로세스는 시험 방안 및 수행 프로세스로 모델링한다. 시험 방안 및 수행은 시험 의뢰자 및 시험 요구사항에 부합하는 시험 방안을 선정하고 이를 근거로 시험 계획서를 작성하여 시험을 수행하는 과정이며 그림 5.12의 순서로 실행한다.

그림 5.12 시험결과 통합

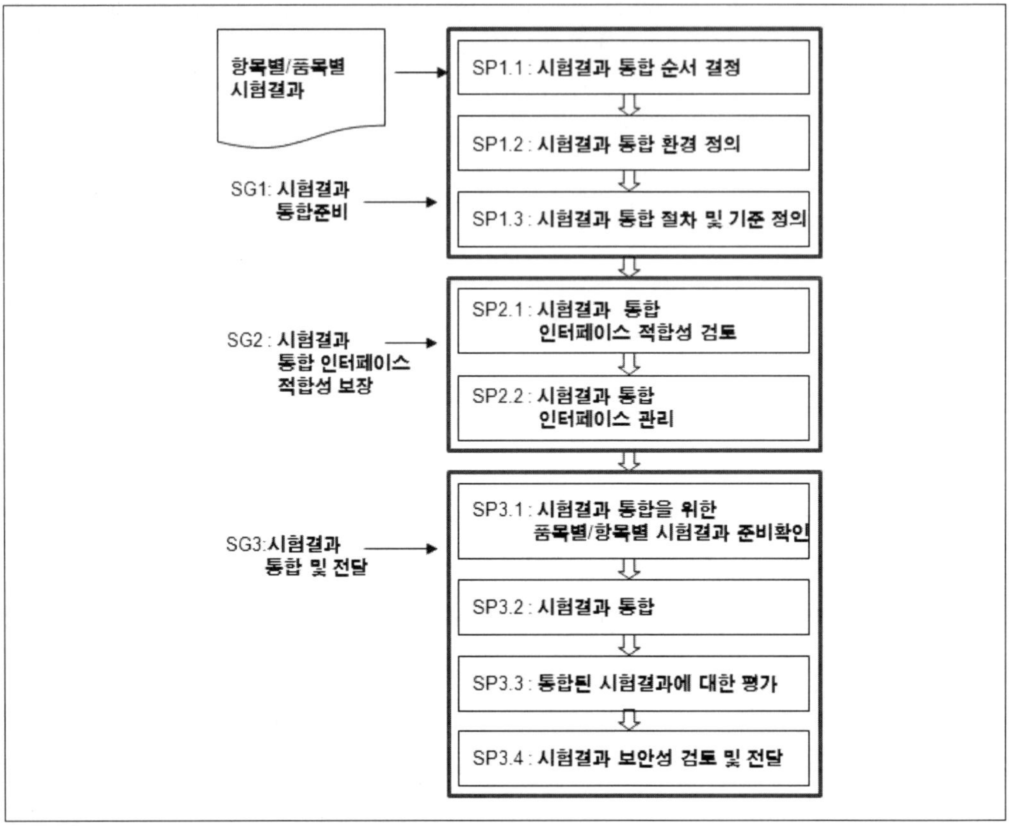

먼저 시험의뢰자 및 시험 요구사항을 충분히 충족시킬 수 있는 시험 방안을 개발하고 계측 능력, 시험 환경 등을 고려하여 선정기준에 따라 시험 항목 또는 품목에 적합한 시험 방안을 선정한다. 선정된 시험 방안을 바탕으로 상세 시험계획서 또는 시험절차서가 작성된다. 시험계획서에는 장비별 운용 절차서, 사격제원과 같은 기술자료 묶음을 정의하고 상호간의 인터페이스를 설계한다. 작성이 완료된 시험계획서를 바탕으로 언제, 어디서, 누가 수행하게 될지를 결정한다.

시험계획서에 따라 시험을 수행하게 되며 시험이 종료가 되면 시험결과에 포함된 내용을 자세히 설명할 수 있는 시험결과 지원문서를 작성한다. 시험결과 지원문서에는 시험시료,

기상자료, 안전통제 관련 내용 등을 포함하게 된다.

〈표 4〉 제품 통합 분야 수행 활동 및 산출물

PI	수행 활동 및 산출물
SP1.1	시험결과 통합순서를 결정한다. 주요 산출물은 통합항목 식별 및 순서 결정결과 등이 있다.
SP2.1	시험결과 통합을 위한 인터페이스 적합성을 검토한다. 주요 산출물은 시험결과 검토 결과, 시험환경 및 확인 결과 등이 있다.
SP2.2	요구조건을 만족하기 위한 인터페이스 기술서 변경 내역 관리한다. 산출물은 시험 방안 변경문서, 인터페이스 적합성 확인결과, 규격 불일치 및 변경 사항의 시정 조치 결과 등이 있다.

✔검증(VER)

CMMI의 검증 프로세스는 해당 작업 산출물이 지정된 요구사항을 충족시키는 것을 보장(ensure)하는데 목적이 있다. 검증 프로세스는 검증의 대상이 되는 작업 산출물을 선정하고 검증환경과 검증 절차를 수립하는 검증 준비(SG1), 동료 검토에 대한 준비를 통해 동료 검토를 실시하고 그 결과를 분석하는 동료 검토 수행(SG2), 해당 작업 산출물에 대한 검증을 실시(SG3)하는 것을 고유목적으로 한다.

시험업무의 검증 프로세스는 그림 5.13의 순서로 실행한다. 검증의 대상이 되는 작업 산출물은 시험장비나 계측장비의 운용절차서와 검사교정성적서 및 안전기준에 관한 것이며, 검증 환경으로는 표준 교정/검사장비, 시험화기 검사장비 및 환경시험기 안전협의 결과 등이 있다.

그림 5.13 검증

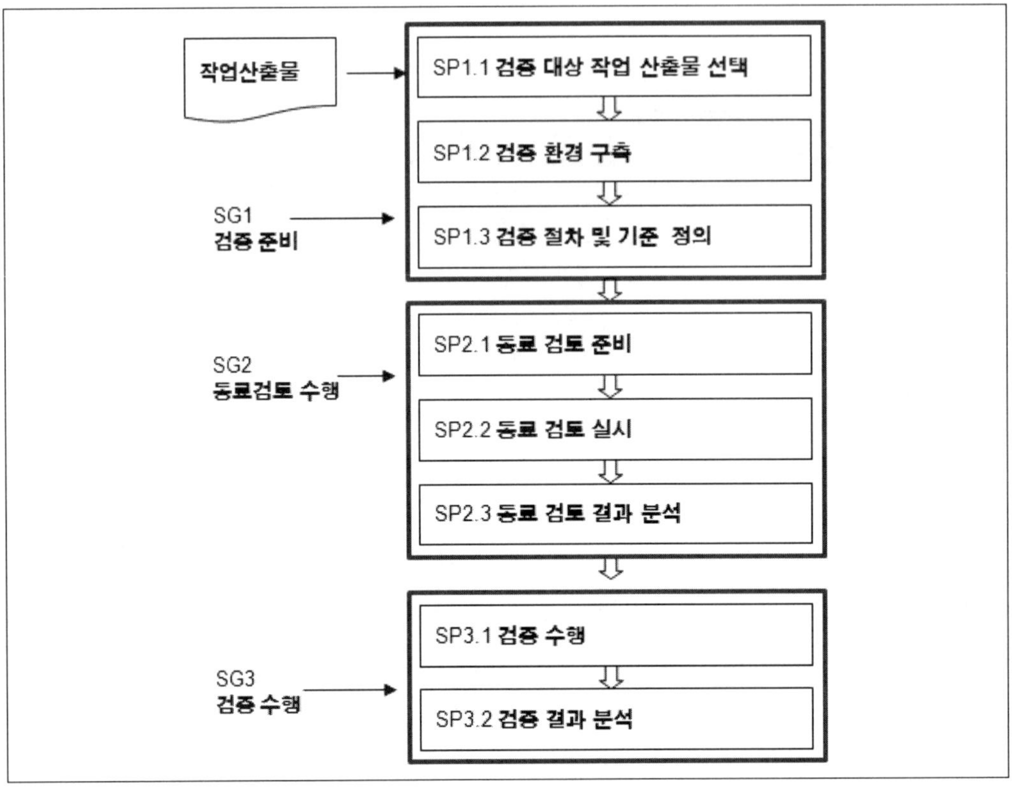

아래 〈표 5〉에 검증 분야 모델링 예를 도시하였다.

〈표 5〉 검증 분야 수행 활동 및 산출물

VER	수행 활동 및 산출물
SP1.1	검증대상 작업 산출물을 선택한다. 검증대상은 시험 및 계측장비의 운용절차서 검/교정 성적서, 안전기준, 검증자원, 지원 장비, 환경시험결과, 주요 산출물은 사업관리계획서 및 검증대상 작업 산출물 선정 목록 등이 있다.
SP1.3	시험절차서, 운용절차서, 검/교정 성적서의 유효기간 기준을 설정한다. 주요 산출물은 시험장비의 성능 및 요구조건 검증결과서/검증활동 계획/작업 산출물 리스트/검증기준 및 절차 등이 있다.
SP2.2	시험일정, 체크리스트, 작업 산출물 등에 동료 검토를 실시한다. 주요 산출물은 동료 검토 결과, 이슈 사항 및 시정 조치 활동 등이 있다.

✔확인(VAL)

CMMI의 확인 프로세스는 제품이나 제품 구성품이 의도된 환경에 있을 때, 그것이 계획된 대로 적용 되는지를 증명하는 것이다.

확인 프로세스는 확인의 대상이 되는 제품이나 제품 구성품에 대해 확인 환경, 확인 절차를 정의하는 확인 준비(SG1)와 실제 확인을 수행하고 결과를 분석하는 확인 수행(SG2) 과정으로 이루어진다.

시험업무에서 확인 프로세스는 그림 5.14의 순서로 실행한다. 시험업무에서 확인은 시험의뢰자 및 시험 요구사항과 제한사항을 확인하고 시험결과 통합 내용 또는 항목별/ 품목별 시험결과에 대해 확인과 평가 방법을 선정해야 한다.

확인을 위한 환경으로는 시험결과를 평가하기위한 통계적 기법이나 표준자료와 비교를 위한 환경이 요구된다.

그림 5.14 확인

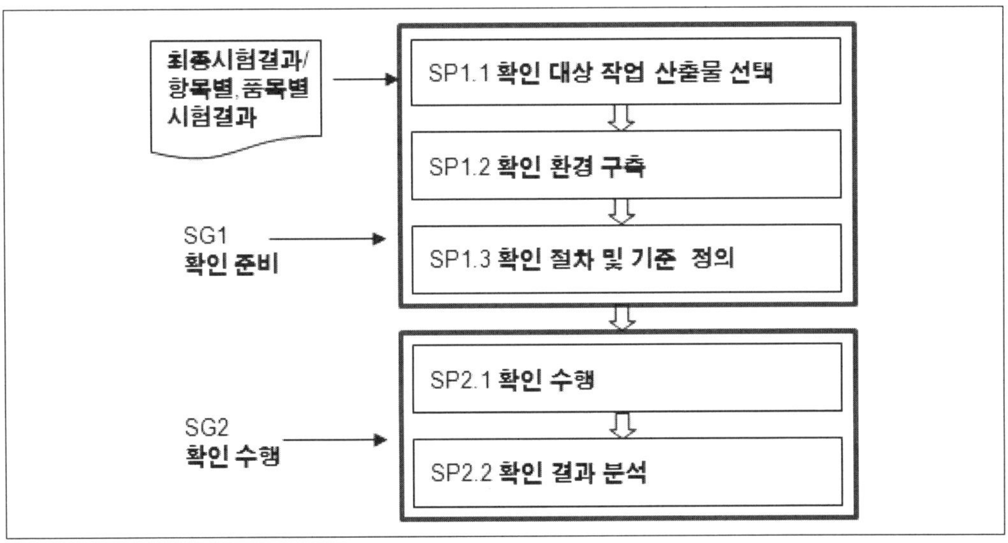

다음 〈표 6〉에 모델링 결과를 도시하였다.

〈표 6〉 확인 분야 수행 활동 및 산출물

VAL	수행 활동 및 산출물
SP1.1	요구사항과 제한사항 확인, 시험결과 식별 및 평가방법 등을 이해 당사자와 검토한다. 주요 산출물은 확인 대상 선정 결과 등이 있다.
SP1.3	시험결과 확인을 위한 절차와 기준을 수립한다. 시험의뢰자 및 시험 요구사항을 확인하고 확인 절차와 평가 기준을 확립한다. 주요 산출물은 시험 결과 확인 절차 및 기준 수립 검토 회의록 등이 있다.
SP2.2	확인 결과를 분석하고 이슈 사항을 식별한다. 시험 요구사항과 결과 값의 비교 분석이 이루어진다. 주요 산출물은 확인결과 분석보고서 ,시정 조치 사항 등이 있다.

✔요구사항 관리(REQM)

요구사항 관리는 프로젝트의 제품과 제품 구성의 요구사항을 관리하고 프로젝트의 계획과 작업 산출물 사이의 불일치한 사항을 식별하기 위함이다. 이러한 목적을 위해 요구사항의 모든 변경을 관리하고 요구사항과 프로젝트 계획, 작업 산출물 간의 관계를 관리해야 하며 이들의 불일치한 사항을 식별 및 시정 조치한다. 이들에 대한 주요 산출물은 요구사항 제공자들을 적절하게 구분하기 위한 기준 리스트와 요구사항의 평가와 수락 기준과 기준 대비 분석결과 및 합의된 요구사항 목록이 있다. 그리고 프로젝트 참여자들로부터 요구사항에 대한 승인을 획득하며 프로젝트 진행시에 발생하는 요구사항을 변경 및 관리 한다. 또한 요구사항의 양방향 추적 가능성을 유지하기 위해 요구사항과 프로젝트 계획 및 작업 산출물 사이의 양방향 추적 가능성을 유지하며 프로젝트 계획과 작업 산출물, 요구사항 사이의 불일치 사항을 식별한다.

5.7 공학 분야에 대한 시험업무 모델링 결과

CMMI 공학 분야 6개 PA중 ML3의 5개 공학 분야 PA에 대해 시험업무로 모델링하였다. 시험업무에서 제품은 최종 시험결과로 제품 컴포넌트는 항목별 시험결과로 모델링 하였다. 그리고 인터페이스는 시험 요구조건을 만족하는데 필요한 물리적인 활동들인데 시험/계측 수행 절차, 검/교정 절차, 시험환경 조건 및 시험자료처리 등의 인터페이스 활동으로 모델링 하였다. 운용 시나리오는 운용 환경하의 제품 구성 요소 상호간의 상호작용을 가상하여 설명한 일련의 사건인데 이는 시스템의 분석과 설계를 평가하거나 시스템의 타당성을 증명하는 데 사용한다. 시험업무의 운용시나리오는 무기체계의 운용 환경을 고려한 시험과 요구조건을 만족할 수 있는 최종 시험결과를 분석하고 검증 및 확인할 수 있는 과정의 시나리오로 모델링 하였다.

요구사항 개발은 최종 시험결과에 대한 범위를 정의하고 시험 의뢰자의 요구사항을 찾아내고 분석하며 검증 및 확인하는 프로세스 요구사항을 개발하는 것이며 기술 대안은 요구사항에 대한 시험설계와 시험수행을 목적으로 한다. 제품 통합은 각 항목별 시험결과가 통합되어 최종 시험결과가 하나의 제품이 되도록 모델링 하였다. 물론 통합에 필요한 형상관리나 공급업체 계약관리 검증 및 확인에 대한 절차나 기준을 문서화하여야 한다.

검증은 해당 작업 산출물이 명시된 요구사항을 충족시키는 것을 보증하는 것으로 시험절차나 규격대로 시험활동이 수행되는지 검증하는 것으로 모델링 하였다. 마지막으로 확인은 최종 시험결과와 항목별 시험결과 및 시험환경이 시험의뢰자의 요구된 대로 만족 되는지를 보여주면 되는데 시험 결과에 대한 확인을 위해 통계적 방법으로 정확도나 신뢰도 등을 평가하거나 표준장비의 자료와 비교 평가 방법 및 표준 규격을 활용하는 것으로 모델링 하였다.

CMMI ML3의 공학 분야의 프로세스 영역을 시험업무로 모델링하기 위해 제품과 인터페이스, 운용 시나리오, 요구조건 개발, 기술 대안과 제품 통합, 검증 및 확인에 대한 개념을 숙지하고 시험/계측 절차, 계측장비의 요구규격, 시험시료의 요구 환경조건, 시험 발사장비의 조건, 기상조건 및 안전기준 활동들을 각 SP에 해당되는 수행활동으로 매핑 하였다. 본 연구의 주요 모델링 결과는 아래와 같다.

① 제품 및 제품 컴포넌트는 최종 시험결과 및 항목별 시험결과로 모델링하였다.

② 요구사항 개발은 최종 시험결과와 시험의뢰자의 요구조건을 만족하는 사항 개발로 모

델링하였다.

③ 기술 대안은 요구사항에 대한 시험설계와 시험요구조건을 만족하는 시험 방안 및 인터페이스 설계와 시험장 선정 등으로 모델링하였다.

④ 제품 통합은 각 항목별 시험결과의 통합으로 모델링하였다.

⑤ 검증은 시험 및 계측의 절차 중 물리적 활동이 수반되는 것과 시험용 센서나 계측장비의 규격 준수 확인이나 시험시료 및 사격장비들의 요구 시험환경 및 안전기준 등에 관한 준수여부에 대한 검증활동으로 모델링하였다.

⑥ 확인은 최종 시험결과 및 항목별 시험결과와 시험환경의 요구사항 만족 여부로 모델링하였다.

⑦ 인터페이스는 시험수행 절차나 계측수행 절차, 계측 및 시험장비의 검/교정 절차, 시험시료의 환경 조건 및 시험 안전 통제활동 등으로 모델링하였다.

⑧ 운영 시나리오는 제품의 운용 시나리오에 부합하는 시험수행과 요구조건을 만족하는 각 항목별 시험결과를 얻기 위한 검증 및 확인 과정으로 모델링하였다.

연 습 문 제

1. 공학 프로세스 영역 간의 관계를 설명하고 공학 프로세스 영역의 구성 도를 그려라.

2. IDEF 방법론에 대하여 설명하라.

3. IDEF 모델의 도표를 그리고 IDEF 모형화 방법에 대하여 설명하라

4. IDEF0의 ICOM의 구조를 그리고 입력이 출력으로 변환되는 데이터나 객체를 의미하는 역할을 기술하라.

5. 요구사항 개발 영역의 모델링 방안에 대하여 기술하라.

6. 공학 분야별 수행활동 및 산출물을 기술하라.

7. 시험 평가 분야 검증 산출물에 대하여 기술하라.

8. 공학 분야 프로세스 영역에 대한 시험업무로 모델링한 결과에 대해 쓰라.

9. 다음 용어를 설명하라.

시험 수행 인터페이스, 모델링, 기술 대안, 제품 통합, 이해 당사자, 체크리스터

CMMI 기반의 프로세스 평가 방법

SEI에서 승인된 CMMI 기반의 프로세스 평가 방법에는 다음 2가지 유형의 지침서가 있다.

6.1 프로세스 평가 방법

Appraisal Requirement for CMMI(이하 ARC): CMMI 기반의 프로세스 평가 방법에는 3가지 심사 유형인 클래스 A방법과 클래스 B 및 클래스 C 방법으로 구분하고 있다.

Standard CMMI Appraisal Method for process Improvement Method Description Document(이하 SCAMPI MDD): 현재 SEI로부터 유일하게 승인된 클래스 A 프로세스 평가 방법인 SCAMPI에 대한 설명이다.

현재 SCAMPI 만이 유일하게 SEI로부터 승인된 클래스 A 평가 방법 이라는 것이다. 즉 SCAMPI 만이 ARC에서 정의한 클래스 A 평가의 모든 요구사항을 충족시키고 있다는 것이다.

6.2 SCAMPI 심사

SCAMPI는 "Standard CMMI Appraisal Method for process Improvement"의 약어이다. SCAMPI 평가는 반드시 SEI로부터 공인된 SCAMPI 선임 심사원에 의해 SEI로부터 제공되는 SCAMPI 평가 자료에는 SCAMPI가 CMMI를 참고 모델로 하는 SEI가 공인한 유일한 평가 방법이다.

SCAMPI 버전1.2에서는 평가 기간을 단축시키기 위해 현장 평가를 수행하기 전에 PIID (Practice Implementation Indicators Description)를 이용해 평가 대상 조직의 정보를 실행별로 수집하도록 했다. PIID는 직접 산출물과 간접 산출물에는 평가 대상 조직의 문서 명을 기록하며 인터뷰는 평가기간 동안에 인터뷰 결과를 정리한 것이다.

6.3 PIID 작성 방법

PIID(Practice Implementation Indicators Description)는 사업 세부 수행 지표 목록이라고 말할 수 있다. PIID의 작성은 각 사업에서 프로세스 영역의 실행들에 대해 작성한다. PIID의 주요 내용 중 직접적인 작업 산출물과 간접적인 작업 산출물에는 평가 대상 조직의 문서 명을 기록하며 인터뷰는 평가 기간 동안 인터뷰 결과를 정리하면 된다. PIID 작성은 제일 먼저 평가 대상 조직에서 개별 실행에 해당하는 직접 및 간접 산출물 명을 채워 넣어야 한다. 이것은 CMMI의 실행들이 평가 대상 조직에서 어떻게 이행되고 있는지를 나타낸다. 그리고 평가 대상 조직에서는 직접 및 간접 산출물의 위치까지도 함께 기록해야 한다. 이러한 작업은 심사원들이 현장 평가 활동을 수행하기 전에 평가 대상 조직의 현황을 가늠할 수 있도록 해주기 때문에 굉장히 의미 있는 활동이라고 할 수 있다. 그리고 인터뷰를 통해 문서의 존재 여부를 확인하고 해당 문서에 대해 일일이 검토 활동을 수행한다. PIID의 작성 예를 다음 〈표 6.1〉에서 볼 수 있다.

〈표 6.1〉 PIID 작성 방법

실행 ID	프로젝트 계획 수립 프로세스 영역 SP1.1:프로젝트 범위를 견적하기 위해 상위 수준의 WBS를 작성해야 한다.		
PIID Type	직접적인 작업 산출물	간접적인 작업 산출물	인터뷰
조직의 이행 정도	- 개정 이력을 포함하는 상위 수준의 WBS - 작업 기술서 - 프로젝트 설명서 - 계획, 규격 - 실행 수행결과로 나오는 산출물 - Generic goal	- WBS를 작성하였다는 회의록, e-mail, 리뷰 등 - 지침 - 검토회의, 실무회의	- 개발자: 우리는 WBS를 이용한다. - 프로젝트 관리자 : 나는 WBS에 따라 일을 해왔습니다.
심사 팀 노트	모든 프로젝트에서 WBS 발견됨		

〈표 6.2〉에서 검증 프로세스 영역의 SP1.1에 대한 PIID 작성 예를 보였다.

〈표 6.2〉 PIID 작성 예

Status	Key Practice/Notes	Document(s)	Direct	Indirect
SG 1	검증 준비			
SP1.1	검증을 위한 작업 산출물 선택			
	검증 대상 산출물 선정/검증 방법/활동 계획	000시험 검증 및 확인 계획서 (09A10-20091030) -7.검증일정-8검증참여자 -9.검증 대상 및 내용	√	
	검증 및 확인 업무 절차	000사업관리 계획서 (09A10-20091210) -6.1.4.2 검증 및 확인 업무 절차		√

6.4 동료 검토

동료 검토란 작업 산출물의 결함 제거를 위해 산출물을 개발하는 동안 동료들이 산출물을 검사하는 과정이며 동료 검토 시행 계획을 수립하고 동료 검토를 수행한 후 동료 검토 결과를 분석해야 한다. 동료 검토 시행 계획 수립을 위해 먼저 동료 검토 대상 산출물을 식별한다. 동료 검토 대상 식별 문서는 형상관리 대상 기술문서 및 비 기술문서뿐만 아니라 사업 수행 시 의사결정의 근거로 활용되는 자료 등이 있다. 다음으로 동료 검토 유형을 선정해야 하는데 유형의 종류는 공식 검토, 수시 검토 및 회람 등이 있는데 〈표 6.3〉과 같다.

〈표 6.3〉 동료 검토 유형별 수행 활동

유 형	수행 활동		
	계획 수립	검토 회의	후속 조치
공식 검토	0	0	0
수시 검토	0	0	x
회 람	x	△	x

0 : 필수적 수행, △ : 사안에 따라 선택적으로 수행, x : 수행 않음

그리고 동료 검토 유형별 참여자는 〈표 6.4〉와 같다.

〈표 6.4〉 동료 검토 유형별 참여자

유 형	참 여 자				비 고
	중재자	작성자	검토자	승인자	
공식 검토	0	0	0	0	참여자의 역할과 책임을 구체적으로 정의함
수시 검토	x	0	0	0	작성자가 동료 검토를 주관함 다른 참여자의 역할을 정의하지 않음
회람	x	0	0	0	작성자가 다수의 검토자에게 검토를 요청함

동료 검토에 포함되어야 할 내용은 동료 검토 대상 산출물, 작성자, 작성 시기, 동료 검토 유형, 시기, 참여자, 교육훈련 계획 등이 있다.

동료 검토 수행은 공식 검토 참여자의 역할과 책임을 부여하고 착수기준과 완료 기준 및 수행계획을 수립해야 한다.

동료 검토 참여자는 동료 검토 대상이 결함 및 이슈를 식별하고 식별된 결함 및 이슈에 대하여 동료 검토 결과 서를 작성해야 한다.

마지막으로 동료 검토 결과 분석은 동료 검토 시행계획에 따라 동료 검토가 수행되었는지 진행 현황을 관리하고 동료 검토 세부 계획 및 동료 검토 결과보고서를 사업 책임자에게 보고하며 동료 검토 수행활동 관련 산출물을 통합하여 관리한다.

동료 검토 유형 선정은 주어진 상황에 대해 가장 적절한 동료 검토 유형을 선정하는 방법으로 위험을 고려하는 것인데, 대상 산출물이 결함을 품고 있을 가능성, 그 결함이 산출물에 해를 입힐 가능성을 파악해야 한다. 그리고 동료 검토 목적에 부합하는 가장 저렴한 기법을 선정하고 고 위험성을 가진 산출물에 대해서는 공식 검토를, 저 위험을 가진 산출물은 보다 저렴한 동료 검토 유형을 선정하는 것이 좋다. 또 동료 검토 대상 산출물의 기술적 복잡도가 높을수록, 사업에 미치는 영향이 클수록, 대상 산출물의 최종 확정시기에 가까울수록 공식 검토를 통하여 산출물의 결함을 조기에 식별해야 한다.

동료검토 유형별 수행절차

1. 공식 검토

- 공식 검토 참여자 역할과 책임

  중재자: 공식 검토를 주도하며 모든 절차를 관리하고 조정함.

  작성자: 검토 대상 산출물을 작성함.

  발표자: 검토 회의에서 검토 대상 산출물의 작은 부문 단위별 요점 및 식별된 결함을 동료검토 참여자에게 설명함

- 착수 기준

  동료검토 시행 계획에 의거 검토 대상 산출물과 동료검토 유형이 결정될 때, 검토 대상

산출물이 동료검토 할 준비가 완료될 때 및 동료검토 참여자가 동료검토 수행에 관한 교육훈련을 받았을 경우가 된다.

- 완료 기준

식별된 모든 결함 및 이슈가 해결 되거나 동료검토 결과서가 제출될 때이다.

- 수행 절차

계획 수립 단계: 계획 수립 단계에서 중재자는 동료검토 세부 계획을 수립하고 동료검토 참여자에게 검토 자료를 배포한다.

① 작성자는 산출물이 검토될 수 있는 준비 상태가 되었음을 알린다.

② 중재자는 동료검토 참여자의 역할을 부여한다.

③ 중재자는 동료검토 대상 산출물의 크기를 결정하고 산출물에 대한 준비 회의가 필요한지 결정하여 세부 일정을 수립한다. 일반적으로 검토 회의는 2시간 이내로 완료되도록 운영하며, 검토자별 검토 량이 문서의 경우 시간 당 10~20페이지를 넘지 않도록 한다.

④ 중재자는 ②, ③의 내용에 대해 동료검토 세부 계획을 작성한다.

⑤ 중재자는 동료검토 중점 점검 사항에 대해 작성자와 협의하여 동료검토 체크리스트를 작성한다.

⑥ 중재자는 동료검토 참여자에게 동료검토 자료를 배포한다. 동료검토 자료는 동료검토 세부 계획, 동료검토 대상 산출물, 관련 계획 등 동료검토 대상 산출물 검토 시 적용할 문서, 동료검토 체크리스트 및 결함 목록 서식 등이 있다.

⑦ 중재자는 계획 수립에 대한 측정 자료를 동료검토 결과 서에 기록한다.

준비 회의 단계(필요 시): 준비 회의 단계에서 중재자가 동료검토 참여자에게 동료검토 절차를 설명하고 작성자가 대상 산출물을 설명하는 데 동료검토 참여자가 이미 경험이 있거나 주요사항에 대한 설명이 자료로 대신 한다면 생략할 수 있다.

① 중재자는 동료검토 참여자에게 동료검토 절차 및 서식 작성법에 대해 설명한다.

② 작성자는 동료검토 참여자에게 동료검토 대상 산출물의 주요 내용을 설명하고 동료검토를 통해 바라는 기대사항을 설명한다.

③ 중재자는 준비 회의에 대한 측정 자료를 동료검토 결과 서에 기록한다.

사전 검토 단계: 사전 검토 단계에서 검토자는 동료검토 대상 산출물에 대해 검토하여 결함을 식별하며, 중재자가 제출한 결함 목록을 근거로 동료 회의를 수행할 준비가 되었는지 확인한다.

① 검토자는 동료검토 대상 산출물에 대하여 동료검토 체크리스트를 근거로 검토한다.

② 중재자는 식별된 결함을 결함 분류 기준에 의하여 분류하여 결함 목록을 작성하여 중재자에게 제출한다.

③ 중재자는 검토자가 제출한 결함 목록을 수집하고 결함이 기준에 의해 적절히 분류되었는지, 결함 목록 서식에 적합하도록 작성되었는지 확인한다.

④ 중재자는 모든 검토자가 제출한 결함 목록을 하나의 결함 목록으로 통합하고 공통적으로 식별된 주요 결함을 식별한다. 동료검토 대상 산출물이 기대 이상의 결함을 보여 준다면 검토 회의를 준비하는 것은 의미가 없을 수 있다. 이런 경우 중재자는 검토 회의 일정을 조정할 수 있다.

⑤ 중재자는 모든 동료검토 참여자가 검토 회의를 수행할 준비가 되었는지 확인한다.

⑥ 중재자는 동료검토 참석자에게 통합된 결함 목록을 배포한다.

⑦ 중재자는 사전 검토에 대한 측정 자료를 동료검토 결과 서에 기록한다.

검토 회의 단계: 동료검토 회의에서 동료검토 참여자는 전원 의견 합의(Consensus)방식으로 결함을 분류하고 결정하며, 대상 산출물에 대한 승인 여부를 결정한다. 중재자는 동료검토 참여자로부터 동료검토 시행에 대한 피드백을 수집한다.

① 중재자는 동료검토 참여자가 모두 참여하였는지를 확인한다. 일부 불참자가 있을 경우에는 검토 회의를 연기할 수 있다.

② 중재자는 검토 회의를 수행하는 절차 및 수행 목적에 따라 동료검토 참여자에게 설명하며, 검토 단위별 최대 토의 시간을 2분으로 제한한다.

③ 발표자는 산출물을 작은 조항으로 나눠 해당 조항의 요점, 결함 목록을 토대로 해당 조항에서 식별된 결함에 대해 검토자에게 설명한다.

④ 중재자는 검토자 순으로 결함을 발표하게 하며 제시된 결함에 대하여 모든 검토자가 의견을 제시하도록 한다. 동료검토 참여자는 발표된 결함에 대해 전원 의견 합의 방식으로 의견 취합해서 분류하고 결정하며 만약 의견 취합이 불가능하면 "open"상태로 분류한다. 주요 결함에 대해 개략적으로 응답하고, 각 분야의 관점에서 결함을 찾아낼 수 있도록 지원한다. 기록자는 토의 결과를 결함 목록에 기록한다.

⑤ 검토회의에서 토의를 종료하고 중재자는 "open issue"를 동료검토 참여자에게 부여한다.

⑥ 검토자가 대상 산출물에 지적 내용을 기록하여 제출한 경우 중재자는 이와 함께 결함 목록을 작성자에게 제출하여 수정할 수 있도록 한다.

⑦ 동료검토 참여자는 대상 산출물에 대한 승인 여부를 결정한다. 승인 유형은 다음과 같다.

· 승인(Accepted As is): 산출물에 대한 수정은 필요하지만 수정 결과에 대한 검토 과정은 불필요.

· 조건부 승인(Accepted conditionally): 결함에 대해 수정되어야 하며 변경 결과는 검토에 참여한 사람 중 지정된 사람에 의해 검증 필요.

⑧ 중재자는 동료검토 참여자로부터 동료검토 시행에 대한 피드백을 수집한다.

⑨ 동료검토 참여자는 동료검토 결과 서에 서명하며 이를 동료검토 결과에 대해 동의하는 것으로 간주한다.

⑩ 검토 회의를 종료한다.

⑪ 중재자는 수집된 피드백 및 동료검토 시행에 대한 측정 자료를 동료검토 결과 서에 기록한다.

재작업 단계: 재작업 단계에서 "open issue" 해결을 책임진 동료검토 참여자(이슈 해결 담당자)는 이슈를 해결하고 작성자는 결함을 교정한다.

① "이슈 해결 담당자"와 작성자는 각각 이슈 해결과 결함 교정에 소요되는 기간을 추정하고 완료 예정 일자를 중재자에게 보고한다. 사업의 추진 일정에 맞추거나 통상적으로 1~2주 정도로 추가로 부여할 수 있다.

② 이슈 해결 담당자는 이슈를 해결한다. 작성자는 결함 목록을 근거로 검토 회의에서 지적한 결함 모두를 교정한다.

③ 중재자는 재작업에 대한 측정 자료를 동료검토 결과 서에 기록한다.

후속 조치 단계: 후속 조치 단계에서 중재자는 재작업 결과와 "open issue" 해결 결과를 검증한다.

① 중재자는 작성자와 후속 조치를 위한 회의 일정을 정한다.

② 중재자는 후속 조치를 위한 회의에서 작성자 및 이슈 해결 담당자와 함께 재작업 결과와 "open issue" 해결 결과를 검증한다. 필요 시 검토 팀을 요청하여 검증에 참여하게 할 수 있다. 중재자는 검증 결과가 만족한 상태가 아닌 경우에 작성자와 이슈 해결 담당자에게 재작업을 요청할 수 있다.

③ 중재자는 검증 결과 및 후속 조치에 대한 측정 자료를 동료검토 결과 서에 기록한다.

④ 중재자는 동료검토 자료를 동료검토 담당자에게 제출하고 동료검토를 종료한다.

- 공식검토 산출물

① 동료검토 세부 계획

② 동료검토 체크리스트

③ 결함 목록

④ 동료검토 결과서

⑤ 재작업이 완료된 동료검토 대상 산출물

2. 수시 검토

- 수시 검토 참여자 역할과 책임

작성자: 검토 대상 산출물을 작성하고 그리고 수시 검토를 주도한다.

검토자: 검토 대상 산출물을 검토하고 분석하여 결함을 식별한다.

- 착수 기준

① 동료검토 시행 계획에 의거 검토 대상 산출물과 동료검토 유형이 결정됨

② 검토 대상 산출물이 동료검토 할 준비가 완료됨

- 완료 기준

① 식별된 모든 결함이 해결됨

② 동료검토 결과서가 제출됨

- 수행 절차

계획 수립 단계: 계획 수립 단계에서 작성자는 동료검토 세부 계획을 수립하고 검토자에게 대상 산출물 및 동료검토 세부 계획을 배포한다.

① 작성자는 검토자를 선정하고 검토 회의 일정 및 장소를 정하여 동료검토 세부 계획을 작성한다.

② 작성자는 검토자에게 대상 산출물 및 동료검토 세부 계획을 배포한다.

사전 검토 단계: 검토자는 동료검토 대상 산출물에 대해 검토하여 결함을 식별한다.

① 검토자는 동료검토 대상 산출물에 대하여 검토하여 결함을 식별한다.

② 검토자는 식별된 결함을 결함 분류 기준에 의하여 분류하여 결함 목록을 작성하여 작성자에게 제출한다.

③ 작성자는 검토자들이 제출한 결함 목록을 하나의 결함 목록으로 통합하고 공통적으로 식별된 주요 결함을 식별한다.

④ 작성자는 검토자에게 통보된 결함 목록을 배포한다.

검토 회의 단계: 동료검토 회의에서 검토자는 검토 대상 산출물에 대해 결함을 지적하거나 잠재적인 결함, 개선 방안 등을 제시한다.

① 작성자는 자신의 필요에 의거 산출물의 임의의 단위로 나눠 해당 부분의 요점, 해당 부분에서 식별된 결함에 대한 검토자에게 설명한다.

② 검토자는 작성자가 발표하는 해당 부분에 대해 질문하고 결함을 지적하거나 잠재적인 결함, 개선방안 등을 제사한다.

③ 검토 회의에서 토의를 종료하고, 동료검토 참여자는 동료검토 결과 서에 서명하며, 이는 동료검토 결과에 대해 동의하는 것으로 간주한다.

④ 검토 회의를 종료한다.

⑤ 작성자는 검토 회의 결과를 동료검토 결과 서에 기록한다.

재작업 단계: 재작업 단계에서 검토자는 제시한 의견 및 결함 목록에 의거하여 대상 산출물을 수정한다.

① 작성자는 검토자가 지시한 의견 및 결함 목록에 의거하여 대상 산출물을 수정한다.

② 작성자는 동료검토 세부 계획, 결함 목록, 동료검토 결과 서를 동료검토 담당자에게 제출하고 동료검토를 종료한다.

- 수시 검토 산출물

① 동료검토 세부 계획

② 결함 목록

③ 동료검토 결과서

④ 재작업이 완료된 동료검토 대상 산출물

3. 회람

- 회람 참여자 역할과 책임

  작성자: 검토 대상 산출물을 작성함, 검토자를 지정함

  검토자: 검토 대상 산출물을 검토하고 분석하고 결함을 식별함

- 착수 기준

  ① 검토 대상 산출물이 동료검토 할 준비가 완료됨

  ② 검토 대상 산출물을 검토하고 분석하여 결함을 식별함

- 완료 기준

  작성자가 검토자의 의견을 반영하여 검토 대상 산출물을 수정함

- 수행 절차

  ① 작성자는 검토자를 지정하고 배포 방법, 일정을 정한다.

  ② 작성자는 검토자에게 검토 대상 산출물을 배포하고 접근 가능하도록 한 상태에서 검토자에게 대상 산출물이 이용 가능한 상태임을 통보하고 검토 완료 일자를 제시한다.

  ③ 검토자는 검토 의견을 제시한다. 인쇄물에 직접 검토 의견을 작성하거나 파일에 기록 혹은 주석으로 의견을 제시할 수 있다. 검토자는 검토 의견을 작성자에게 제출한다.

  ④ 작성자는 검토완료 일자가 되면 검토자가 제출한 의견을 수집하고 검토한다.

  ⑤ 작성자는 검토자의 의견에 따라 필요한 재작업을 수행한다. 검토자의 의견에 대한 수용 여부의 선택은 작성자가 판단한다.

  ⑥ 작성자는 검토자의 의견을 축적하기 위하여 파일 공유 방법을 사용했다면 해결된 의견에 대하여 지우고 추가적인 토의 및 합의가 필요한 사항을 남겨둔다.

- 회람 검토 산출물
  ① 검토 의견
  ② 수정된 동료검토 대상 산출물

4. 결함 분류

동료검토에 발견되는 결함을 분류하면 다음과 같다.

결 함	설 명
주요 결함	- 상위 규격서(요구사항, 설계)의 명시적/묵시적 해석과 일치하지 않는 사항 - 사업 일정 및 시스템 기능에 영향을 주는 사항
보통 결함	- 주요 결함이 아닌 사항 - 문서 규격 및 일반적으로 이해되는 시스템 기능에 대한 오류 - 사업 일정 및 시스템 기능에 영향을 주지 않는 사항
문법 오류	- 오자/탈자/맞춤법 오류
공통 결함	- 검토 대상 산출물에서 2회 이상 반복적으로 발견되는 주요/보통/Redline 결함
open issue	- 검토 회의에서 검토자간에 합의되지 않은 이슈로서 추가적인 분석 및 검토가 요구되는 사항

5. 동료 검토 결과서 양식

동료검토 결과서				
일자	내용 검토	검토 의견	검토자	서명

6.5 Use-cases 다이어그램

1. Use-cases

시스템이 제공하는 기능 및 그와 관련한 외부요소(유저나 외부시스템)를 표시한다. 일반적으로 시스템 개발 초기에 유저가(-기능을 원한다)하는 요구를 표현할 때에 사용한다.

- 표기법

타원으로 표시하고 그 안쪽 혹은 아래쪽에 Use-cases 이름을 기술한다. Use-cases 이름은 (예약한다) 혹은 (등록한다)와 같이 동사로 기술한다.

- 샘플

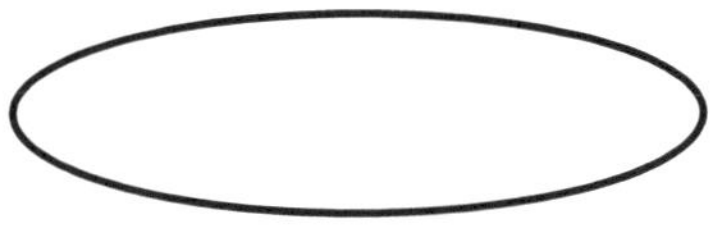

주문 내용을 입력 한다

2. Actor

어떤 시스템을 중심으로 보았을 때 거기에 관련한 모든 외부 요소를 표현한다. 구체적으로는 그 시스템의 유저나 연계되어 있는 외부 시스템이 여기에 해당된다.

- 표기법

원과 선을 종합하여 그린 사람 모양으로 표현하고 그 밑에 액트의 이름을 기술한다. 사람을 액트로 표시하는 경우, 유저의 본명이 아니라 그 유저의 역할을 Actor 명으로 정의한다.

- 샘플

주문 접수계

상품 관리시스템

3. Use-cases와 Actor 사이의 관계

Use-cases와 Actor 사이의 관계는 시스템이 제공하는 기능과 외부요소(유저나 외부 시스템)의 관계를 나타낸다.

- 표기법

관련한 Actor와 Use-cases 사이에 실선을 그어 표기한다.

- 샘플

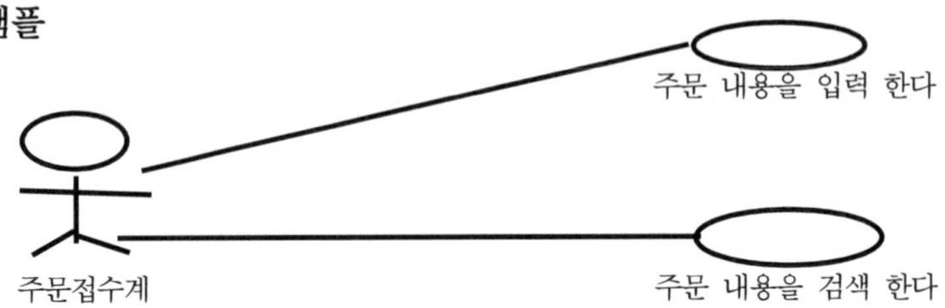

4. Use-cases 사이의 포함관계(include)

Use-cases 사이의 포함관계는 시스템 기능이 별도의 기능을 포함한다고 하는 관계를 표시한다.

- 표기법

포함하는 쪽에서 포함되는 쪽으로 점선으로 된 화살표를 그리고 스테레오 타입 〈〈include〉〉를 함께 표시한다.

- 샘플

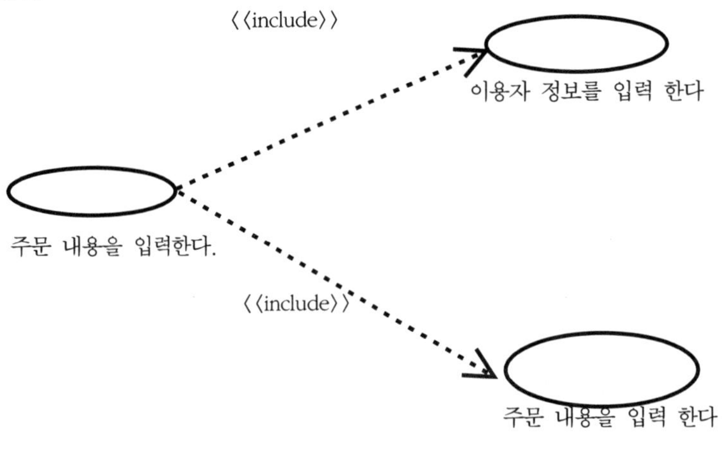

5. Use-cases 사이의 확장관계(extend)

Use-cases 사이의 확장관계는 이미 존재하는 시스템 기능에 별도의 기능이 추가될 수 있는 관계를 나타낸다.

- 표기법

확장기능의 Use-cases에서 확장 대상이 되는 베이스 Use-cases 쪽으로 점선화살표를 그어 관계를 구분하고 확장포인터란 확장한 기능을 사용하는 특정 포인터를 기술할 수 있다. 확장 포인트란 확장한 기능을 사용하는 특정 포인트를 가리킨다.

- 샘플

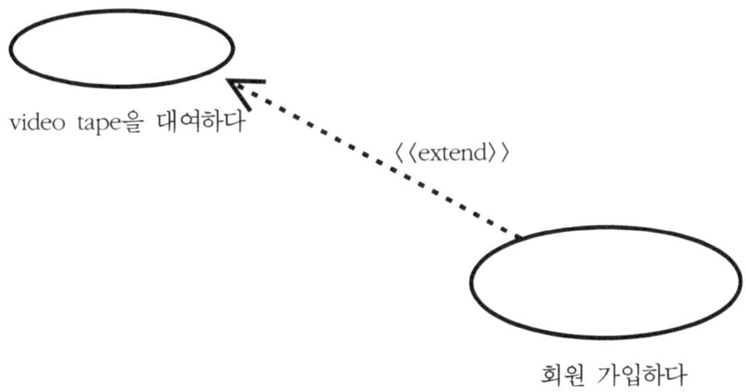

video tape을 대여하는 과정에서 손님이 회원이 아니라면 회원 가입하는 작업으로 extend 될 수 있다.

6. Use-cases 사이의 일반화 관계(generalization)

Use-cases 사이의 일반화 관계는 시스템 기능 사이에 추상화 혹은 구체화 관계가 존재함을 나타낸다.

- 표기법

구체적인 Use-cases로부터 추상적인 Use-cases 쪽으로 머리 모양이 하얀색 마름모형으로 된 실선 화살표를 그어 표기한다.

- **샘플**

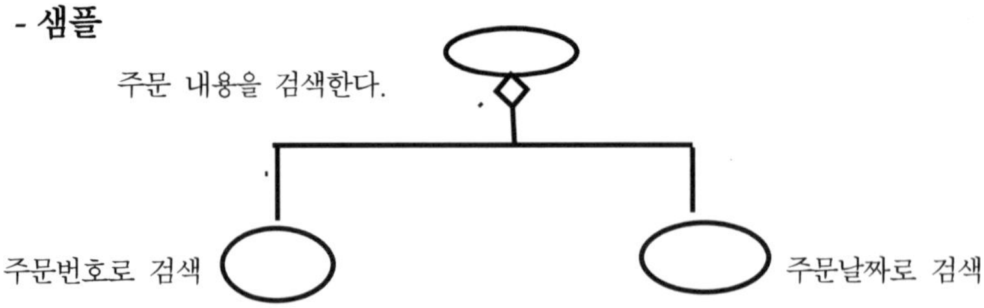

7. Actor 사이의 일반화 관계(generalization)

Actor 사이의 일반화 관계는 시스템 외부요소(유저, 외부시스템) 사이에 추상화 또는 구체화의 관계가 존재함을 표시한다.

- **표기법**

구체적인 Actor에서 추상적인 Actor 쪽으로 머리 모양이 흰색 마름모형으로 됨 실선 화살표를 그어 표기한다.

- **샘플1:**

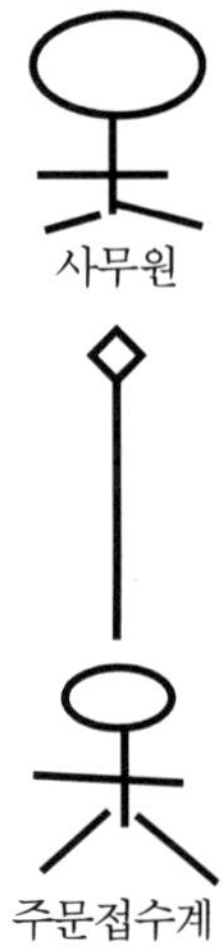

- **샘플2:**

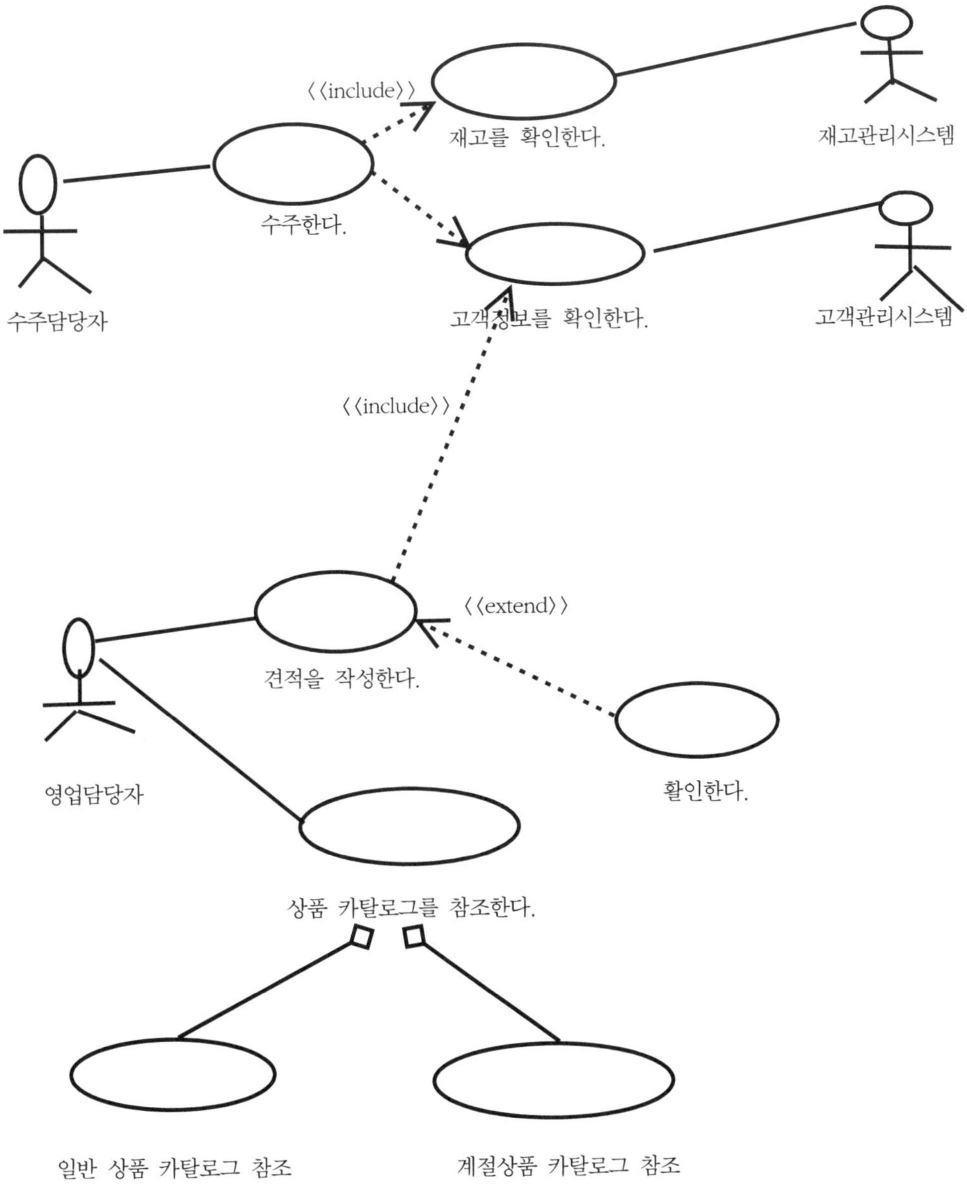

《include》
재고를 확인한다.
재고관리시스템
수주담당자
수주한다.
고객정보를 확인한다.
고객관리시스템
《include》
《extend》
견적을 작성한다.
영업담당자
확인한다.
상품 카탈로그를 참조한다.
일반 상품 카탈로그 참조
계절상품 카탈로그 참조

6.6 PIID 작성 예

Project Planning(PP)

Key Practice / Notes	Document (s)	D	ID
SG1 Estimates of project planning parameters are established and maintained.			
SP1.1 Establish a top-level work breakdown structure (WBS) to estimate the scope of the project.			
00 개발방안 협의	○00_00개발준비1차 회의록		V
00 분할과제 작업분할구조(WBS) 요소 구분	○분할사업계획서/ IV.장 라. 작업분류체계(문서)	V	
SP1.2 Establish and maintain estimates of the attributes of the work products and tasks.			
00분할과제작업산출물및필요한활동을 산정및유지를위한지침	○00 사업계획수립지침/ 제3장 11조 사업계획수립준비 단계 수행 (문서)		V
00분할과제사업범위추정	○00 분할과제 사업계획서V1.1 / II.장 1. 분야별 기술분석/ IV.장 2. 시스템 설계개념(문서)	V	
SP1.3 Define the project lifecycle phases upon which to scope the planning effort.			
00 사업수명주기 설정 지침 작성	○0사업계획수립지침 /제3장 12조 사업계획추정단계 (문서)		V
00 사업수명주기 설정	○분할사업계획서/IV.장1.1개발기간,1.2개발예산 - X. 연도별 사업계획/00 과제관리계획서 (문서)	V	
SP1.4 Estimate the project effort and cost for the work products and tasks based on estimation rationale.			
00 작업 산출물과 비용 추정 지침	○00 사업계획수립지침 /제3장 12조 사업계획추정단계		V
00 사업 소요예산 항목별 상세추정	○분할사업계획서 / 부록 1. 세부예산 내역(문서)		
SG2 A project plan is established and maintained as the basis for managing the project.			
SP2.1 Establish and maintain the project's budget and schedule.			
00 예산 및 인력 계획 수립 지침	○사업계획수립지침 / 제3장 13조 사업계획 작성단계 수행		V
00 연도별 계획	○분할사업계획서/X. 연도별 사업추진계획	V	

SP2.2 Identify and analyze project risks.			
00 사업의 위험요소 식별 지침	○00분할과제사업조정지침/제3장13조 사업계획 작성단계수행		V
00 위험 목록	○00위험보고서(00II-20091020-1)/ / 위험목록	V	
SP2.3 Plan for the management of project data.			
00 사업에 따른 산출물 자료 관리 계획 지침	○00 사업 계획지침/제3장 13조 사업계획 작성단계 수행		V
00 과제관리계획서: 산출물 자료 관리 계획 작성	○00과제관리계획서/XIV.산출물 자료 관리계획	V	
SP2.4 Plan for necessary resources to perform the project.			
사업 수행을 위한 사업 인력/장비/시설 계획, WBS 작성 지침 작성	○00사업계획수립지침(00-20091201-1)/ 제3장 13조 사업계획 작성단계 수행		V
00 분할과제 개발체계 구성, 수행조직, WBS 작성	○00 개발기법_분할과제_WBS(00II-20100114-5)	V	
SP2.5 Plan for knowledge and skills needed to perform the project.			
00개발소요기술식별양식	○체계개발실행계획서 작성양식/ 소요기술 식별 및 국내기술수준분석 Template		V
00 개발 소요기술 식별 대처방안	○분할사업계획서 (MFT_060831_1/ II.장 2.절 1)소요기술 식별/ II.장 2.절 2) 국내기술 및 부족기술 대처방안	V	
SP2.6 Plan the involvement of identified stakeholders.			
00 사업 관련자 업무수행계획 작성 근거	○00 분할과제 사업 조정 지침/제3장 13조 사업계획 작성단계 수행		V
00 사업 관련자별 업무수행계획 작성	○00 과제관리계획서/III.장 3절 마. 관련자 식별 및 참여계획	V	
SP2.7 Establish and maintain the overall project plan content.			
00 분할과제 사업계획서 작성 근거	○00 분할과제 사업 조정 지침 /제3장 13조 사업계획 작성단계 수행		V
00 과제관리 계획서 작성	○00 과제관리계획서 (00II-20100114-4)	V	
SG3 Commitments to the project plan are established and maintained.			
SP3.1 Review all plans that affect the project to understand project commitments.			
00 사업계획 검토 수행 근거	○00분할과제사업조정지침(00II-20091112-1)/제3장 13조 사업계획 작성단계 수행		V

00 00개발체계 운용방안 회의 결과	○00개발체계 운용방안 회의록 (MFT_060310_1)	V	
SP3.2 Reconcile the project plan to reflect available and estimated resources.			
00 사업계획 검토 수행 근거	○00분할과제사업조정지침(00Ⅱ-20091112-1)/제3장 13조 사업계획 작성단계 수행		V
체계장비 배치운용 방안 검토회의 결과	○체계장비 배치 운용 방안 검토 회의록	V	
Obtain commitment from relevant stakeholders responsible for performing and supporting plan execution.			
00 분할과제 사업계획서 작성	○분할사업계획서	V	
00 분할과제 계획 승인	○체계개발실행계획서 운영위/(운영관리팀(00체계)-3717, '00,07.31) 제00차 운영위원회]		V
GG2 Institutionalize a Managed Process			
GP2.1 Establish and maintain an organizational policy for planning and performing the project planning process.			
사업계획 수립에 대한 조직 수행방침	○개발업무 표준 프로세스 사업계획수립지침 (PAL-20090921-3)/ 제10조 수행방침	V	
조직방침에 대한 검토	○개발업무표준프로세스승인건의 (기록물 관리함, 부서 00관리실-3328,09.08.12)		V
GP2.2 Establish and maintain the plan for performing the project planning process.			
00 사업관리계획서 내 사업계획 수립계획	○과제관리계획서/Ⅲ. 사업계획 수립계획	V	
00 사업계획을 위한 준비회의	○사업계획준비회의(00-20090902-1)		V
GP2.3 Provide adequate resources for performing the project planning process, developing the work products, and providing the services of the process.			
관리도구(문서작성/산출물 관리)	○관리도구/문서작성: 한글, MS office/산출물자료관리:	V	
00 사업관리계획 내의 도구 명시	○과제관리계획서(00Ⅱ-20100114-4) - Ⅲ.장 4절 적용도구		V
GP2.4 Assign responsibility and authority for performing the process, developing the work products, and providing the services of the project planning process.			
00 사업관리계획서 내의 사업계획 수립 담당자 명시	○00 관리계획서 (00Ⅱ-20091112-2)/ Ⅲ장 3. 00개발 수행 조직 및 역할	V	
사업관리 담당자 임명 및 역할 설명	○사업계획준비회의/ PA분야별 담당자 임명		V
GP2.5 Train the people performing or supporting the project planning process as needed.			

00사업계획 수립 담당자 교육이수 현황	○부서 개발업무 프로세스 시행 및 실무교육 (PAL_20100122_2)/교육기간:2009.8.13~14	V	
00 사업관리계획 내의 교육계획	○00 관리계획서/ III장 3절 라. 사업계획수립교육		V
GP2.6 Place designated work products of the project planning process under appropriate levels of control.			
00 산출물 관리대장	○산출물관리도구:TIS>사업관리>00>문서관리	V	
00사업계획 수립 지침의 산출물자료관리	○00 사업계획수립지침 / 제4장 20조 산출물 자료관리		V
Identify and involve the relevant stakeholders of the project planning process as planned.			
00사업계획 수립 지침 관련자 식별 및 참여	○00사업계획수립지침/1장5조(역할과 책임) - 4장 23조(위원회운영)		V
00 사업관리계획서 내의 사업계획 수립 관련자 식별 및 참여계획 명시	○00과제관리계획서/00관리계획서v3.0 (00-20091112-2) - III장 3절 마. 관련자 식별 및 참여 계획	V	
GP2.7 Monitor and control the project planning process against the plan for performing the process and take appropriate corrective action.			
00 주간업무보고	○0부 주간업무보고 - 00	V	
00월간실적보고('20년1~2월)	○'20년 월별 실적보고 (00II-20100204-1)	V	
GP2.9 Objectively evaluate adherence of the project planning process against its process description, standards, and procedures, and address noncompliance.			
00 품질보증 평가계획	○'00년 4분기 품질보증 평가계획 (00II_20100114_1)		V
00 CMMI 내부 심사 결과	○CMMI 내부 심사 결과보고(PAL_20091227_9)/ 00 지침별 성취도/ 사업계획 수립 약점	V	
GP2.10 Review the activities, status, and results of the project planning process with higher level management and resolve issues.			
00 사업 계획 보고	○개발기법분할과제계획보고		V
00월간실적보고('10년1~2월)	○'10년 월별 실적보고 (00II-20100204-1)	V	
GG3 Institutionalize a Defined Process			
GP3.1 Establish and maintain the description of a defined project planning process.			
00 사업계획 수립 지침조정 결과	○00 사업계획 수립 지침 조정결과서 (00II-20091112-1)		V

00 사업계획 수립 지침	○00 사업계획 수립 지침 (00-20091201-1)	V	
GP3.2 Collect work products, measures, measurement results, and improvement information derived from planning and performing the project planning process to support the future use and improvement of the organization's processes and process assets.			
00 프로세스 개선 의견서	○00 프로세스 개선의견서 /사업계획 수립(PP) 분야	V	
00 사업관리계획서 : 산출물 자료관리 계획 작성	○00과제관리계획서/XIV.산출물 자료관리 계획		V

Requirements Management(REQM)

Key Practice / Notes	Document (s	D	ID
SG1 Requirements are managed and inconsistencies with the project plans and work products are identified.			
SP1.1 Develop an understanding with the requirements providers on the meaning of the requirements.			
시험의뢰자 요구조건 이해	○00체계개발0t 시 체계 장비 배치운용 방안검토회의록(MFT_060210_1)	V	
요구사항 검토 기준	○000시험 요구조건관리 관리계획서 u/ 붙임1.요구조건 검토기준		V
SP1.2 Obtain commitment to the requirements from the project participants.			
시험 전 요구조건 검토/동의	○0시험 준비 회의록(0020090803-1)/가.시험개요 나.시험방안선정다. 시험요구조건 검토	V	
시험 전 요구조건 검토/동의	○PFT1006시험 준비 회의록(0020100122-1)/4. 회의내용 - 시험요구사항 검토	V	
SP1.3 Manage changes to the requirements as they evolve during the project.			
요구조건 변경 요구(체계 요구)	○00요구조건 변경 요구서(0020100126-2)/-변경요구내역/개선/변경내용 및 방안	V	
요구조건 변경 공문 문서, 00	o1200시험 계획통보(붙임2 00GFT0905 0t 수행계획)(00-00관리실-3197(09.7.30))		V
SP1.4 Maintain bidirectional traceability among the requirements and the project plans and work products.			
요구조건 내용/변경여부 추적	○요구조건추적매트릭스(0020101126-1)	V	

시험계획과의 요구조건 추적, 00	o 날개 기술시험 계획통보(붙임2 00GFT0905 0t/수행계획)(00-00관리실-3197(09.7.30))		V
SP1.5 Identify inconsistencies between the project plans and work products and the requirements.			
요구조건 변경관리	○00요구조건변경관리대장(0020100126-3)/-식별번호/변경 근거요청/변경 사유/합의 결과	V	
요구조건 변경 회의	○0시험준비 상황 점검보고 의(0020091113-12)/3.주요 이슈 이행사항 -예상00제공요청(변경)		V
GG2 Institutionalize a Managed Process			
GP2.1 Establish and maintain an organizational policy for planning and performing the requirements management process.			
요구조건 관리 및 개발에 대한 조직 수행방침	○개발업무 표준 프로세스 / 요구조건 관리 및 개발 지침(PAL-20090921-9)/ 제10조 수행방침	V	
09년도개발업무 프로세스 승인건의	○개발업무 표준 프로세스 승인 건의/(기록물 관리함, 000관리실-3328.09.08.12)		V
GP2.2 Establish and maintain the plan for performing the requirements management process.			
00관리계획	○00과제 관리계획서 (00II-20100114-4)/-2장3절 요구조건관리 관리체계	V	
00요구조건관리계획 수립위한 준비회의	○사업계획준비회의(00-II-20090902-1)		V
GP2.3 Provide adequate resources for performing the requirements management process, developing the work products, and providing the services of the requirements management process.			
관리도구 제공	○관리도구 / 문서작성 : 한글(HWP7.0),/산출물 자료관리 :	V	
00사업관리계획 내의 인전 자원 명시	○과제관리계획서(0-20100114-4)/I.장3절가. 수행조직 및 역할/ III.장 3절 가. 역할과 책임		V
GP2.4 Assign responsibility and authority for performing the process, developing the work products, and providing the services of the requirements management process.			
00담당자 임명 및 역할	○00과제 관리계획서 (0-20100114-4)/-2장3절 나. 역할과 책임	V	
사업관리 담당자 임명 및 역할 설명	○사업계획준비회의(0-20090902-1)/ PA분야별 담당자 임명		V
GP2.5 Train the people performing or supporting the requirements management process as needed.			
00사업 요구조건 관리 및 개발 담당자 교육 참석	○0개발업무프로세스시행및실무교육(PAL-20100122-2)/교육기간:2009.8.13-14	V	
00사업관리계획 내의 교육계획	○00관리계획서 (00-20091112-2)/ II장 3절 7. 교육시행		V

GP2.6 Place designated work products of the requirements management process under appropriate levels of control.			
00사업 산출물 저장위치	○TIS->사업관리->00사업->문서관리	V	
00산출물 관리 자료관리 계획	○00과제관리계획서(00II-20100114-4) -14장 산출물 자료 관리 계획		V
GP2.7 Identify and involve the relevant stakeholders of the requirements management process as planned.			
00관련자 참여 계획	○00과제 관리계획서 (-20100114-4)/-10장3절 가. 프로세스 담당자별 협조내용	V	
사업계획 수립 계획협의 및 관련자 식별	○00사업계획 수립 계획협의 및 관련자 식별 /0-060109-1)		V
GP2.8 Monitor and control the requirements management process against the plan for performing the process and take appropriate corrective action.			
00프로세스 진행사항 검토	o '09.9~'10.2 1부 주간업무보고	V	
00진척관리계획	○00과제 관리계획서 (0-20100114-4)/-4장 사업진척관리계획서		V
GP2.9 Objectively evaluate adherence of the requirements management process against its process description, standards, and procedures, and address noncompliance.			
00품질보증 평가결과	○'03년4분기품질보증평가결과보고서(0-091230-3) ○'04년4분기품질보증체크리스트(0-091230-2)	V	
GP2.10 Review the activities, status, and results of the requirements management process with higher level management and resolve issues.			
00사업 계획 본부장 보고	○0T기법 분할과제 계획 보고 (00T_060831_1)		V
00월간실적보고('10년1~2월)	○0부 주간 업무보고-	V	
GG3 Establish and maintain the description of a defined requirements management process.			
GP3.1 00조정 결과서			
00조정 절차	○00분할과제 조정 지침결과(0-20091112)	V	
	○00개발일정 계획 및 조정절차서		V
GP3.2 Collect work products, measures, measurement results, and improvement information derived from planning and performing the requirements management process to support the future use and improvement of the organization's processes and process assets.		/	/
00요구조건관리 분야 산출물	○00프로세스개선의견서(0-20100225-2)/요구조건관리(REQM) 분야	V	

00주간업무보고	○00과제 관리계획서 (0-20100114-4)/ -2장4절 산출물 관리		V

Project Monitoring and Control(PMC)

Key Practice / Notes	Document (s)	D	ID
SG1 Actual performance and progress of the project are monitored against the project plan.			
SP1.1 Monitor the actual values of the project planning parameters against the project plan.			
00 사업계획 대비 실적 월별 관리실적	○'10년 월 별 실적보고(1-02월)(II-20100204-1)/'09년 월별 실적보고(1-12월)(00-20091129-4)	V	
00 사업진척관리계획 작성	○00과제관리계획서(II-20100114-4)(사업진척관리계획)/ IV.장 2.장 가.항 1) 계획 대비 실적 점검		V
SP1.2 Monitor commitments against those identified in the project plan.			
00 사업계획 대비 실적 월별 관리실적	○'10년월별실적보고(1-02월)(II-20100204-1)/ '09년 월별 실적보고(1-12월)(II-20091129-4)	V	
00 사업진척관리계획 작성	○00과제관리계획서(II-20100114-4)(사업진척관리계획)/IV.장 2.장 가.항 1) 계획 대비 실적 점검		V
SP1.3 Monitor risks against those identified in the project plan.			
00 위험완화 계획 구현	○00과제관리계획서(II-20100114-4) - XII.장 4.절 사.위험완화계획 수행	V	
00 위험관리 지침	○00위험관리지침(II-20091129-3)/제16조 위험 완화 계획 수행/붙임4. 위험보고서-위험분석 및 조치 결과 위험 완화계획		V
SP1.4 Monitor the management of project data against the project plan.			
00 사업계획 대비 실적 월별 관리실적	○'10년 월별 실적보고(1-02월)(II-20100204-1)/ ○'09년 월별 실적보고(1-12월)(II-20091129-4)	V	
00 사업의 산출물 대상 작성	○00과제관리계획서(II-20100114-4) - 각 PA 계획의 산출물 목록		V
SP1.5 Monitor stakeholder involvement against the project plan.			
00 사업 관련자와의 계획/실적 검토 반영 결과	○사업관리정보체계:실적/인력분야/사업성과관리체계:예산분야/예산관리시스템	V	

00 사업진척상황검토 계획 작성	○00과제관리계획서(II-20100114-4) - Ⅳ.사업진척관리계획 2.장 가.항 2) 진척상황검토		V
SP1.6 Periodically review the project's progress, performance, and issues.			
00 사업계획 대비 월별 실적 보고	○'10년월별실적보고(1-02월)(II-20100204-1)/○'09년 월별 실적보고(1-12월)(II-20091129-4)	V	
00 과제관리계획서(사업진척관리계획) 작성	○00과제관리계획서(II-20100114-4) - Ⅳ.사업진척관리계획		V
SP1.7 Review the accomplishments and results of the project at selected project milestones.			
00 GFT0905,0906시험계획보고	○PFT1006시험수행계획서		V
00 GFT0905,0904시험결과검토	○GFT0904시험결과회의록(0-20090504-1)	V	
00 과제관리계획서(사업진척관리계획) 작성	○00과제관리계획서(0-20100114-4) - Ⅳ.사업진척관리계획		V

Measurement and Analysis(MA)

Key Practice / Notes	Document (s)	D	ID
SG1 Measurement objectives and activities are aligned with identified information needs and objectives.			
SP1.1 Establish and maintain measurement objectives that are derived from identified information needs and objectives.			
00측정목적 기술서	○00과제관리계획서(XXII-20100114-4)/붙임7.측정목적기술서	V	
00사업 측정목적 수립	○00측정분석 지침 (II-20091129-2)/제3장 제11조 측정목적 설정		V
SP1.2 Specify measures to address the measurement objectives.			
00측정지표 및 척도정의 목록 작성	○00과제관리계획서(II-20100114-4)/붙임8.측정지표 및 척도 정의 목록	V	
00측정지표 수집 현황 표	○00측정분석보고서(II-20091025-1)/측정지표수집 현황 표		V
SP1.3 지표 선정 및 관리 필요함.			
00측정지표 정의서 작성	○00측정분석보고서(II-20091025-1)/측정지표정의서		V

00측정지표 수집 및 저장	○00측정분석 지침(II-20091129-2)/제13조 측정자료 수집 및 14조 측정자료 저장	V	
SP1.4 Specify how measurement data will be analyzed and reported.			
00측정지표 정의서 작성	○00측정분석보고서(II-20091025-1)/측정지표정의서	V	
00측정분석을 위한 사용도구	○사업관리정보체계;00체계개발/ ○00MS(사업성과 관리 체계) ○문서작성 도구: 한글,MS-Office		V
SG2 Measurement results, which address identified information needs and objectives, are provided.			
SP2.1Obtain specified measurement data.			
측정자료 획득	○2010년 측정 분석 자료 수집현황 (PAL-20100204-2)10/03/12	V	
월별실적 자료(측정지표)	○ 2010년 2월 월별 실적(II-20100312-1) 10/03/12		V
SP2.2 Analyze and interpret measurement data.			
00측정데이터 분석	○00측정분석보고서(II-20091025-1)	V	
00측정분석 보고서 양식	○00측정분석지침(II-20091129-2)/[붙임7]측정분석보고서양식		V
SP2.3 Manage and store measurement data, measurement specifications, and analysis results.			
00측정 데이터/결과 저장	○00측정분석보고서(II-20091025-1)/측정지표수집 현황 표	V	
00지침	○00측정분석지침(XXII-20091129-2)/제14조 측정 자료 저장		V
SP2.4 Report results of measurement and analysis activities to all relevant stakeholders.			
측정분석 보고	○00측정분석보고서(II-20091025-1)	V	
측정분석 보고서 양식	○00측정분석 지침(II-20091129-2)/[붙임7] 측정분석 보고서 양식		V
GG3 Institutionalize a Defined Process			
GP3.1 Establish and maintain the description of a defined measurement and analysis process.			
지침조정 결과	○00측정분석지침(II-20091129-2)	V	

프로세스 조정절차	ㅇ00지침조정결과서(II-20091112)>측정분석지침/00 측정분석지침(II-20091129-2)		V
GP3.2 Collect work products, measures, measurement results, and improvement information derived from planning and performing the measurement and analysis process to support the future use and improvement of the organization's processes and process assets.			
부서Process Asset Library	ㅇ000>사업관리>PAL	V	
프로세스 개선의견서	ㅇ00프로세스개선의견서(II-20100225-2) - 측정분석(MA) 분야	V	
00측정분석 산출물 위치/관리도구	ㅇTIS > 사업관리 > 00> 문서관리		V

Supplier Agreement Management(SAM)

Key Practice / Notes	Document (s)	D	ID
SG1 Agreements with the suppliers are established and maintained.			
SP1.1 Determine the type of acquisition for each product or product component to be acquired.			
계약관리를 위한 획득형태 결정	ㅇ계약관리지침(PAL_20090921_8)/ 제3장 획득형태 결정		V
00시험 통제/지원 시스템 용역요구	ㅇ일반용역요구서(0_716, 2007.09.14.)	V	
SP1.2 Select suppliers based on an evaluation of their ability to meet the specified requirements and established criteria.			
계약관리를 위한 공급자 선정	ㅇ계약관리지침(PAL_20090921_8)/ 제3장 12조 계약업체 선정		V
00시험통제지원시스템 제안업체 평가	ㅇ00시험 통제/지원시스템 제안서 평가결과 (0-20100121_5)	V	
SP1.3 Establish and maintain formal agreements with the supplier.			
계약 관리를 위한 계약 체결	ㅇ계약 관리지침(PAL_20090921_8)/ 제3장 13조 계약 체결		V
00시험통제지원시스템 계약서	ㅇ00시험 통제/지원 시스템 계약서 (0_20100121_9)	V	
SG2 Agreements with the suppliers are satisfied by both the project and the supplier.			

SP2.1 Perform activities with the supplier as specified in the supplier agreement.			
계약관리를 위한 계약 이행	○계약관리지침(PAL_20090921_8)/ 15조 계약이행		V
비행시험 계측자료처리 시스템 제작일정에 따른 월별 진행상황 보고	○00시험 계측자료 처리 시스템 월별 실적보고 자료	V	
SP2.2 Select, monitor, and analyze processes used by the supplier.			
계약관리를 위한 계약 진행상황 확인	○계약관리지침(PAL_20090921_8)/12조 계약업체 선정		V
00 사업특성을 고려한 진행상황 확인 지침 일부 조정	○0시험기법분할과제조정지침결과 (0_20091112_1)/ 12조 계약업체 선정		V
SP2.3 Select and evaluate, work projects from the supplier of custom_made products.			
계약관리를 위한 계약 산출물 검수	○계약관리지침(PAL_20090921_8)/제17조 계약 산출물 검수		V
00시험통제지원시스템 검수서	○00시험 통제/지원 소프트웨어 용역 검수내역 (00_20100121_34)	V	
SP2.4 Ensure that the supplier agreement is satisfied before accepting the acquired product.			
00 사업특성을 고려한 계약 산출물 검수 지침 일부 조정	○00시험기법 분할 과제 조정지침 결과 (00_20091112_1) 제17조 계약 산출물 검수		V
00시험통제지원시스템 검수서	○00시험 통제/지원 소프트웨어 용역 검수내역 (00_20100121_34)	V	
SP2.5 Transition the acquired products from the supplier to the project.			
도입 제품 활용 방안	○계약관리지침(PAL_20090921_8)/제18조 계약 산출물 관리		V
00시험통제지원시스템 사용자 설명서	○00시험 통제/지원 소프트웨어 운용 매뉴얼	V	
GG2 Institutionalize a Managed Process			
GP2.1 Establish and maintain an organizational policy for planning and performing the process and product quality assurance process.			
계약관리지침에 대한 조직 수행방침	○00업무표준프로세스계약관리지침 (PAL-20090921-8)/ 제10조 수행방침	V	
조직방침에 대한 검토	○00업무표준프로세스승인건의/(기록물 관리함, 0000관리실-3328,09.08.12)		V
GP2.2 Establish and maintain the plan for performing the process and product quality assurance process.			

00 사업특성을 고려한 프로세스 계획 지침 일부 수정	○00시험기법 분할과제 조정지침결과 (00_20091112_1)/ 제4장 계약활동 관리 / 제 20조 계획 수립 및 승인		V
시험통제지원시스템 사업계획	○시험00시스템 구축계획 및 제안요청서	V	
GP2.3 Provide adequate resources for performing the process and product quality assurance process, developing the work products, and providing the services of the process.			
관리도구 제공	○관리도구/문서작성:한글(HWP7.0),MSOffice/산출물 자료관리	V	
00 과제관리계획 내의 도구 명시	○00 과제 관리계획서 (00-20100114_1)/ V장 7절 적용도구		V
GP2.4 Assign responsibility and authority for performing the process, developing the work products, and providing the services of the process and product quality assurance process.			
00사업특성을 고려한 책임 할당 지침 일부 수정 (역할과 책임)	○00시험기법 분할과제조정지침결과 (00_20091112_1)/ 제1장 5조 역할과 책임	V	
사업관리 담당자 임명 및 역할 설명	○사업계획준비회의(00-20090902-1)/ PA분야별 담당자 임명		V
GP2.5 Train the people performing or supporting the process and product quality assurance process as needed.			
계약관리 담당자 교육이수 현황	○00업무프로세스시행 및 실무교육 (PAL_20100122_2)/교육기간 : 2009.8.13~14	V	
00 사업관리계획 내의 교육계획	○00 과제 관리계획서 (00-20100114_1)/ V장 3절 나. 계약관리 교육		V
GP2.6 Place designated work products of the process and product quality assurance process under appropriate levels of control.			
00 사업 산출물 저장위치	○0000>사업관리>00>문서관리	V	
00사업 특성을 고려한 형상관리지침일부수정	○00과제 조정지침결과(00_20091112_1)/제4장 계약활동 관리 / 제 23조 계약 산출물 자료 관리		V
GP2.7 Identify and involve the relevant stakeholders of the process and product quality assurance process as planned.			
관련자 식별 및 참여계획	○00 과제관리계획서(00_20100114_4) /II. 5. 관련자 식별 및 참여계획	V	
관련 지침	○00시험기법 분할 과제 조정지침 결과 (00_20091112_1)		V
GP2.8Monitor and control the supplier agreement process against the plan for performing the process and take appropriate corrective action.			
00 주간업무보고	○0부 주간업무보고 _ 00	V	

측정 분석 보고서	○2020년2월 실적 보고서(PAL_20100312_1)/시험활동 적합성 준수율, 계획된 품질 이행율	V	
GP2.9 Objectively evaluate adherence of the process and product quality assurance process against its process description, standards, and procedures, and address noncompliance.			
00 품질보증 평가계획	○'10년 1분기 품질보증 평가계획(00-20100413-1)		V
00 품질보증 평가결과	○ '10년1분기품질보증평가결과보고서 (00-20100413-2)	V	
GP2.10 Review the activities, status, and results of the process and product quality assurance process with higher level management and resolve issues.			
00사업계획 보고	○개발시험기법 분할과제 계획 보고u	V	
00 분기실적 보고('07년~'10년)	○사업관리정보체계 > 00 체계 개발		V
GG3 Institutionalize a Defined Process			
GP3.1 Establish and maintain the description of a defined process and product quality assurance process.			
00 지침조정결과	○00시험기법분할과제조정지침결과(00_20091112_1)		V
00 계약관리 지침	○00시험기법분할과제조정지침결과 (00_20091112_1)/제3장계약관리업무절차	V	
GP3.2 Collect work products, measures, measurement results, and improvement information derived from planning and performing the process and product quality assurance process to support the future use and improvement of the organization's processes and process assets.			
부서Process Asset Library	○0000>사업관리>PAL	V	
측정분석 자료수집 현황	○2010년 측정분석 자료수집 현황 (PAL_20100204_2)		V

PPQA

Key Practice / Notes	Document (s)	D	ID
SG1 Adherence of the performed process and associated work products and services to applicable process descriptions, standards, and procedures is objectively evaluated.			

SP1.1 Objectively evaluate the designated performed processes against the applicable process descriptions, standards, and procedures.			
품질 보증 평가 계획 수립	○품질보증 세부 평가계획서_10년01분기 (XXII-20100413-1)		V
품질보증 수행에 대한 시정조치결과추적	○프로세스 개선 의견서_10년01분기 (XXII-20100413-3)	V	
SP1.2 Objectively evaluate the designated work products and services against the applicable process descriptions, standards, and procedures.			
품질 보증 평가 계획 수립	○품질보증 세부 평가계획서_10년01분기 (II-20100413-1)	V	
사업의 품질보증 계획 수립 근거	o II 품질보증지침(XXII-20091201-3)/ 제 12조(활동 수행)- 제 13조(결과보고 및 활용)/ 제 14조(시정조치)		V
SG2 Noncompliance issues are objectively tracked and communicated, and resolution is ensured.			
SP2.1 Communicate quality issues and ensure resolution of noncompliance issues with the staff and managers.			
부적합 이슈에 대한 객관적인 추적 결과	○프로세스 개선 의견서_10년01분기 (XXII-20100413-3)	V	
사업의 부적합 이슈의 조치 근거	o II 품질보증지침(XXII-20091201-3)/ 제 12조(활동 수행)- 제 13조(결과보고 및 활용)/ 제 14조(시정조치)		V
SP2.2 Establish and maintain records of the quality assurance activities.			
품질보증 계획 수립 근거 제출	○품질보증 세부 평가계획서_10년01분기 (II-20100413-1)	V	
품질보증 활동 수행 지침 수립	o II 품질보증지침(XXII-20091201-3)/ 제 12조(활동 수행		V
GG2 Institutionalize a Managed Process			
GP2.1 Establish and maintain an organizational policy for planning and performing the process and product quality assurance process.			
품질보증 프로세스를 계획하고 수행하기 위한 조직적인 방침 수립	o개발업무표준프로세스품질보증지침 (PAL-20090921-5)/ - 제 10조 수행방침	V	
조직방침에 대한 검토	○개발업무표준프로세스승인건의(기록물 관리함, 부서운영관리실-3328,09.08.12)		V
GP2.2 Establish and maintain the plan for performing the process and product quality assurance process.			
00사업의 품질보증계획 수립을 위한 계획서 작성	○00과제관리계획서(XXII-20100114-4) - VII. 품질보증계획 수립계획	V	
00사업 품질보증계획 수립위한 준비회의	○사업계획준비회의(XX-II-20090902-1)		V
GP2.3 Provide adequate resources for performing the process and product quality assurance process, developing the work products, and providing the services of the process.			

관리 도구 제공	○관리도구/ 문서작성 : 한글, MS Office/ 산출물 자료관리: IT IS	V	
GP2.4 Assign responsibility and authority for performing the process, developing the work products, and providing the services of the process and product quality assurance process.			
00사업 품질보증계획수립 활동에 필요한 책임과 권한 할당	○00관리계획서v3.0(XXII-20091112-2)/6.2.3가.역할과 책임	V	
사업관리 담당자 임명 및 역할 설명	○사업계획준비회의(XX-II-20090902-1)/PA분야별 담당자 임명		V
Train the people performing or supporting the process and product quality assurance process as needed.			
품질보증 외부교육 수료	○품질보증활용실무교육(KSA제30호)/교육기간:2009.10.15/품질보증 담당자 : 000	V	
	품질보증 교육 수료/지침교육 수료		V
GP2.6 Place designated work products of the process and product quality assurance process under appropriate levels of control.			
II 사업 산출물 저장위치	○TIS->사업관리->XXII->문서관리	V	
품질보증 계획 활동에 필요한 산출물 목록 및 관리계획 작성	○00관리계획서v3.0 (XXII-20091112-2)/ 3. 산출물 자료관리 계획		V
GP2.7 Identify and involve the relevant stakeholders of the process and product quality assurance process as planned.			
품질 보증 수행 후 결과 분석서	○품질보증평가결과보고서_10년01분기(XXII-20100413-2)	V	
00사업특성을 고려한 관련 이해 당사자 참여 식별 (역할과 책임 및 담당자 임명)	○00관리계획서v3.0 (XXII-20091112-2)/13. 4. 관련자 식별 및 참여계획		V
GP2.8 Monitor and control the process and product quality assurance process against the plan for performing the process and take appropriate corrective action.			
품질보증 활동에 대한 사업 책임자 보고	○품질보증평가결과보고서_10년01분기(II-20100413-2)	V	
사업의 품질보증 계획 수립 근거	oII품질보증지침(II-20091201-3)/제12조(활동수행)		V
GP2.9 Objectively evaluate adherence of the process and product quality assurance process against its process description, standards, and procedures, and address noncompliance.			
지침별 성취도 보고	○CMMI 내부 심사 결과보고(PAL-20091227-9)/사업별 지침별 성취도/품질보증약점	V	
1차 내부 심사 계획	* 부서1차 내부 심사 계획(PAL-20091227-3)		V
GP2.10 Review the activities, status, and results of the process and product quality assurance process with higher level management and resolve issues.			

00분기실적 본부장 보고	○'09년 4/4분기 XX 심사분석 보고서 (KGGB-20091010-02)	V	
00사업관련 활동 보고	○'09년 사업계획서(II-20090928-1)		V
GG3 Institutionalize a Defined Process			
GP3.1 Establish and maintain the description of a defined process and product quality assurance process.			
지침조정 결과	○00품질보증지침(II-20091129-2)	V	
00분할과제 사업에 적용할 수 있도록 부서지침을 조정	○00분할과제 지침 조정결과서(II-20091112-1)		V
GP3.2 Collect work products, measures, measurement results, and improvement information derived from planning and performing the process and product quality assurance process to support the future use and improvement of the organization's processes and process assets.			
부서Process Asset Library	○TIS>사업관리>PAL	V	
00프로세스 개선 의견서	○00프로세스 개선의견서 (XXII-20100225-2)/품질보증 분야	V	
00품질보증 분야 산출물	○TIS> 사업관리> XX-II> 문서관리 : 품질보증(PPQA)		V

Configuration Management(CM)

Key Practice / Notes	Document (s)	D	ID
SG1 Baselines of identified work products are established.			
SP1.1 Identify the configuration items, components, and related work products that will be placed under configuration management.			
형상항목 식별, 형상관리 기준선 설정	○00 과제관리계획서(00-20100114-4)/ VIII. 형상관리계획	V	
형상항목 식별 기준	○00 형상관리지침(CM)(00-20091201-4)/제11조(형상식별)		V
SP1.2 Establish and maintain a configuration management and change management system for controlling work products.			
형상관리 시스템 구축	○형상관리도구 : TIS	V	

형상관리 계획 수립	○00과제관리계획서(00-20100114-4)/ VIII. 형상관리 계획		V
SP1.3 Create or release baselines for internal use and for delivery to the customer.			
형상관리 기준선 생성 및 배포	○형상기준선설정계획및현황 (MFT_080404_4,'08.04.04)/- 기준선 7개등록	V	
지침 - 형상관리 기준선 정보 기록/유지	○00형상관리지침(CM)(00-20091201-4)/제14조		V
SG2 Changes to the work products under configuration management are tracked and controlled.			
SP2.1 Track change requests for the configuration items.			
형상변경 이력 관리	○TIS>해당사업>문서관리>형상관리 대장/변경이력 조회	V	
형상변경 이력 관리	○00형상관리지침(CM)(00-20091201-4)/제14조(형상자료유지업무)		V
SP2.2 Control changes to the configuration items.			
형상 항목 통제(변경) 관리	○00S>해당사업>문서관리>형상관리 대장/ 변경이력 조회	V	
형상관리 계획 수립(형상통제)	○00과제관리계획서(00-20100114-4)/ VIII.장 3.절 가.항 2) 형상통제		V
SG3 Integrity of baselines is established and maintained			
SP3.1 Establish and maintain records describing configuration items.			
형상 관리 기록 유지	○00S>해당사업>문서관리>형상관리 대장/ 변경이력 조회	V	
형상관리 계획 수립(형상자료 유지)	○00과제관리계획서(00-20100114-4)/VIII.장 3.절 가.항 4) 형상자료유지		V
SP3.2 Perform configuration audits to maintain integrity of the configuration baselines.			
형상감사(확인) 수행	○품질보증체크리스트작성3건/ 품질보증체크리스트_09년4분기(00-20100114-2) 외 2건	V	
지침 - 형상 확인 업무	○ 00 형상관리지침(CM)(00-20091201-4) / 제13조 (형상 확인 업무)		V
GG2 Institutionalize a Managed Process			
GP2.1 Establish and maintain an organizational policy for planning and performing the configuration management process.			
조직방침 수립	○00업무표준프로세스형상관리지침(CM) (PAL-20090921-6)/ 제10조 수행방침		V

조직방침 Review	○개발업무표준프로세스승인건의/(기록물 관리함, 부서 운영관리실-3328.09.08.12)		V
GP2.2 Establish and maintain the plan for performing the configuration management process.			
00 형상관리 프로세스 계획	○00 과제관리계획서(00-20100114-4)/- VIII.형상관리계획	V	
00 형상관리 계획 수립 및 승인	○00 형상관리지침(00-20091201-4)/제 16조 (계획 수립 및 승인)		V
00 사업 형상관리계획 수립위한 준비회의	○사업계획준비회의(00-20090902-1)		V
GP2.3 Provide adequate resources for performing the configuration management process, developing the work products, and providing the services of the process.			
관리도구(문서작성/산출물 관리)	○관리도구/ 문서작성 : 한글, MS Office/ 산출물 자료관리: IT IS	V	
00 분할과제 관리도구	○00과제관리계획서(00-20100114-4) - VIII.장 7.적용도구		V
GP2.4 Assign responsibility and authority for performing the process, developing the work products, and providing the services of the configuration management process.			
지침 - 역할과 책임	○부서 형상관리지침(CM) (PAL-20090921-6)/제5조 (역할과 책임)		V
사업관리 담당자 임명 및 역할 설명	○사업계획준비회의(00-20090902-1)/ PA분야별 담당자 임명		V
GP2.5 Train the people performing or supporting the configuration management process as needed.			
Introduction to CMMI 교육 이수	○Introduction to CMMI교육기간:'08.12.17~19 - 형상관리 담당자 :	V	
형상관리 담당자 교육 이수	○부서개발업무프로세스시행및실무교육(PAL-20100122-2)/교육기간 : '09.8.13. - 14./ 형상관리 담당자	V	
GP2.6 Place designated work products of the configuration management process under appropriate levels of control.			
사업별 형상관리 산출물 관리 대장	○TIS>사업관리>해당사업>문서관리	V	
산출물 자료관리 계획 작성	○00과제관리계획서(00-20100114-4)/VII. 형상관리계획 8.산출물 목록/XIV. 산출물 자료관리 계획		V
GP2.7 Identify and involve the relevant stakeholders of the configuration management process as planned.			
지침 - 역할과 책임, 위원회	○형상관리지침(CM) (PAL-20090921-6,'09.08.01) / 1장 5조(역할과 책임), / 4장 24조(위원회)		V
형상관리 계획 수립 - 관련이해당사자 식별, 역할 배분 등	○00 과제관리계획서(00-20100114-4)/ VII.장 4.절 나. 역할과 책임 /다. 인원 편성 / 라. 프로세스 담당자별 협조 내용		V

GP2.8 Monitor and control the configuration management process against the plan for performing the process and take appropriate corrective action.			
프로세스 감시 및 통제 : 월간실적 보고	○'10년 월 별 실적보고(00-20100204-1)	V	
프로세스 감시 및 통제 : 분기실적 보고	○사업관리정보체계>00체계개발	V	
GP2.9 Objectively evaluate adherence of the configuration management process against its process description, standards, and procedures, and address noncompliance.			
프로세스 감시 및 통제 : 내부심사	○내부 심사(CMMI L3) ('09.12.22)	V	
형상관리 프로세스 감시 및 통제 규정(지침)	○형상관리지침(CM)(PAL-20090921-6,'09.08.01)		V
00 CMMI 내부 심사 결과	○CMMI내부 심사 결과보고(PAL_20091227_9)/00지침별 성취도/ 형상관리계획 약점	V	
GP2.10 Review the activities, status, and results of the configuration management process with higher level management and resolve issues.			
검토 내용의 보고	o 00장보고	V	
일정 주기마다 확인(분기별)	○사업관리정보체계 > 00 체계 개발/00 실적 보고 ('07년~'09년)	V	
GG3 Institutionalize a Defined Process			
GP3.1 Establish and maintain the description of a defined configuration management process.			
형상관리 프로세스 정의	o부서 형상관리 지침/ 형상관리지침(CM) ('09.08)		V
형상관리 프로세스 정의	o프로세스지침조정결과/00형상관리지침 (CM)(00-20091201-4)	V	
GP3.2 Collect work products, measures, measurement results, and improvement information derived from planning and performing the configuration management process to support the future use and improvement of the organization's processes and process assets.			
부서Process Asset Library	○TIS>사업관리>PAL	V	
형상관리 프로세스 개선을 위한 방침 규정	o부서 형상관리 지침/형상관리지침('09.08)/제23조(프로세스 개선)		V
진행상태의 정기적인 검토	o정기적 주간업무보고/월별실적자료/ 분기별 심사분석 자료	V	

Requirements Development(RD)

Key Practice / Notes	Document (s)	D	ID
SG1 Stakeholder needs, expectations, constraints, and interfaces are collected and translated into customer requirements.			
SP1.1 Elicit stakeholder needs, expectations, constraints, and interfaces for all phases of the product lifecycle.			
시험요구조건 도출 협의	○0908 시험 준비 회의록(0020090803-1)/ 다. 시험 요구조건 검토 및 도출협의	V	
시험 의뢰자 요구조건 상세 자료/시험 범위, 시험 항목, 시험품목, 시험조건,	○과제 시험 시 체계장비 배치/운용/준비사항검토요약서/ 나. 00체계장비 및 지원 장비 배치		V
SP1.2 Transform stakeholder needs, expectations, constraints, and interfaces into customer requirements.			
요구의뢰 내용/정의	○요구조건정의서V1.0(II-20100126-1)	V	
시험 요구조건 검토 공문서,	o 비행 기술시험 계획통보(붙임2 00 0908 비행시험 수행계획)(00-운영관리실-3197(09.7.30))		V
SG2 Customer requirements are refined and elaborated to develop product and product component requirements.			
SP2.1 Establish and maintain product and product component requirements, which are based on the customer requirements.			
요구의뢰내용/요구확인/요구검토	○요구조건 정의서 V1.0(II-20100126-1)	V	
요구조건과 연계된 추적 매트릭스	○요구조건추적매트릭스(00 20101126-1)		V
SP2.2 Allocate the requirements for each product component.			
요구조건 식별번호/내용/형상항목목록	○요구조건 할당 표(00 20101126-7)	V	
요구조건할당표와 일치 확인	○요구조건추적매트릭스(00 20101126-1)		V
SP2.3 Identify interface requirements.			
통제/계측/지원/지상/광학/기상/계측/소개/	○요구조건정의서V1.0(철매II-20100126-1)	V	
인터페이스 요청 공문, 00	o 00 기술 00시험 계획통보(붙임2 00 0908 00시험 계획)(000-00관리실-3197)		V
SG3 The requirements are analyzed and validated, and a definition of required functionality is developed.			
SP3.1 Establish and maintain operational concepts and associated scenarios.			

요구조건을 반영한 개발수행계획서	○000908개발수행계획서(00II-090731-1)	V	
매 시험전 요구조건 검토/동의	○0908개발준비회의록(0020090803-1)		V
SP3.2 Establish and maintain a definition of required functionality.			
요구조건을 반영한 개발수행계획서 작성	○000908개발수행계획서(철매II-090731-1)	V	
요구조건의 각 기능별 상세계측 계획	○00qwe시험계측계획서V1.1(00II-20091123-1) 가.계측장비운용. 나.00이더 연동망. 00표적기 정보		V
SP3.3 Analyze requirements to ensure that they are necessary and sufficient.			
요구조건 검토 결과	○0908시험준비회의록(0020090803-1) 가.시험개요. 나.시험방안 선정. 다.시험요구조건 검토	V	
요구조건을 검토 기준서를 참고	○요구조건 검토 기준(00 20100226-2)		V
SP3.4 Analyze requirements to balance stakeholder needs and constraints.			
부적절한요구조건 검토	○0908시험준비회의록(0020090803-1)/다.시험요구조건 검토	V	
변경 요구조건을 반영/관리	○00 요구조건변경관리대장V1.0(00 20100126-3)/식별번호/변경 근거요청/-변경 사유/합의 결과		V
SP3.5 Validate requirements to ensure the resulting product will perform as intended in the user's environment.			
시험요구조건 유효성 검증	○00PFT100600계획서(00-20100209-1)	V	
요구조건 현황 관리표를 통해 수행 결과를 평가	○00요구조건현황관리표(0020100126-6)		V
GG2 Institutionalize a Managed Process			
GP2.1 Establish and maintain an organizational policy for planning and performing the requirements management process.			
요구조건 관리 및 개발에 대한 조직 수행방침	○개발업무표준프로세스요구조건관리및개발지침 (PAL-20090921-9) - 제10조 수행방침	V	
09년도시험업무 프로세스 승인건의	○개발업무 표준 프로세스 승인 건의(기록물관리함, 00 운영관리실-3328.09.08.12)		V
GP2.2 Establish and maintain the plan for performing the requirements development process.			
00 관리계획	○00 과제 관리계획서 (00-20100114-4)/9장3절 요구조건개발 관리체계	V	
00 요구조건개발계획 수립위한 준비회의	○사업계획준비회의(00-20090902-1)		V

GP2.3 Provide adequate resources for performing the requirements management process, developing the work products, and providing the services of the requirements management process.			
관리도구 제공	ㅇ관리도구 / 문서작성 : 한글(HWP7.0),/ 산출물 자료관리 :	V	
00 사업관리계획 내의 인전 자원 명시	ㅇ과제관리계획서(00-20100114-4)		V
GP2.4 Assign responsibility and authority for performing the process, developing the work products, and providing the services of the requirements management process.			
00 담당자 임명 및 역할	ㅇ00 과제 관리계획서 (00-20100114-4)/9장3절 나. 역할과 책임	V	
사업관리 담당자 임명 및 역할 설명	ㅇ사업계획준비회의(00-20090902-1)/PA분야별 담당자 임명		V
GP2.5 Train the people performing or supporting the requirements management process as needed.			
실무 교육	ㅇ부서시험업무프로세스시행및실무교육 (PAL-20100122-2)/- 교육기간 : 2009.8.13-14/ 시험방안/수행 및 결과종합 담당자 :	V	
00 사업관리계획 내의 교육계획	ㅇ00 관리계획서 (00-20091112-2)/ IX장 4절 4. 교육시행		V
GP2.6 Place designated work products of the requirements development process under appropriate levels of control.			
00 사업 산출물 저장위치	ㅇTIS->사업관리->00사업->문서관리	V	
00 산출물 관리 자료관리 계획	ㅇ00 과제 관리계획서 (00-20100114-4)/14장 산출물 자료 관리 계획		V
GP2.7 Identify and involve the relevant stakeholders of the requirements management process as planned.			
00 관련자 참여 계획	ㅇ00 과제 관리계획서 (00-20100114-4)/9장3절 가. 프로세스 담당자별 협조내용	V	
사업계획 수립 계획협의 및 관련자 식별	ㅇ00 사업계획 수립 계획협의 및 관련자 식별/ (00-060109-1)		V
GP2.8 Monitor and control the requirements management process against the plan for performing the process and take appropriate corrective action.			
프로세스 진행사항 검토	o '09.9~'10.2 1부 주간업무보고	V	
00진척관리계획	ㅇ00 과제 관리계획서 (0-20100114-4)/4장 사업진척관리계획서		V
GP2.9 Objectively evaluate adherence of the requirements management process against its process description, standards, and procedures, and address noncompliance.			
00 품질보증 평가결과	ㅇ'09년4분기품질보증평가결과보고서(00-091230-3)/ ㅇ'09년4분기품질보증체크리스트(00-091230-2)	V	

	* PPQA 활동을 수감했는지 확인함.		
GP2.10Review the activities, status, and results of the requirements management process with higher level management and resolve issues.			
00 사업 계획 단장 보고	○0시험00분할과제 계획 보고 (000_060831_1)		V
00월간실적보고('10년1~2월)	○'10년 월별 실적보고 (00-20100204-1)	V	
GG3 Institutionalize a Defined Process			
GP3.1 Establish and maintain the description of a defined requirements management process.			
00 조정 결과서	○00 분할과제 조정 지침결과(00-20091112)	V	
00 조정 절차	○00 시험일정 계획 및 조정절차서 (00-20091113-4)		V
GP3.2 Collect work products, measures, measurement results, and improvement information derived from planning and performing the requirements management process to support the future use and improvement of the organization's processes and process assets.			
부서Process Asset Library	○IT IS > 사업관리 >PAL		
00 프로세스 개선 의견서	○0 프로세스 개선의견서 (00-20100225-2)/ 요구조건개발 분야	V	
00 요구조건 산출물 관리	○00 과제 관리계획서 (00-20100114-4)/2장4절 산출물 관리		V

Technical Solution(TS)

Key Practice / Notes	Document (s)	D	ID
SG1 Product or product component solutions are selected from alternative solutions.			
SP1.1 Develop alternative solutions and selection criteria.			
00 00개발 개발방안 선정기준	○체계개발 시 체계 장비배치 운용 방안 검토회의록(00T_060210_1)	V	
00 00개발 수행계획, 00등록문서	o 00 기술개발 계획통보(붙임2 00 개발 수행계획)(부서-00관리실-3197)		V

SP1.2 Select the product component solutions that best satisfy the criteria established.			
체계-부서 회의를 통해 최적 개발방안 선정	○xyz개발준비회의록(0020090803-1)/ 가.개요/ 나.개발방안 선정(개발 운용 개념및 시나리오, 규격)	V	
개발방안 선정회의를 위한 공문서	o xyz 개발준비 실무회의 실시안내/		V
SG2 Product or product component designs are developed.			
SP2.1 Develop a design for the product or product component.			
선정된 개발방안을 토대로 개발 수행계획서 작성	○00 xyz 개발수행계획서(xxII-090731-1)/바.개발준비 및 수행 계획	V	
개발 수행 계획 협의	○xyz개발준비협조회의록(0020091113-10)/ -개발 일정 및 계획/ -계측지원 장비 및 계측 항목		V
SP2.2 Establish and maintain a technical data package.			
개발안전항목의 기술자료	○CFT0906 안전 협의 회의록(xxII-20091201-1)/ -안전 절차 항목	V	
개발 점검 체크리스트	○00계측준비 및 장비 점검 계획서(0020091113-2) 붙임1~10.00더/00측정/통제컴퓨터/안전 점검 성적서		V
SP2.3 Design product component interfaces in terms of established criteria.			
00장 공역확보 인터페이스, 00문서	o 000 실, xx 공역 통제 계획(09.9.2)(공역관리과-5562)	V	
개발 기술 보조 자료	○00x 개발수행계획서(II-090731-1)/ 바.개발 준비 및 개발수행 일정계획		V
SP2.4 Evaluate whether the product components should be developed, purchased, or reused based on established criteria.			
개발항목 분석 수행	○00 xyz 개발수행계획서(xxII-090731-1)/ 바. 개발 항목 분석 수행(개발수행 인력 및 역할)	V	
내/외부 용역 분석 회의	○xyz개발준비 회의록(00 20090803-1)/- 개발항목 분석 회의		V
SG3 Product components, and associated support documentation, are implemented from their designs.			
SP3.1 Implement the designs of the product components.			
개발 수행	○ xyz개발결과 회의록(00 20090924-1)/	V	
체크리스트	○00 xyz 00 계측 및 자료처리결과보고서 (II-091113-11)/6.개발 수행 및 체크리스트/자료처리 결과		V
SP3.2 Develop and maintain the end-use documentation.			

개발 검토서 문서	o00 PFT1006 00계측결과검토서(00 20100308-1)	V	
개발결과 제출 문서 개발	o00과제관리계획서V4.0(0020100114-4)		V
GG2 Institutionalize a Managed Process			
GP2.1 Establish and maintain an organizational policy for planning and performing the technical solution process.			
개발수행지침에 대한 조직 수행방침	○개발업무표준프로세스개발수행지침(PAL-20090921-10) 제10조 수행방침	V	
09년도개발업무 프로세스 승인건의	○ 개발업무 표준 프로세스 승인 건의/(기록물관리함, 부서 00실-3328.09.08.12)		V
GP2.2 Establish and maintain the plan for performing the technical solution process.			
제품통합 계획 수립	○00과제관리계획서(xxII-20100114-4)/-10장3절 개발방안/수행 및 결과통합 관리체계	V	
00 개발방안/수행 계획 수립위한 준비회의	○사업계획준비회의(00-20090902-1)		V
GP2.3 Provide adequate resources for performing the technical solution process, developing the work products, and providing the services of the process.			
관리도구 제공	○관리도구/문서작성:한글(HWP7.0),MSOffice/출물자료관리:	V	
00 사업 관리 도구	○사업관리도구/사업정보관리시스템,예산관리시스템		V
GP2.4 Assign responsibility and authority for performing the process, developing the work products, and providing the services of the technical solution process.			
00 담당자 임명 및 역할	○00 과제 관리계획서 (xxII-20100114-4)/10장3절 나. 역할과 책임	V	
사업관리 담당자 임명 및 역할 설명	○사업계획준비회의(00-20090902-1)/PA분야별 담당자 임명		V
GP2.5 Train the people performing or supporting the technical solution process as needed.			
실무 교육	○ 부서개발업무프로세스시행및실무교육(PAL-20100122-2)/교육기간 : 2009.8.13-14/개발 방안/수행 및 결과종합 담당자	V	
00 사업관리계획 내의 교육계획	○00 관리계획서 (xxII-20091112-2)/x장 4절 5.사업계획수립교육		V
GP2.6 Place designated work products of the technical solution process under appropriate levels of control.			
00 사업 산출물 저장위치	○TIS->사업관리->00사업->문서관리	V	

00 산출물 관리 자료관리 계획	○00 과제 관리계획서 (xxII-20100114-4)/-14장 산출물 자료 관리 계획		V
GP2.7 Identify and involve the relevant stakeholders of the technical solution process as planned.			
00 관련자 참여 계획	○ 00 과제 관리계획서 (II-20100114-4)/10장3절 가. 프로세스 담당자별 협조내용	V	
사업계획 수립 계획협의 및 관련자 식별	○00 사업계획 수립 계획협의 및 관련자 식별 /(II-060109-1)		V
GP2.8 Monitor and control the technical solution process against the plan for performing the process and take appropriate corrective action.			
프로세스 진행사항 검토	o '09.9~'10.2 0부 주간업무보고	V	
00진척관리계획	○00 과제 관리계획서 (xxII-20100114-4)/4장 사업진척관리계획서		V
GP2.9 Objectively evaluate adherence of the technical solution process against its process description, standards, and procedures, and address noncompliance.			
00 품질보증 평가결과	○'09년4분기품질보증평가결과보고서(II-091230-3)/ ○'09년4분기품질보증체크리스트(II-091230-2)	V	
00 품질보증 평가계획	○'09년 4분기 품질보증 평가계획 (I_20100114_1)		V
GP2.10 Review the activities, status, and results of the technical solution process with higher level management and resolve issues.			
00 사업 계획 본부장 보고	○00개발기법 분할과제 계획 본부장보고 (MFT_060831_1)		V
00 주간업무보고	○0부 주간업무보고 - 00	V	
GG3 Institutionalize a Defined Process			
GP3.1 Establish and maintain the description of a defined technical solution process.			
조정 결과서	○00 분할과제 조정 지침결과(xxII-20091112)	V	
00 조정 절차	○00 개발일정 계획 및 조정절차서 (xxII-20091113-4)		V
GP3.2 Collect work products, measures, measurement results, and improvement information derived from planning and performing the technical solution process to support the future use and improvement of the organization's processes and process assets.			
부서Process Asset Library	○TIS>사업관리>PAL	V	
00 프로세스 개선 의견서	○00프로세스개선의견서(xxII-20100225-2)/ - 개발수행(TS) 분야	V	

Verification(VER)

Key Practice / Notes	Document (s)	D	ID
SG1 Preparation for verification is conducted.			
SP1.1 Select the work products to be verified and the verification methods that will be used for each.			
검증 대상 작업 산출물을 선정	○00검증 및 입증계획서(00-20091113-1)/8.1검증대상 및 내용,8.2검증환경	V	
검증 산출물 목록	○XXII분할과제관리계획서(00-20091112-2/XI.8주요검증내용 및 방법		V
SP1.2 Establish and maintain the environment needed to support verification.			
검증환경 구축	○00검증 및 입증계획서(00-20091113-1)/8.2검증환경구축	V	
검증환경 구축계획	○XXII분할과제관리계획서(00-20091112-2)/XI.8검증 및 입증계획		V
SP1.3 Establish and maintain verification procedures and criteria for the selected work products.			
검증절차 및 기준 수립	○00 분할과제 검증 및 입증 계획서 (00-20091113-1)	V	
검증기준 제정	○00검증 및 입증지침(00-20091130-11)/11.검증절차 및 기준		V
SG2 Peer Reviews are performed on selected work products.			
SP2.1 Prepare for peer reviews of selected work products.			
동료검토준비	○00분할과제동료검토계획서(00-20091113-3)	V	
동료검토준비	○00분할과제관리계획서(00-20091112-2)/5.동료검토계획		V
SP2.2 Conduct peer reviews on selected work products and identify issues resulting from the peer review.			
동료검토실시	○PFT1006체계시험종합계획서동료검토결과 [PFT1006 시험준비 실무회의록(00-20100122-1)]	V	
동료검토준비	○00분할과제관리계획서(00-20091112-2)/5.동료검토계획		V
SP2.3 Analyze data about preparation, conduct, and results of the peer reviews.			

동료검토 자료	ㅇPFT1006시험결과동료검토결과분석(00-20100308-1)/검토 의견:시험정보 미비로 레이더 자료처리 지연	V	
Action Item 수행 완료	ㅇ자료처리의뢰서(TISPFT1006자료등록)(2010.03.08)		V
SG3 Selected work products are verified against their specified requirements.			
SP3.1 Perform verification on the selected work products.			
검증 수행	ㅇPFT1006시험계측결과(00-20100308-1)	V	
검증 및 입증 계획	ㅇ00검증 및 입증계획서(00-20091113-1)		V
SP3.2 Analyze the results of all verification activities.			
Trouble Report	ㅇPFT1006시험검증결과 분석보고서(00-20100308-1)/ 시험 점검 성적서	V	
GG2 Institutionalize a Managed Process			
GP2.1 Establish and maintain an organizational policy for planning and performing the verification process.			
검증에 대한 조직 수행방침	ㅇ개발업무표준프로세스검증 및 입증지침(PAL-20090921-11)/제10조 수행방침	V	
조직방침에 대한 검토	ㅇ개발업무표준프로세스승인건의/(기록물 관리함, 부서00관리실-3328,09.08.12)		V
GP2.2 Establish and maintain the plan for performing the verification process.			
XX 사업 검증 계획	ㅇXX-II 과제관리계획서(00-20100114-4)/XI. 검증 및 입증 계획	V	
XX-II 사업 검증계획 수립위한 준비회의	ㅇ사업계획준비회의(XX-II-20090902-1)		V
GP2.3 Provide adequate resources for performing the verification process, developing the work products, and providing the services of the process.			
관리도구(문서작성/산출물 관리)	ㅇ관리도구/문서작성 : 한글, MS Office/ 산출물 자료관리: IT IS	V	
지침 및 절차 제공	ㅇ00검증 및 입증지침(00-20091130-11)/20.소요자원 확보		V
GP2.4 Assign responsibility and authority for performing the process, developing the work products, and providing the services of the verification process.			
역할과 책임	ㅇXX II 분할과제 관리 계획서(00-20091112-2)/ XI. 나. 인원편성	V	

관련 지침	○00검증 및 입증지침(00-20091130-11)/5.역할과 책임,16.담당자임명		V
GP2.5 Train the people performing or supporting the verification process as needed.			
XX,K검증 및 입증담당자교육이수현황	○부서개발업무프로세스시행 및 실무교육 (PAL_20100122_2)	V	
검증 및 입증 담당자 교육 훈련	○00 검증 및 입증 지침(00-20091130-11)/ 19. 교육 훈련		V
GP2.6 Place designated work products of the verification process under appropriate levels of control.			
산출물 관리대장	○산출물관리도구:TIS>사업관리>XXⅡ>문서관리	V	
형상관리 지침 및 절차	○Ⅱ분할과/검증 및 입증계획서(00-20091030-0001)/ 9. 주요 산출물 목록		V
GP2.7 Identify and involve the relevant stakeholders of the verification process as planned.			
이해 당사자 식별 및 참여	○Ⅱ 분할과제 검증 및 입증 계획서 (00-20091030-0001)/-8.2 관련자 식별 및 참여계획	V	
관련 지침	○00검증 및 입증지침(00-20091130-11)/-5.역할과 책임		V
GP2.8 Monitor and control the verification process against the plan for performing the process and take appropriate corrective action.			
프로세스 감시 및 통제	○'10년월별실적보고(1-02월)(00-20100204-1)/시험항목별검증율/시험 결과 제출 지연일수/ 유효 장비 계측 투입율	V	
관련 지침	○00 검증 및 입증 지침(00-20091130-11)/-23. 활동 보고		V
GP2.9 Objectively evaluate adherence of the verification process against its process description, standards, and procedures, and address noncompliance.			
Ⅱ 품질보증 평가결과	○'09년4분기품질보증평가결과보고서(00-091230-3)	V	
XX 품질보증 평가계획	○Ⅱ 품질보증 세부평가계획서(00-20091005-0001)		V
GP2.10 Review the activities, status, and results of the verification process with higher level management and resolve issues.			
주간 업무보고	○주간업무보고	V	
검증결과 보고절차 및 지침	○00검증 및 입증지침(00-20091130-11)/23.활동보고		V
GG3 Institutionalize a Defined Process			

GP3.1 Establish and maintain the description of a defined verification process.			
XX검증 및 입증 지침조정 결과	ㅇ00검증 및 조정지침결과(00-20091112-1)	V	
XX검증 및 입증 지침	ㅇ00검증 및 입증지침(00-20091130-1)		V
GP3.2 Collect work products, measures, measurement results, and improvement information derived from planning and performing the verification process to support the future use and improvement of the organization's processes and process assets.			
부서ProcessAssetLibrary	ㅇTIS>사업관리>PAL	V	
XX-II 프로세스 개선 의견서	ㅇXX-II 프로세스 개선의견서 (00-20100225-2)/검증(VER) 분야	V	
00 프로세스 개선 계획	ㅇXX-II 품질보증 세부평가계획서 (00-20091005-1)		V

Validation(VAL)

Key Practice / Notes	Document (s)	D	ID
SG1 Preparation for validation is conducted.			
SP1.1 Select products and product components to be validated and the validation methods that will be used for each.			
입증 대상 제품 선정	ㅇ입증대상선정 및 입증방법정의(기술메모-20090904-0001)	V	
검증 및 입증 업무 절차	ㅇ00 분할과제 관리계획서(xxII-20091112-2)/ XI. 검증 및 입증계획		V
SP1.2 Establish and maintain the environment needed to support validation.			
입증 환경 구축 계획	ㅇxx개발 검증 및 입증계획서(xxII-20091113-1)/-8. 주요 검증/입증 대상 및 방법		V
입증환경구축	ㅇ00개발체계시뮬레이터개발(ADDS-2009-1051)	V	
입증환경구축	ㅇ레이더패킷점검프로그램개발(ADDS-2009-0427)	V	
SP1.3 Establish and maintain procedures and criteria for validation.			

입증절차 및 기준 수립	○xx개발 검증 및 입증계획서(09ASRP-20091221-7) / 4.4. 입증절차, -4.5. 입증기준	V	
입증지침 수립	○xxII 검증 및 입증 지침(xxII-20091130-11)/입증준비, - 입증수행		V
SG2 The product or product components are validated to ensure that they are suitable for use in their intended operating environment.			
SP2.1 Perform validation on the selected products and product components.			
입증활동수행	○GFT 090500개발준비회의(회의록 -20090821-0001)	V	
입증 활동 수행	○xxII 개발일정 계획 및 조정 절차서 (xxII-20091113-4) /3. 수행방침, -4. 적용도구		V
입증 활동 수행	○000레이더 탐지추적개발 계획서 검토결과/ (xxII-20100115-1)	V	
SP2.2 Analyze the results of the validation activities.			
입증결과 분석	○000개발입증결과보고서(보고서-20090916-0001)/ 주요이슈/action items/시정조치, - 참조: 각 장비별 점검성적서	V	
이슈보고 및 처리사항 보고	○905개발 및 자료처리결과보고서/(보고서 -20090923-0002) - 주요 이슈, - 자료처리 결과 의견	V	
입증결과 분석	○xxII개발계측자료처리의뢰및수행절차서/ (xxII-20091113-5)/- 3. 수행방침, -6. 주요산출물 목록, -별표		V
GG2 Institutionalize a Managed Process			
GP2.1 Establish and maintain an organizational policy for planning and performing the validation process.			
검증에 대한 조직 수행방침	○개발업무표준프로세스검증 및 입증지침 (PAL-20090921-11)/- 제10조 수행방침	V	
조직방침에 대한 검토	○개발업무표준프로세스승인건의/(기록물관리함,부서00관리실-3328,09.08.12)		V
GP2.2 Establish and maintain the plan for performing the validation process.			
입증계획 수립	○xx-II 과제관리계획서(xxII-20100114-4)/- XI. 검증 및 입증 계획	V	
xx-II 사업 입증계획 수립위한 준비회의	○사업계획준비회의(xx-II-20090902-1)		V
GP2.3 Provide adequate resources for performing the validation process, developing the work products, and providing the services of the process.			
관리도구(문서작성/산출물 관리)	○관리도구/- 문서작성 : 한글, MS Office/- 산출물 자료관리:TIS	V	

자원제공	○00통제 시스템 Simulator(ADDS-2009-1051)	V	
GP2.4 Assign responsibility and authority for performing the process, developing the work products, and providing the services of the validation process.			
책임 할당	○xxII분할과제관리계획서(xxII-20091112-2)/-XI.5관련 담당자 역할 및 책임	V	
책임 할당	○xxII 검증 및 입증 지침(xxII-20091130-11)/- 제5조 (역할과 책임), 제16조 (담당자 임명)		V
GP2.5 Train the people performing or supporting the validation process as needed.			
검증 및 입증 담당자 교육 훈련	○Introduction to CMMI 공인교육(10.26~10.28)	V	
검증 및 입증 담당자 교육 훈련	○xxII 검증 및 입증 지침(xxII-20091130-11)/- 19. 교육훈련		V
GP2.6 Place designated work products of the validation process under appropriate levels of control.			
산출물자료관리	○xxII검증 및 입증계획서(xxII-20091113-1)/ - 10. 검증, 입증 프로세스 형상관리 및 버전관리 절차	V	
산출물자료관리	○개발정보체계(TIS)		V
GP2.7 Identify and involve the relevant stakeholders of the validation process as planned.			
관련 이해 당사자 식별 및 참여	○00분할과제검증및입증계획서/ (xxII-20091030-0001)/ 5.2.1 사업 책임자, - 5.2.3 개발담당자	V	
관련 이해 당사자 식별 및 참여	○00 분할과제 관리 계획서(xxII-20091112-2)/ 주요 이해 당사자 목록		V
GP2.8 Monitor and control the validation process against the plan for performing the process and take appropriate corrective action.			
주간업무보고	○주간업무보고	V	
측정분석 지침	00분할과제사업측정분석지침(xxII-20091129-2)/ -15. 측정분석 보고		V
GP2.9 Objectively evaluate adherence of the validation process against its process description, standards, and procedures, and address noncompliance.			
xx-II 품질보증 평가결과	○'09년4분기품질보증평가결과보고서(xxII-091230-3)/○'09년4분기품질보증체크리스트(xxII-091230-2)	V	
표준 준수 여부의 객관적 평가	○00 분할과제 검증 및 입증 계획서/ (xxII-20091030-0001) - 별표: 품질보증 체크리스트 양식		V
xx-II CMMI 내부심사 결과	○CMMI내부심사 결과보고(PAL_20091227_9)/xx-II지침별성취도/검증 및 입증(VER/VAL)분야약점	V	

GP2.10 Review the activities, status, and results of the validation process with higher level management and resolve issues.			
주간업무보고	○주간업무보고	V	
입증결과 보고절차 및 지침	○xxII검증 및 입증지침(xxII-20091130-11)/23.활동보고		V
GG3 Institutionalize a Defined Process			
GP3.1 Establish and maintain the description of a defined validation process.			
검증 및 입증 지침조정 결과	○ xxII00개발기법분할과제조정지침결과/(xxII-20091112-1)	V	
검증 및 입증 지침	○xxII 검증 및 입증 지침(xxII-20091130-11)		V
GP3.2 Collect work products, measures, measurement results, and improvement information derived from planning and performing the validation process to support the future use and improvement of the organization's processes and process assets.			
프로세스개선 지침	○xxII검증 및 입증지침(xxII-20091130-11)/25.프로세스개선		V
xx-II 프로세스 개선 의견서	○xx-II 프로세스 개선의견서 (xxII-20100225-2)/입증(VAL) 분야	V	

Risk Management (RSKM)

Key Practice / Notes	Document (s)	D	ID
SG1 Preparation for risk management is conducted.			
SP1.1 Determine risk sources and categories.			
00 사업 위험 발생원과 분야 정의	○00과제관리계획서(XXII-20100114-4)/XII.위험관리계획/4.위험관리 절차 /	V	
00 위험목록 작성	○위험보고서(XXII-20091020-1)/위험목록		V
SP1.2 Define the parameters used to analyze and categorize risks, and the parameters used to control the risk management effort.			
00사업 위험관리계획 위험변수 정의	○00과제관리계획서(XXII-20100114-4)/XII.장4절나.항위험관리준비③위험변수	V	

위험목록 작성	○00위험보고서(XXII-20091020-1)/위험목록		V
SP1.3 Establish and maintain the strategy to be used for risk management.			
00사업 위험관리계획 수립	○00과제 관리계획서(XXII-20100114-4)/II.장 4.절 다.위험관리 전략수립	V	
00사업 위험관리 회의록	○CFT0908시험안전협의서(XXII-20091125-1)		V
SG2 Risks are identified and analyzed to determine their relative importance.			
SP2.1 Identify and document the risks.			
위험식별 및 분석	○00위험보고서(XXII-20091020-1) /위험목록	V	
위험식별 및 분석 사례	○00예산추가배정 요청의뢰(09.9.28)(00>기록물 등록대장)		V
SP2.2 Evaluate and categorize each identified risk using the defined risk categories and parameters, and determine its relative priority.			
위험의 평가, 분류, 우선순위 결정	○00위험보고서(XXII-20091020-1)	V	
위험관리지침 위험분석에 대한 정의	○위험관리지침(XXII-20091129-3)		V
SG3 Risks are handled and mitigated, where appropriate, to reduce adverse impacts on achieving objectives.			
SP3.1 Develop a risk mitigation plan for the most important risks to the project, as defined by risk management strategy.			
위험완화계획 수립	○과제관리계획서(XXII-20100114-4)/ XII.장 4.절 바. 위험대처방안 및 위험완화계획 작성	V	
위험관리 지침	○위험관리지침(XXII-20091129-3)		V
위험관리 사례	○예산추가배정(09.10.7)(00>예산정보관리)		V
SP3.2 Monitor the status of each risk periodically and implement the risk mitigation plan as appropriate.			
위험완화 계획 구현	○과제관리계획서(XXII-20100114-4)	V	
위험관리 지침	○위험관리지침(XXII-20091129-3)		V
GG3 Institutionalize a Defined Process			
GP3.1 Establish and maintain the description of a defined risk management process.			

조정 결과서	○00과제분할과제 조정지침 결과서(XXII-20091112)		V
지침	○위험관리지침V1.0(XXII-20091129-3)/ 제29조 조정 적용	V	
GP3.2 Collect work products, measures, measurement results, and improvement information derived from planning and performing the risk management process to support the future use and improvement of the organization's processes and process assets.			
부서Process Asset Library	○TIS>사업관리>PAL	V	
프로세스 개선 내부심사	○000내부심사 실시 결과('09.12), 내부심사후 Action /Item('09.12)	V	
지침	○위험관리지침 V1.0(XXII-20091129-3)/ 제27조 프로세스 개선		V
GG2 Institutionalize a Managed Process			
GP2.1 Establish and maintain an organizational policy for planning and performing the risk management process.			
위험관리에 대한 조직 수행방침	○개발업무표준프로세스위험관리지침 (PAL-20090921-12)/- 제10조 수행방침	V	
조직방침에 대한 검토	○개발업무표준프로세스승인건의/(기록물관리함,부서운영관리실-3328,09.08.12)		V
GP2.2 Establish and maintain the plan for performing the risk management process.			
관리 계획서	○00과제위험관리계획서_V.1.0.(XXII-091106-2)/ 4. 요구조건 개발 관리체계	V	
지침	○위험관리지침V1.0(XXII-20091129-3) - 제20조 수행계획 수립 및 승인		V
GP2.3 Provide adequate resources for performing the risk management process, developing the work products, and providing the services of the process.			
관리도구 제공	○관리도구 - 문서작성 : 한글(HWP7.0),MS Office	V	
인적자원에 대한 지침	○위험관리지침V1.0(XXII-20091129-3) - 제5조 역할과 책임		V
GP2.4 Assign responsibility and authority for performing the process, developing the work products, and providing the services of the risk management process.			
관리계획	○과제관리계획서(XXII-20100114-4) - XII.장 / 관련 담당자 역할 및 책임 /	V	
사업관리 담당자 임명 및 역할 설명	○사업계획준비회의(XX-II-20090902-1)/ PA분야별 담당자 임명		V
GP2.5 Train the people performing or supporting the risk management process as needed.			

위험관리담당자교육이수현황	○000LV3CMMI지침교육(PAL_20090924_1)/교육기간:2009.8.13~14/ - 위험관리 담당자 : / 교육내용 : 위험관리 지침 및 프로세스	V	
위험관리 교육자료	○위험관리교육자료(EDU_20080305_27)		V
GP2.6 Place designated work products of the risk management process under appropriate levels of control.			
관리계획서	○과제관리계획서V4.0(XXII-20100114-4) XIV. 산출물 자료관리 계획	V	
지침	○위험관리지침V1.0(XXII-20091129-3) - 제23조 산출물 자료 관리		V
GP2.7 Identify and involve the relevant stakeholders of the risk management process as planned.			
관리계획서에 관련자 식별 및 참여계획 수립	○위험관리계획서V1.0(XXII-20091125-5)/5-가.역할과 책임/ 5-나. 위험관리 활동의 인원편성	V	
관련자 회의록	○PFT1006비행시험준비회의록(XXII-20100122-1)	V	
GP2.8 Monitor and control the risk management process against the plan for performing the process and take appropriate corrective action.			
업무보고	○00과제월간업무보고자료/ - TIS 문서등록	V	
월별실적 자료	○2010년 2월 월별 실적(XXII-20100312-1) 10/03/12		V
예산 시정조치 내역	○형상변경제안서(XXII-20100406-3) ; 10년3월 예산 추가배정	V	
GP2.9 Objectively evaluate adherence of the risk management process against its process description, standards, and procedures, and address noncompliance.			
품질보증 평가결과	○'09년 4분기 품질보증 평가 결과보고서 (XXII-091230-3)	V	
CMMI 내부심사 결과	○CMMI내부심사결과보고(PAL_20091227_9)/지침별 성취도/위험관리분야약점	V	
품질보증 평가결과	○'09년 4분기 품질보증 체크리스트 (XXII-091230-2)		V
GP2.10 Review the activities, status, and results of the risk management process with higher level management and resolve issues.			
업무보고	○00과제분기실적보고자료/사업관리정보체계	V	
지침	○위험관리지침 V1.0(XXII-20091129-3)/ 제25조 활동보고		V

Decision Analysis and Resolution(DAR)

Key Practice / Notes	Document (s)	D	ID
SG1 Decisions are based on an evaluation of alternatives using established criteria.			
SP1.1 Establish and maintain guidelines to determine which issues are subject to a formal evaluation process.			
00의사결정분석가이드라인 - 비행시험 일정조정	○00사업 의사결정분석 평가표/1.장 의사결정 사안 개요	V	
00의사 결정 분석 가이드라인 수립근거	○00분할과제 의사결정분석 지침/제3장 11조 분석 가이드 라인		V
SP1.2 Establish and maintain the criteria for evaluating alternatives, and the relative ranking of these criteria.			
00의사결정분석평가기준 - 비행시험 일정조정	○00분할과제 의사결정분석 평가표/ 2.평가기준	V	
00 의사결정분석 평가기준 수립 근거	○00분할과제 의사결정분석 지침/제3장 제12조 대안에 대한 평가		V
SP1.3 Identify alternative solutions to address issues.			
00의사결정분석대안 - 비행시험 일정조정	○00분할과제 의사결정분석 평가표 / 3. 대안	V	
철매-II의사결정분석대안식별근거	○00분할과제 의사결정분석 지침 /제3장 제13조 대안 식별		V
SP1.4 Select the evaluation methods.			
00의사결정분석평가방법 - 비행시험 일정조정	○00분할과제 의사결정분석 평가표/4. 평가방법	V	
00 의사결정분석 평가방법 선정	○00분할과제 의사결정분석 지침 /제3장 제14조 대안에 대한 평가방법 선정		V
SP1.5 Evaluate alternative solutions using the established criteria and methods.			
00의사결정분석대안평가결과 - 비행시험 일정조정	○00분할과제 의사결정분석 평가표 /5. 대안분석/평가	V	
00 의사결정분석 대안평가	○00분할과제 의사결정분석 지침 /제3장 제15조 대안평가		V
SP1.6 Select solutions from the alternatives based on the evaluation criteria.			
00의사결정분석평가결과 - 비행시험 일정조정	○00분할과제 의사결정분석 평가표/ 6. 평가결과	V	
00 의사결정분석 해결안 선정	○00분할과제 의사결정분석 지침/제3장 제15조 대안선정		V

GG3 Institutionalize a Defined Process			
GP3.1 Establish and maintain the description of a defined decision analysis and resolution process.			
00II 의사결정분석 지침 조정결과	○00사업관리지침조정결과서		V
00II 의사결정분석 지침 (지침조정)	○00의사결정분석지침	V	
Collect work products, measures, measurement results, and improvement information derived from planning and performing the decision analysis and resolution process to support the future use and improvement of the organization's processes and process assets.			
00 프로세스 개선 의견서	○00 프로세스 개선의견서 / 의사결정분석(DAR) 분야	V	
00 사업관리계획서 : 산출물 자료관리 계획 작성	○과제관리계획서/XIV.산출물 자료 관리계획		V
GG2 Institutionalize a Managed Process			
GP2.1 Establish and maintain an organizational policy for planning and performing the decision analysis and resolution process.			
의사결정 분석지침에 대한 조직 수행 방침	○00업무 표준 프로세스 의사결정분석 지침/제10조 수행방침	V	
조직방침에 대한 검토	○00업무 표준 프로세스 승인건의		V
GP2.2 Establish and maintain the plan for performing the decision analysis and resolution process.			
0 과제관리 계획서 (의사결정 및 문제해결 계획)	○00분할과제 관리계획서 / XII. 의사결정분석 계획	V	
00 사업 의사결정분석계획을 준비회의	○사업계획준비회의(II-20090902-1)		V
GP2.3 Provide adequate resources for performing the decision analysis and resolution process, developing the work products, and providing the services of the process.			
관리도구 제공	○관리도구 /문서작성 : 한글/ 산출물 자료관리 : IT IS	V	
00 사업관리계획 내의 인전 자원 명시	○과제관리계획서/I.장3절/.수행조직 및 역할		V
GP2.4 Assign responsibility and authority for performing the process, developing the work products, and providing the services of the decision analysis and resolution process.			
00 과제 관리계획서 : (의사결정 및 문제해결 계획/ 역할과 책임)	○00분할과제 관리계획서/ XII.장 3.절 가.역할과 책임	V	
사업관리 담당자 임명 및 역할 설명	○사업계획준비회의/PA분야별 담당자 임명		V

GP2.5 Train the people performing or supporting the decision analysis and resolution process as needed.			
00의사결정 및 분석 담당자교육현황	○00업무프로세스시행및실무교육(PAL_20100122_2)	V	
00과제관리계획 내의 교육계획	○00관리계획서 / III장 3절 라. 사업계획수립교육		V
GP2.6 Place designated work products of the decision analysis and resolution process under appropriate levels of control.			
00 산출물 관리대장	○산출물관리도구:TIS>사업관리>00-II>문서관리	V	
00 사업관리계획서 : 산출물 자료 관리 계획 작성	○과제관리계획서/XIV.산출물 자료관리계획		V
GP2.7 Identify and involve the relevant stakeholders of the decision analysis and resolution process as planned.			
00 사업관련자 식별 및 참여계획	○00과제관리 계획서 /- XIII장 3. 관리체계		V
00 사업관련자 참여 기록: 의사결정 및 분석	○00분할과제 의사결정분석 평가표 / 관련자 서명	V	
GP2.8 Monitor and control the decision analysis and resolution process against the plan for performing the process and take appropriate corrective action.			
00 주간업무 보고	○0부 주간업무 보고	V	
00진척관리계획	○00과제관리 계획서 / IV. 진척관리계획		V
GP2.9 Objectively evaluate adherence of the decision analysis and resolution process against its process description, standards, and procedures, and address noncompliance.			
00품질보증 평가계획	○'09년4분기품질보증평가계획		V
00 품질보증 평가결과	○'09년4분기품질보증평가결과보고서 ○'09년4분기품질보증체크리스트	V	
GP2.10 Review the activities, status, and results of the decision analysis and resolution process with higher level management and resolve issues.			
00사업계획 보고	○00시험기법 분할 과제 계획 보고		V
00 주간업무 보고	○0부 주간업무 보고	V	

Integrated Project Management(IPM)

Key Practice / Notes	Document (s)	D	ID

SG1 The project is conducted using a defined process that is tailored from the organization's set of standard processes.			
SP1.1 Establish and maintain the project's defined processes from project startup through the life of the project.			
00II 사업 조정지침	○00II사업계획수립지침(PP)(00II-20091201-2)	V	
00II 지침 조정결과	○00II개발시험분할과제조정지침결과서 (00II-20091112-1)		V
SP1.2 Use the organizational process assets and measurement repository for estimating and planning the project's activities.			
사업규모추정관련규정	○00비용분석지침(방침 제87호, '02.4.8)		V
00사업관리계획에적용	○00II과제관리계획서(00II-20101114-4)	V	
SP1.3 Establish and maintain the project's work environment based on the organization's work environment standards.			
00정보체계(TIS)의 PAL	○개발업무프로세스 개선 지침/제15조 ④항 00단 작업환경 수립		V
00환경 정의	○분할사업계획서/계측장비 소요 및 활용계획	V	
SP1.4 Integrate the project plan and the other plans that affect the project to describe the project's defined process.			
관리계획서 표준서식 적용	○00> PAL> 표준서식> 양식		V
00사업관리계획서 :사업관리 분야별 계획	○00II과제관리계획서(00II-20101114-4)	V	
SP1.5 Manage the project using the project plan, the other plans that affect the project, and the project's defined process.			
00 프로세스 조정 결과 산출물 목록	○00조정지침 확인쉬트 (00II-20100126-8)	V	
00사업 관리계획서 :사업관리 분야별 계획	○00II과제관리계획서(00II-20101114-4)		V
SP1.6 Contribute work products, measures, and documented experiences to the organizational process assets.			
프로세스 개선제안 양식	○프로세스개선의견서(양식)(PAL-20100225-2)		V
00 프로세스 개선 의견서	○00프로세스개선의견서(00II-20100225-2)	V	
SG2 Coordination and collaboration of the project with relevant stakeholders is conducted.			
SP2.1 Manage the involvement of the relevant stakeholders in the project.			

00 사업관련자 관리계획	○00II 과제 관리계획서/ I.장 3.절 나 .주요회의계획	V	
00 사업관련자 참여 실적	○00시험준비회의록(00II-20100122-1)		V
SP2.2 Participate with relevant stakeholders to identify, negotiate, and track critical dependencies.			
주요 사업관련자들의 참여계획	○00II 과제 관리계획서/I.장 3.절 나. 주요 회의 계획		V
사업 수행 중 주요 사업관련자들의 참석 현황	○00시험 준비 회의록(00II-20100122-1)	V	
사업관련자 참여계획의 적절성 검토	○00시험수행계획서/00행계획서	V	
SP2.3 Resolve issues with relevant stakeholders.			
00II '10년 시험일정 조정	○의사결정분석업무수행계획서 / 의사결정분석평가표		V
00연기에 대한 조치사항 수행결과	○00 이슈 식별 및 시정조치서	V	
GG3 Institutionalize a Defined Process			
GP3.1 Establish and maintain the description of a defined integrated project management process.			
00 사업관리 지침조정 결과	○00사업관리지침조정결과서		V
00 사업관리 사업별 지침	○00사업관리지침	V	
GP3.2 Collect work products, measures, measurement results, and improvement information derived from planning and performing the integrated project management process to support the future use and improvement of the organization's processes and process assets.			
00 프로세스 개선 의견서	○00 프로세스 개선의견서 / 통합 사업관리(IPM) 분야	V	
00 사업관리계획서 : 산출물 자료 관리 계획 작성	○과제관리계획서/XIV.산출물 자료 관리계획		V

Organizational Process Definition(OPD)

Key Practice / Notes	Document (s)	D	ID

SG1 A set of organizational process assets is established and maintained.			
SP1.1 Establish and maintain the organization's set of standard processes.			
00>PAL>00업무표준프로세스>방침/	*00>PAL>00업무 표준 프로세스/ 12개 지침 등록 (09.09.21)	V	
개발업무프로세스 시행에 따른 교육 시행	*00업무표준프로세스 시행 및 실무교육실시		V
SP1.2 Establish and maintain descriptions of the lifecycle models approved for use in the organization.			
부서 사업 수명주기 모델을 기술함	*00>PAL>시험업무표준프로세스>방침/지침>사업계획수립지침	V	
사업수명주기 Update	*부서 사업수명주기(Update)(PAL-20100122-13)	V	
관련 지침	*00업무프로세스 개선 지침/제 15조 2항 사업수명주기 모델 선정		V
SP1.3 Establish and maintain the tailoring criteria and guidelines for the organization's set of standard processes.			
조정 기준 및 가이드라인을 수립	*00>PAL>00업무표준프로세스>절차>개발업무프로세스 조정 절차(PAL-20090921-14)(09.09.21)	V	
지침 조정 결과	*사업별 지침 조정 결과(PAL-20100122-10)		V
SP1.4 Establish and maintain the organization's measurement repository.			
조직의 측정 데이터베이스 구축	*00>PAL>측정 리파지토리 폴더에 저장 및 유지	V	
측정 리파지토리 관련 측정자료 수집	*00-PAL-측정 리파지토리		V
SP1.5 Establish and maintain the organization's process asset library.			
조직의 프로세스 자산 라이브러리 구축	*00>사업관리>PAL/00업무표준프로세스/방침/지침 , 절차,	V	
관련 지침	*시험업무프로세스 개선 지침/제 12조 프로세스 자산 수립		V
SP1.6 Establish and maintain work environment standards.			
부서 공통 작업환경은 000 공통도구표준을 준수함.	*000공통도구표준/공통사용리스PC/공통지원S/W목록	V	
관련 지침	*0업무프로세스 개선 지침/제 12조 6항 부서 작업환경 표준 수립		V
GG3 Institutionalize a Defined Process			

GP3.1 Establish and maintain the description of a defined organizational process definition process.			
정의프로세스기술/유지	*00>PAL>00업무표준프로세스>방침/지침>00업무 프로세스 개선지침(PAL-20090921-2) 개정이력	V	
조정 적용	*00>PAL>시험업무표준프로세스>방침/지침>개발업무프로세스 개선지침(PAL-20090921-2)		V
GP3.2 Collect work products, measures, measurement results, and improvement information derived from planning and performing the organizational process definition process to support the future use and improvement of the organization's processes and process assets.			
부서Process Asset Library	*00>사업관리>PAL	V	
내부심사 결과 후속조치계획	*부서 1차 내부심사 후속조치계획 (PAL-20091227-12)	V	
	*부서 1차 내부심사 계획(PAL-20091227-3)		V

Organizational Process Focus(OPF)

Key Practice / Notes	Document (s)	D	ID
SG1 Strengths, weaknesses, and improvement opportunities for the organization's processes are identified periodically and as needed.			
SP1.1 Establish and maintain the description of the process needs and objectives for the organization.			
조직 프로세스 개선 계획 수립/개선 목적 설정	*개발업무프로세스개선(CMMILevel3)추진계획/ 개선 목적 및 필요성(09.03.06,PAL-20091126-3)	V	
조직 프로세스 개선 요구	*부서간부회의자료(2008.10.17) - CMMI LV3 달성 추진 00장지시		V
SP1.2 Appraise the organization's processes periodically and as needed to maintain an understanding of their strengths and weaknesses.			
조직프로세스 심사	*부서PIID작성평가 - 평가 결과(PAL-20091126-1,09.11.26)	V	
프로세스 모델 검증	*부서개발업무프로세스모델검증(선임심사원) (PAL-20091127-1,09.06.25)	V	
1차 내부심사 계획	* 부서 1차 내부심사 계획(PAL-20091227-3)		V

SP1.3 Identify improvements to the organization's processes and process assets.			
조직 프로세스 심사 결과	*부서PIID작성평가 - 평가 결과(PAL-20091126-1,09.11.26)	V	
1차 내부심사 결과 본부장 보고	* 부서 1차 내부심사 결과 본부장 보고 (PAL-20091227-10)		V
SG2 Process actions that address improvements to the organization's processes and process assets are planned and implemented.			
SP2.1 Establish and maintain process action plans to address improvements to the organization's processes and process assets.			
- TS, PI 지침 통합 계획/ RD,REQM 지침 통합 계획/ VER,VAL 지침 통합 계획	* ML3 부서 표준 지침 작성 관련 회의록 (2009.7.23)	V	
내부심사결과 조치사항 식별 및 확인	*부서1차내부심사결과 Action Item (PAL-20091227-13,14, PAL-20100112-8, 20100115-1)	V	
	*부서 개발업무 프로세스개선 지원용역 계약(기록물관리함 129A500-002366,09.04.24)		V
SP2.2 Implement process action plans.			
CMMI ML3 추진 TF에서 Action Item 추진 및 점검	*CMMI ML3 TF Action Item (PAL-20100115-6,7,8,10)	V	
Action Item 점검 회의록	*CMMI ML3 TF 회의록(PAL-20100122-8)		V
SG3 The organizational process assets are deployed across the organization and process-related experiences are incorporated into the organizational process assets.			
Deploy organizational process assets across the organization.			
개발업무 표준 프로세스 시행	*개발업무표준프로세스시행및실무교육실시	V	
개발업무 표준 프로세스 승인 건의	*개발업무표준프로세스승인건의		V
SP3.2 Deploy the organization's set of standard processes to projects at their startup and deploy changes to them as appropriate throughout the life of each project.			
사업별지침조정협의	* 사업별 지침 조정 결과(PAL-20100122-10)	V	
조정지침 검토 및 승인	* 조정지침 검토 및 승인 계획(PAL-20100122-9)		V
SP3.3 Monitor the implementation of the organization's set of standard processes and use of process assets on all projects.			
내부심사 결과 보고	*부서 1차 내부심사 결과 본부장 보고 (PAL-20091227-10)	V	

00업무프로세스 개선 용역 수행 시 매주1회 이상컨설팅 및 현장지도수행	*ML3TF Action Item(PAL-20100115)/ *부서0부사업통합컨설팅회의록(PAL-20100115-22)		V
SP3.4 Incorporate process-related work products, measures, and improvement information derived from planning and performing the process into the organizational process assets.			
측정리파지토리	*00-PAL-측정리파지토리	V	
측정리파지토리 관련 측정자료 수집	*00-PAL-측정리파지토리/ASRP사업시험실적,인력,예산,일수(PAL-20100121-1)		V
GG3 Institutionalize a Defined Process			
GP3.1 Establish and maintain the description of a defined organizational process definition process.			
정의프로세스기술/유지	*00>PAL>개발업무표준프로세스>방침/지침>개발업무 프로세스 개선지침(PAL-20090921-2) 개정이력	V	
조정 적용	*00>PAL>개발업무표준프로세스>방침/지침>개발업무 프로세스 개선지침(PAL-20090921-2) 제21조 조정적용		V
GP3.2 Collect work products, measures, measurement results, and improvement information derived from planning and performing the organizational process definition process to support the future use and improvement of the organization's processes and process assets.			
부서ProcessAssetLibrary	*00>사업관리>PAL	V	
	*부서 1차 내부심사 계획(PAL-20091227-3)		V

Organizational Training(OT)

Key Practice / Notes	Document (s)	D	ID
SG1 A training capability, which supports the organization's management and technical roles, is established and maintained.			
SP1.1 Establish and maintain the strategic training needs of the organization.			
000 전략적 교육 소요 수립	*09년 복무계획 상위관리자 업무보고	V	
부서 교육전략을 아카데미에 반영 요구	*'09년 업무 보고시 1인 1개 기술 자격증 취득		V
SP1.2 Determine which training needs are the responsibility of the organization and which will be left to the individual project or support group.			

아카데미에 EOD 교육 일괄반영 요청	*2009년EOD교육과정개설사전협조	V	
EOD 교육 필요성 소요 제기	*2009년EOD과정교육계획요청		V
SP1.3 Establish and maintain an organizational training tactical plan.			
000 2009년 외부 교육 계획	*2009년 외부 교육 참가 계획 파악	V	
000 2009년 외부 교육 참가 승인	*2009년 외부 교육 참가 승인 현황 통보		V
SP1.4 Establish and maintain training capability to address organizational training needs.			
조직 교육 역량 수립/00 교육 시설을 이용함	*교육시설/기자재내용/교육관/(4곳,강당,대회의실,소회의실)	V	
교육강사 스킬 확보	*'09년도 전문 강사 스킬과정 교육계획 시행		V
SG2 Training necessary for individuals to perform their roles effectively is provided.			
SP2.1 Deliver the training following the organizational training tactical plan.			
2009년 아카데미 개설 직무교육 참석	*2009년 책임 및 선임 승격자 과정 교육 계획 시행	V	
2009년 외부기술 교육 참가 리스트	*2009년도외부교육현황리스트		V
SP2.2 Establish and maintain records of the organizational training.			
시험업무 프로세스 지침 교육참석작 명단	*00업무프로세스시행 및 실무 교육 참석자 명단 (PAL-20100122-2)	V	
2009년교육이력조사/교육규정제45조(교육이수자의 이력관리)	*2009년도 교육 이력 제출/(부서 운영관리실-4806 09.11.17)		V
SP2.3 Assess the effectiveness of the organization's training program.			
교육의 효과성 평가	*신입소원 교육 평가 결과	V	
신입소원 교육 평가표	*신입소원 교육 평가표(양식)		V
GG3 Institutionalize a Defined Process			
GP3.1 Establish and maintain the description of a defined organizational training process.			
교육 훈련 업무 지침	*교육훈련업무지침(08.2)	V	

교육 훈련 규정	*교육훈련 규정(08.3)	V	
GP3.2 Collect work products, measures, measurement results, and improvement information derived from planning and performing the organizational training process to support the future use and improvement of the organization's processes and process assets.			
교육관련 자료 수집	*교육관련 자료 TIS PAL에 저장	V	
	*교육훈련 사항에 관한 자료를 수집하고 TIS에 관리함		

연 습 문 제

1. CMMI기반의 프로세스 평가 중 SCAMPI 평가 방법에 대해 설명하라.

2. SCAMPI 심사에 대하여 설명하라.

3. PIID 작성법에 대해 설명하고 작성 과정을 테이블로 표현하여 설명하라.

4. 검증 프로세스 영역의 SP1.1에 대한 PIID 작성 예를 보여라.

5. 동료검토 유형별 수행 활동을 구분하여 기술하라.

6. 공식 검토 산출물은 어떤 것이 있으며 각각에 대해 간단히 기술하라.

7. 수시 검토 참여자의 역할과 책임을 기술하고 착수기준과 완료기준을 간략히 설명하라.

8. 동료 검토에서 발견되는 결함을 분류하고 간단히 설명하라.

9. Use-cases 다이어그램에 대해 설명하라.

10. Use-cases와 Actor 사이의 관계를 설명하라.

11. 다음 용어를 설명하라.

직접산출물, 간접산출물, 인터뷰, 측정리파지토리, WBS, Process Asset Library

CMMI(Capability Maturity Model Integration)

부록

용어해설

참고문헌

찾아보기

용어해설

- **간접 산출물**(Indirect artifacts): CMMI 심사 시 회의록, 검토결과, 로그, 리포트 등 프로세스 개선의 효과나 부작용을 알 수 있는 근거.
- **감사**(Audit): 작업 산출물이나 프로세스가 명세서나 표준, 계약상의 동의사항과 일치되는지를 평가하기 위해 독립적으로 시행되는 검사활동.
- **검사**(Inspection): 검사는 검토와 유사하며 제품의 개발 주기에 걸쳐서 각 단계에서 나온 결과를 여러 사람이 검증하며, 각 개발과정의 종료단계에서 그 과정의 출력에 포함된 오류를 발견하여 수정하는 것이다.
- **검증**(Verification): 규격, 표준 등 명시적으로 정의된 요구사항이 충족되었는지 점검, 확인하는 활동으로 분석, 동료 검토, 시험, M&S기법 등이 활용될 수 있다.
- **검토**(Review): 설정된 목적을 달성하기 위해 대상물의 적합성, 적절성, 효과성, 효율성 등을 결정하기 위한 활동(관리자, 설계검토, 요구사항 검토 등)
- **결함**(Defect): 안전에 관한 것을 포함하여 의도된 요구사항이나 기대사항에 대한 불충족하는 것.
- **고객**(Customer): 제품이 만든 출력을 요청하고, 지불하고, 명시하고, 사용하는 프로덕트 관련자들.
- **공유 비전**(Shared vision): 공유 비전 수립은 미래에 대한 방향을 서로 정립하는 것이다. 공유비전을 통해 구성원들은 조직의 미래상을 분명히 깨달으면서 전략적 우선순위를 가늠하게 된다. 공유 비전은 구성원과 고객, 주주 등 이해 당사자들에게 새로운 행동 양식과 실행이 필요함을 일깨어 주고 매일 매일 벌어지는 의사결정 과정에 지침이 된다. 공유비전은 보통 가치제시와 차별화 된 역량, 고객 등 이해 당사자, 조직 구성 원칙, 성과 목적 등 5가지 구성 요소의 결합으로 만들어진다.
- **관련자**(Stakeholder): 프로젝트 결과의 영향을 받거나 결과에 영향을 미칠 수 있는 조직 또는 사람들 그룹(이해 관계자).
- **관리되는 프로세스**(Managed process): 관리되는 프로세스는 수행되는 프로세스로서 ① 회사 정책에 따라 계획 및 실행되고, ② 숙련된 인력을 고용하고 적절한 자원을 사용하여 제어된 산출물을 만들고, ③ 적절한 이해당사자가 참여하고, ④ 감시, 제어 및 검토되며, ⑤ 프로세스에 정의된 바를 준수하였는지 평가되는 프로세스이다. 여기서 수행되는 프로세스는 작업산출물을 만드는데 필요한 작업을 달성하는 프로세스를 말한다.

- **기술검토**(Technical review): 작업 산출물이 주어진 명세서와 일치하는지 계획, 표준, 가이드라인을 준수하는지 평가하는 공식적인 활동.
- **기준선**(Baseline): 공식적 검토와 승인이 완료된 형상 항목으로서 향후의 개발을 위한 기반이 되며 이의 변경은 공식적 변경 통제 절차에 의해서만 가능
- **능력 수준**(Capability level): 프로세스 영역별 성취도를 나타내는 기준.
- **동료 검토**(Peer review): 산출물 저작자 이외의 여러 사람이 오류를 발견하고 개선시킬 목적으로 제품을 검토하는 활동.
- **마일스톤 검토**: 사업계획서의 생명주기에 명시된 주요 단계의 종료 시에 실시하는 검토(SRR, SDR, PDR, CDR, 기술시범 검토)
- **마일스톤**(Milestone): 측정과 검사를 위해 스케줄 된 이벤트나 시점(이정표)
- **모델링**(Modeling): 개발업무 프로세스 활동 모델을 시험업무 프로세스 활동 모델로 변환시키는 것
- **생명주기**(Life-cycle): 사업의 기획, 계획에서부터 시험업무 대상에 대한 시험업무 수행 및 대군 기술지원이나 제품 인도에 이르는 활동기간(수명주기 모델은 제품의 수명을 고객의 요구사항 식별부터 제품의 소멸까지 여러 단계로 구분한 것)
- **시험 사례**(Test case): 시험 요구 되는 계측항목, 예상 결과 값, 시험 수행조건 등을 명시한 문서
- **시험 설계**(Test design): 무기체계의 시험방법에 대한 자세한 내용을 명시한 문서.
- **심사**(Appraisal): 프로세스의 강점과 약점을 결정하기 위한 심사 참조 모델을 사용하여 훈련된 전문가가 하나 이상의 프로세스를 시험하는 활동.
- **완료기준**(Exit criteria): 어떤 일의 발생이나 그 활동으로 작성된 출력물의 상태를 명시한 것(예: 승인된00 문서, 기준선으로 확정된 00 산출물 등)
- **요구사항 개발**(Requirement development): 제품의 범위를 정의하고 사용자 계층과 사용자 대표를 파악하고 요구사항을 유도하고 분석하며 검증하는 프로세스, 요구사항 개발의 산출물은 구축될 제품을 정의하는 요구사항 기본내용이다.
- **요구사항 추적 매트릭스**(Requirements traceability matrix): 각각의 기능 요구사항과 다른 시스템 산출물 간의 논리적인 연결을 보여주는 표로 다른 기능 요구사항, Use-cases, 아키텍처와 설계요소, 코드 모듈, 테스트, 사례와 비즈니스 규칙을 포함한다.
- **운영 시나리오**(Operational scenario): 생산품간의 상호관계뿐만 아니라 생산품과 그 환경, 사용자와 간의 상호관계를 포함한 일련의 예상 절차에 대한 기술로써 운영 시나리오 시스템의 타당성을 증명하는데 사용된다.
- **위험**(Risk): 발생 가능성이 있지만 현재까지 발생하지 않은 비정상적인 이벤트나 실패. 미래적인 일
- **이슈**(Issue): 권한 부여가 잘 되어 있고 의사 결정 프로세스가 확립되어 있어도 정의된 의사

결정 프로세스에서 해결할 수 없는 이슈(사건/결함 등)가 발생할 수 있다. 이러한 이슈는 상위 레벨의 의사 결정자에게 전달되어 해결되어야 한다. 이미 일어난 일

- **인수 기준**(Acceptance criteria): 시스템 운용 상태에 대한 요구사항 분석 단계에서 미리 설정해 놓은 기준들로서 시스템이 미리 정해 놓은 기대치를 달성하는지를 확인하기 위한 측정 도구가 된다.
- **자산 라이브러리**(PAL: Process asset library): 시험업무 프로세스 자산의 저장, 검색 및 사용이 가능한 라이브러리.
- **작업 구조 분해**(WBS): 종합적으로 작업을 정의하고 관리 가능한 작업의 세부 단위로 분할을 가능하게 하는 기법이다. WBS는 프로세스나 제품의 구성 요소를 구조적으로 표현하기 위한 방법으로 현재 대표적인 프로젝트 관리 도구의 하나로 여겨지고 있다. 프로젝트 관리에서 사용되는 WBS는 프로세스, 제품, 하이브리드 이렇게 세 가지 유형으로 분류된다. 작업지시서는 개발을 담당하고 있는 엔지니어가 과제 명, 처리하게 될 내용, 개발 일정, 개발 중 참조할 사항 등을 체계적으로 전달 되도록 한다. 즉 어떤 내용이 공통적으로 적용될 수 있는 항목인지, 또 개별적으로 적용되어야 할 항목인지 파악할 수 있도록 한다.
- **제품 통합**(Product integration): 고객에게 전달된 최종 제품을 위해 제품 구성요소를 통합하는 활동.
- **조정**: 조정은 프로젝트의 특성에 따라 각 산출물의 적용이나 변경 여부를 체크하고 변경 시에는 사유와 변경 문서 명을 기재하는 일련의 작업을 말하는데 프로젝트의 특성으로는 프로젝트의 규모나 성격 및 주변 환경 등이 있는데 이들에 가장 적합하게 절차나 지침 등을 조정하면 된다. 조정의 절차에 대한 표준은 존재하지 않으며 제일 중요하다고 생각되는 것은 먼저 다양한 프로젝트들의 특성을 먼저 분석하는 일이다. 이유는 프로젝트에 최적화된 방법을 찾아 프로젝트의 수행이 용이 하도록 프로세스를 조정 하면 되기 때문이다.
- **조정 지침**(Tailoring guide); CMMI 모델에서 조직이 제정한 표준 프로세스를 다양한 사업/과제가 그 사업의 목적, 제약, 환경 등 현실을 고려하여 조정할 수 있게 허용하는 지침. 이 지침은 표준 프로세스의 선정, 수명주기 모델의 선정, 선정한 표준 프로세스와 수명주기 모델을 사업/과제에 부합되도록 조정하기 위한 기준을 제공함, 이 지침은 조정이 허용되는 것과 허용 안 되는 것을 명시하며 프로세스의 항목 중 수정이 허용되는 후보를 제시
- **직접 산출물**(Direct artifacts): CMMI 심사 시 작업 산출물과 같은 직접적인 근거자료.
- **착수 기준**(Entry criteria): 어떤 일의 발생이나 그 활동을 위해 입력되는 입력물의 상태를 명시한 것(예 승인된 00문서, 확정된 00 산출물 등)
- **체크리스트**(Checklist): 검사 및 확인(인스펙션)을 수행 시 통과 및 실패 기준을 결정하기 위한 항목 리스트.
- **축보심사**(Walk-through): 설계자나 개발자가 개발팀과 다른 관심 있는 사람들을 이끌며 진행하는 작업 산출물에 대한 정적인 검증 방법. Walk-through는 작성자기 동료들에게 내용을 설

명하고 의견을 요청하는 비공식적인 검토활동이다. Walk-through가 검사와 가장 큰 차이점은 작성자가 주도적인 역할을 수행한다는 것이다. 다른 검토 참여자들의 역할은 정의되어 있지 않다. 검사는 팀의 품질 목적을 충족하고자 수행하는 반면 Walk-through는 작성자의 필용에 의해 수행한다. 검사, 팀 검토, Walk-through의 차이점은 Walk-through는 일반적으로 정의된 절차를 따라 수행하는 것이 아니며 정의된 완료기준(exit criteria)을 가지지 않으며 관리자들에게 보고할 것을 요구하는 것도 아니고 측정하지 않는 것이 보통이므로 비공식적인 활동이다. Walk-through는 유지보수(maintenance) 동안에 수정되어야 하는 산출물을 검토하는데 효율적이다. 즉 전체 내용을 검토하는 것이 아니라 수정되어야 하는 부분에 대해서만 검토자들이 집중하여 검토할 수 있도록 작성자가 유도할 수 있다. 하지만 이 방법은 변경되어야 하는 부분을 간과하고 검토 없이 넘어갈 위험이 존재한다. 또한 기록이 거의 유지되지 않기 때문에 이 과정을 통해 결함을 얼마나 식별할 수 있는지 제시하기는 어렵다.

작성자는 Walk-through를 통해 자신의 아이디어, 다양한 대안에 대한 의견 수렴 및 개발 과정에서 창의적 측면을 강조할 수 있다. Walk-through는 시험 문서를 평가하는데 좋은 방법이다. 작성자는 주어진 조건하에서 시스템이 어떻게 작동하여야 하는가에 대한 공동의 이해를 충족할 수 있도록 시험 case를 이용할 수 있다. 검토의 목적이 다른 사람들이 산출물을 이해하도록 교육하는 것이 첫 번째 목적이라면 Walk-through가 적절하다. Walk-through에 검사보다 많은 사람을 참여시킬 수 있다.

Walk-through도 동료 검토의 범주에 속하지만 작성자에 의해 수행되며 구조화된 접근방법을 적용하지 않으므로 결함을 찾아내는 데는 검사 또는 팀 검토에 비해 효율적이지 못하다.

- **측정 저장소**: 프로세스 및 작업 산출물에 관한 측정자료, 특히 조직 표준 프로세스와 관련된 측정자료 수집 및 작성이 가능한 저장소를 말한다.
- **템플릿(Template)**: 완벽한 문서 또는 다른 항목을 만드는 가이드로 사용될 패턴
- **팀 검토(Team review)**: 팀 검토는 약식 검사(Inspection)에 해당한다. 계획하고 구조화된 절차에 따라 진행되지만 검사에 비해 비공식적이고 엄격하지 않다. 팀 검토는 자격이 있는 사람들이 모여서 제품이 적합한지 판단하고 규칙을 만족하는지 여부를 판정한다. 팀 검토는 다양한 이름으로 불린다. 단순하게 검토라고도 하며 구조화된 Walk-through고 불리기도 한다. 팀 검토는 한명의 동료가 책상에서 검토하는 (desk check)보다 비용이 많이 들지만 여러 사람이 참여함으로써 다양한 문제점을 찾아 낼 수 있다. 또한 팀 검토 과정은 참여자들에게 좋은 학습의 기회가 된다.
- **평가(Evaluation)**: 계약자 선정 등과 같은 향후 비즈니스 수행과 관련된 의사결정을 위해 조직의 외부 인원과 함께 해당 조작의 프로세스들을 조사하는 평가 활동(ARC: V1.2)
- **프로세스(Process)**: 특정 목적을 위해 수행될 활동의 절차, 기법, 인력을 체계적으로 정리한 것. 프로세스 설명은 이런 활동을 문서로 정의한 것이며, 프로세스는 한 개 이상의 절차를 포함할 수 있다.

- **프로세스 심사**(Assessment): 조직이 내부 프로세스 개선을 목적으로 자체적으로 수행하는 평가 활동(ARC: V1.2)
- **프로세스 자산**(Process asset): 조직이 개선된 소프트웨어 개발 관행을 효과적으로 적용하기 위해 수집한 템플리트 양식, 확인 목록, 정책, 절차, 프로세스 설명, 예제 산출물과 같은 문서.
- **프로세스 자산 라이브러리**(Process asset library): 조직 또는 프로젝트에서 사용되는 프로세스 자산의 집합(조직의 프로세스 정의, 구현, 관리에 사용되는 프로세스 자산을 저장하고 이용하도록 지원하는 라이브러리).
- **프로세스 조정**(Process tailoring): 서로 다른 개발 환경 하에서 개발되는 다양한 종류의 프로젝트에 일관된 하나의 개발 프로세스를 적용하기 어렵기 때문에 프로젝트의 특성에 적합한 프로세스를 적용해야 하는데 이를 위해 프로세스를 수정하는 과정을 의미한다.
- **프로세스 평가**(Process Appraisal): 교육 받은 전문가들에 의해 CMMI와 같은 프로세스 평가 참조 모델을 사용해 프로세스의 강/약점을 결정하기 위해 하나 이상의 프로세스들을 조사하는 활동(ARC: V1.2)
- **하부구조**: 검사의 하부구조를 말하며 주요 목적은 검사기술의 향상을 위해 검사할 때마다 발견되는 오류의 유형이나 발생빈도 등의 자료를 수집 정리하고 이들 자료를 누적하여 오류검출 효율 향상을 위해 체크리스트 등이 개발되어 이용 된다.
- **형상 감사**(Configuration audit): 실제 형상 항목들이 요구되는 물리적, 기능적, 특성을 어느 정도까지 반영하는지 확인하기 위해 감독하고 검사하는 일련의 활동.
- **형상 관리**(Configuration management): 시스템 형상 요소의 기능적 특성이나 물리적 특성을 문서화하고 그들 특성의 변경을 관리하며, 변경의 과정이나 실현 상황을 기록 보고하여 지정된 요건이 충족되었다는 사실을 검증하는 것, 또는 그 과정.
- **형상 식별**(Configuration identification): 시스템을 구성하는 형상항목을 선별하여 기능적, 물리적 특성을 기술적으로 문서화 하는 활동.
- **형상 통제**(Configuration control): 형상 항목이 공식적으로 식별된 뒤에 형상항목에 대한 변경을 평가, 조정, 승인, 또는 기각, 적용하는 일련의 활동으로 정보의 변경을 통제하는 활동.
- **형상 항목**(Configuration item): 다른 시스템 구성요소와는 따로 개발되거나, 구입되거나, 제어되거나, 유지 보수되는 시스템 구성요소(설계도, 결과보고서 등)
- **확인**(Validation): 개발된 체계가 사용자의 의도된 환경 하에서 의도한 목적으로 사용 가능함을 확인하는 활동.
- COTS(**상용품**): "commercial off the shelf" 협력업체로부터 특정기준에 맞춰 즉각적인 구매를 수행할 수 있는 상품
- ETVX(Entry, Task, Verify, Exit): ETVX는 WBS에서 작업지시 내용을 효율적으로 표현하기 위하여 ETVX로 기술한다. Entry는 작업을 시작하기 위한 전제조건을 명시한다. 앞선 작업 결과를 참조하거나 환경을 확인한다거나 등의 선결 조건이 만족해야 할 사항을 표시하게 한다.

Task는 실제하게 될 일들을 표시한다. 작업은 다양한 활동을 포함하고 있지만 대체로 1주일 이내 완결할 수 있는 일들을 표시하도록 되어 있다. Verify는 작업 결과가 지시자가 원하는 결과를 표시한다. 이 조건을 만족하는 결과를 만들지 않으면 작업이 아직 완성되지 않은 것으로 간주하게 된다. 마지막으로 Exit는 작업을 마치기 위해서 해야 하는 활동을 기술해야 한다. 작업 결과를 문서로 만든다든가, 결과를 통지 한다

- **Metrics**: 제품이 가진 특징, 품질, 특성, 속성을 나타내는 범위나 등급을 정량적으로 측정.
- **Pass-around**: Pass-around 또는 배포(Distribution)는 동시에 여러 사람들을 통해 Peer Desk-check을 수행하는 것이다. 즉 한 명에게 검토를 요청하는 것이 아니라 여러 사람에게 검토를 요청하고 feedback을 받는 것이다. 어떤 지적은 별 의미가 없는 것들도 있는 반면 어떤 지적은 매우 의미 있고 중요한 개선을 할 수 있는 계기를 제공한다. 자발적으로 검토에 참여한 사람들로부터 feedback을 받지 못하는 경우도 있으며 너무 늦게 의견을 제시하여 제대로 반영하기 어려운 경우도 발생한다.

  Pass-around는 Peer Desk-check를 수행할 경우 발생하는 위험을 두 가지 줄일 수 있다. 검토자가 적절한 시점에 검토결과를 제시하는 것을 방비할 수 있다. 최소한 일부 검토자들은 적절한 시점에 검토 결과를 제시할 것이며 그중에 의미 있는 내용을 제공해 줄 수도 있다. 회의를 통한 mental simulation은 부족할 가능성이 많다. 그러나 Pass-around를 통해서는 많은 문제점을 찾아내는 것은 어렵다. 이러한 Pass-around 방법은 검토저가 다른 검토자들의 기록을 볼 수 있도록 허용함으로써 중복된 지적을 최소화하고 해석상의 차이점을 나타낼 수 있도록 한다.
- **PAT(Process action team)**: 프로세스 적용 실무 팀이며 문서화된 프로세스 개선활동 계획에 따라 조직을 위하여 프로세스 개선 활동을 개발하고 수행할 책임이 있는 팀
- **Peer Desk-check(Mentor 제도와 유사)**: Peer Desk-check는 작성자 이외에 1명만이 산출물을 검사하는 것이다. 작성자는 검토자가 어떻게 업무를 수행하였는지 혹은 내용을 충분히 이해하고 검토가 수행되었는지 알지 못할 것이다. 이 방법은 검토자의 지식 기술 및 자기 훈련에 전적으로 의존한다. 따라서 결과가 어떻게 나타날 지 예측하기 어렵다. 검토자가 결함 체크리스트, 구체적인 분석방법, 팀의 검토 척도를 기록 유지하기 위한 표준 양식을 적용한다면 Peer Desk-check 방법도 상당히 공식적인 방법이 될 수 있다. 검토가 끝나면 검토자는 작성자에게 결함목록을 제출한다.
- **Use-cases**: Use-cases는 우리말로는 쓰임새라고도 합니다. 두 가지를 동시에 사용하는 혼돈을 막기 위해서 여기서는 원어로 Use-cases라고 표기한다. "말 그대로 쓰이는 경우" 혹은 "용도" 같은 의미로 받아들여도 큰 무리가 없다고 보여 집니다. 즉 어떤 일에 쓰느냐 하는 것을 의미합니다. 시스템이 쓰여 지는 용도를 모아서 시스템을 만들어 낸다면 다용도 시스템이 만들어 질 것이다. 한 가지 예로 학생이 Use-cases를 이용하여 은행에 수강신청을 하는 경우 학생과 은행은 Actor가 되고 Use-cases는 수강신청이 됩니다. 즉 학생이 웹에 접속하여 수강신청

을 하면 그 정보가 은행시스템에 입력이 되는 과정을 그림으로 그릴 수 있다.

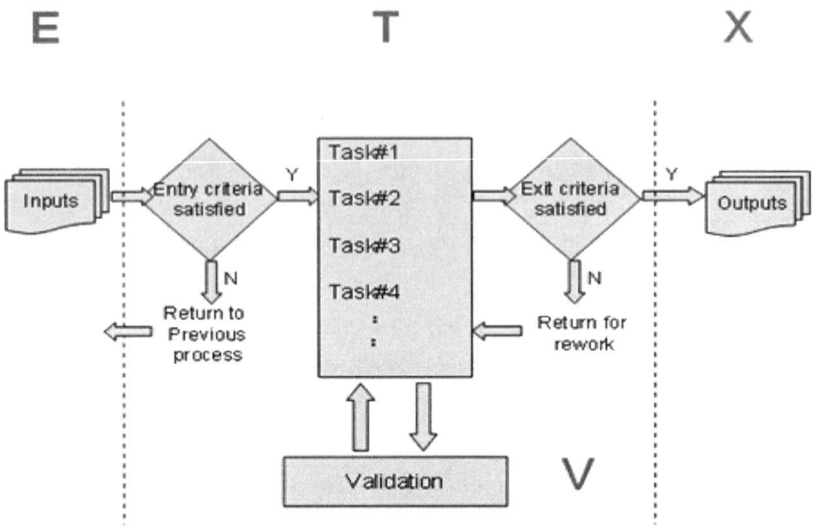

그림 A.1 ETVX 구조

참고 문헌

[1] CMMI Product Team "CMMI for Development Version 1.2", Carnegie Mellon SEI, 2006. 8.
[2] CMMI Product Team "Performance Results CMMI-based Process Improvement", Carnegie Mellon SEI, 2006. 8.
[3] Margaret K, Kulpa & Kent A, Johnson "Interpreting the CMMI A Process Improvement Approach 2nd Edition", CRC Press, 2008.
[4] Foreword by Barry Boehm "Real Process Improvement Using the CMMI", Michael West, 2004. 6.
[5] 이민재 외 1명 역 "CMMI의 이해", ㈜ 피어슨 에듀케이션 코리아, 2006. 6.
[6] 윤창섭 외 1명 "CMMI 모델 소개와 국내외 추진 동향", 국방과학기술 플러스 VOL.20, 국방과학연구소, 2006.
[7] Bate, R. et al, A Systems Engineering Capability Maturity Model, Version 1.1. Handbook SECMM-95-91, Pittsburgh, PA, Software Engineering Institute, Carnegie Mellon University, 1995.
[8] Dunaway D, and Masters, S., CMM-Band Appraisal for Internal Process Improvement (CBA-IPI): Method Description(CMU/SEI-96-TR-007) Software Engineering Institute, Carnegie Mellon University, Pittsburgh, PA, April 1996.
[9] Konrad, M. and Shrum, S, Architectural and Functional Comparison of the CMMI Model Representation, Software Engineering Institute Carnegie Mellon University, Pittsburgh, PA, December 1999.
[10] Software Engineering Institute, Capability Maturity Model Integration for System Engineering /SW/IPPD, Version1.1, Carnegie Mellon University, Pittsburgh, PA, March, 2002.
[11] Software Engineering Institute, Standard CMMI Appraisal Method for Process Improvement (SCAMPI), Version1.1: Method Definition Document, CMU/SEI-2001-HB-001, Carnegie Mellon University, Pittsburgh, PA, December 2001.
[12] Software Engineering Institute, Capability Maturity Model for Software Version1.1 Carnegie Mellon University, Pittsburgh, PA, December 1994.

찾아보기